HOT ISSUES OF CHINA'S
PUBLIC FINANCE AND TAXATION:
A SCHOLAR'S PERSPECTIVE

财税热点访谈录

刘尚希◎著

人民出版社

前　言

　　摆在读者面前的这本《财税热点访谈录》，正如其名，是我近五年来的媒体访谈。面向普罗大众的讲述，虽没有学术论文那样的表达，但也是我对财税问题的一些独立思考。收集的这些访谈，难免带有媒体的时效性痕迹和政策解读的味道，而我的原则是不人云亦云，尽量从学理上来思考和讲述当时的政策和改革。我曾经在一个论坛说过，财政像是一个万花筒，每转动一下，从中可看到不同的景象，或经济、或社会、或政治，甚至是哲学。财政十分复杂，可谓景象万千，大众评说，见仁见智，共识难得。作为大众评说中的一说，汇集出版，一来凑个"热闹"，二来也希望站在时间轴上来观察、比较昨天和今天的思考，为明天做准备。回头看也是为了向前看。平时忙忙碌碌，时间在推着我向前走，很难回头看。实话说，没有人民出版社曹春博士的催促和鼓动，恐怕就没有这本访谈录了。

　　"财者，为国之命而万事之本。国之所以存亡，事之所以成败，常必由之。"在古人眼中，财政是治国安邦的学问，也是国之公器。而在当今不断细化的学科分类中，财政成为应用经济学的一部分，或可称之为公共经济学。2013年，党的十八届三中全会提出"财政是国家治理的基础和重要支柱"，对财政的认识又一次上升到治国理政的层面。这与人们常说的"庶政之母"有相通之处，但更为明确。十八届三中全会的这一论断，是财政认识上的深化和创新，大大拓宽了财政的理论视野。

其实，从实践来看，不管人们是否认识到，财政实际上涉及国家治理的方方面面，总是处在众多利益的交汇点。尤其在市场化的条件下，个体权利意识的觉醒，更是把财税问题放在了社会的聚光灯下。财政一头连着国家钱袋子，另一头连着老百姓钱袋子，充满了各种复杂的利益关系和利益博弈，故而财政的历史往往是惊心动魄的。改革只有进行时，没有完成时。大国财政、财税法治、预算改革、税制改革、财政政策等，多年来一直都是我国改革热潮中的热点，至今热度不减。读者看到的这本《财税热点访谈录》中涉及的问题，过去是热点，现在依然是热点。在几十次的采访中，既有理论的探讨，也有政策的解说，还有改革的观感，涉及主题五花八门，内容不一而足，似乎难成体系。仔细思考，财政一头连着国家治理，一头连着百姓生活，这是一个内在的逻辑主线，由此串起了各个话题。围绕这个逻辑主线，本书将访谈分成五个部分，分别是财政与治理、财税与法治、预算与政府、税收与百姓、财政与宏观调控。

财政与治理。本部分主要内容是财政思维、财政精神、财政改革的方法论，通过对财政改革的重新认识，力图使财政真正发挥在国家治理中的基础性作用。如财政思维不能还停留在牛顿时代，而要以"不确定性"世界观来审视改革，提高风险意识，以风险理性去应对不确定性的未来。当前的结构性改革要避免陷入"财政三角"困局，既要减税又要增加支出，还要同时控制赤字的政策是不可能实现的。在减税政策继续推进和民生改善继续增强的情况下，2016年的赤字率不可避免地提升。改善国家治理，需要进一步完善产权制度。考虑靠我国公有制为主体的国情，应把产权分类两类：一是公共产权，包括国家、集体所有权下衍生出来的各类他物权，如国有土地使用权、集体农业土地承包权、公有土地上的附着物等；二是私人产权，即从私人所有权衍生出来的各类他物权。

财税与法治。这部分是从法律视角来观察财政改革。法治是现代国家的基本特征，也是建立现代财政制度的基本要求。党的十八届四中全会提出推进全面依法治国，依法理财应发挥在依法治国中的基础性作用。如果法与财两张皮，则表明依法治国就落空了。建立法治政府，要坚决贯彻"法无授权不可为"，地方发个红头文件就收费的做法明显是违法的，要让预算制度变成一个真正约束政府的法律制度。从未有政府可随意花钱，而成为法治政府的。因此，调整事权、完善税制、透明预算等等财政改革的各个方面和环节，都应当遵循法治思维。

预算与政府。预算的功能不仅仅是分钱，还要规范政府收支活动、约束政府行为，体现了一种法治理念：只有当政府有了钱，才能办事；政府的职能行使，取决于预算；预算不是政府说了算，而是人大说了算；人大通过预算来约束政府，人大通过人民代表来反映人民的利益诉求；这样预算也体现了人民的意志。中央向地方的转移支付是中央预算的执行，要走向法治化、规范化，以绩效为导向推进改革。与地方治理相适应，地方应有相对完整的预算权。允许地方自主发债，不是单边放权，而是打破中央与地方之间的"风险大锅饭"，让地方有承担相应责任的能力。

税收与百姓。站在老百姓的角度考虑税收，首先应尽量避免税收的"逆向调节"。在税种选择和税制要素设计方面，应从民生角度来衡量，注重各税种相互协调配合，发挥整体调节功能。对于进入"公共服务时代"的我国来说，大幅度地减税是不现实的，只能是做结构性调整，使现有宏观税负水平下的税负分布变得更加合理。"营改增"是税制改革非常重要的切入点，只能往前走，不能后退，往前走就会带动整个税制改革。

财政与宏观调控。宏观调控属于间接性的、总量性的、随机性的、短期性的和应急性的调控手段，不能把属于宏观管理的事情用"宏观调控"的方式去解决。要走出干预市场、权力调控的宏观调控误区，推进结构性改革，实质上是治理长期风险。财政政策调整要从强调增量到盘活存量。有一些钱可能在睡觉，没有发挥作用，怎么把这些睡觉的钱唤醒，让它真正发挥作用？实施积极的财政政策，一个重要方面就是要盘活存量，包括资金和资产。

以上只是对本书内容的梗概介绍，详情还请翻阅书中内容。毫无疑问，《财税热点访谈录》由过去的采访辑录而成，代表了改革的过去式。但纵览过去，不仅可以对历史发展的脉络有一个更清晰的认识，而且还能捕捉到未来改革的苗头。例如，关于供给侧改革，积极财政政策早就在默默地做，在 2013 年的访谈中，我就提到了"中国的积极财政政策已经由需求面转向供给面""应更多地使用结构性政策，有针对性改善供给结构和供给能力"（见《"小火慢炖"式减税》一文）。所以，希望本书的出版不会成为尘封的烛台，而是能发出烛光的力量。

本书的出版要感谢的人很多，首先要感谢作为采访者的各位记者、主持人，有了他们的帮助，才能将我的个人观点呈现给大家；其次，还要感谢同时受访的同仁，与他们的共同探讨平添了诸多思想火花；再次，还要感谢关注财税改革的热心观众、听众、网友、微友，他们的提问往往让人引发深入思考。最后，还要感谢人民出版社的大力支持和帮助，感谢本书的责任编辑曹春博士，她的辛苦付出使本书的结构和内容都更加完善，特致谢意！同时，我的两个博士生崔泽洋和杨白冰给了我不少帮助，在此一并致谢！

刘尚希

2016 年 2 月 26 日

目 录
CONTENTS

第一编
财政与治理

　　不确定性是一个中性的范畴，不带有"好"与"坏"的价值判断。一方面，正是世界发展过程的不确定性给中国的发展、中华民族的复兴提供了机会；但另一方面，也正是这种不确定性，才给中国带来了真正的挑战。

　　未来不在历史和现在的延长线上，过去的经验并不能搬到今天，更不能用于明天。改革的必要性是公共风险决定的，改革的进程也是公共风险推动的。

　　财政是全社会利益的调节器，整个社会的利益平衡不平衡，社会各个方面满意不满意，某种程度上就取决于财政这个调节器是否能有效地发挥作用。

将学习和创新内化为国家精神

中国经济发展之所以取得巨大成就，并被国际社会命名为"中国模式"，从深层次看，其原因很简单，就是走自己的路。走自己的路，并不是封闭，更不是故意为了标新立异，而是带着自信的一种创新。创新是离不开学习的。

近几年一直在热议的"中国模式"，在国际金融危机中是否受到了挑战？为何全球对"中国模式"如此热衷？"中国模式"过去已经取得了辉煌的成就，但是，成功只代表过去，未来并不在历史和现实的延长线上。如何进一步探讨"中国模式"，才能对未来的中国道路有所启示？"中国模式"的永恒价值在哪里？或者说，"中国模式"的灵魂是什么？

财政部财政科学研究所刘尚希研究员接受记者采访时表示，全球金融危机更凸显了"中国模式"的魅力。然而，成功的经验只代表过去，只有把握了"中国模式"的灵魂，才可能不会被其"形"所束缚而陷入僵化的境地，避免将代表过去成功的模式教条化。敢于学习、善于学习，在学习的基础上进行创新，这才是中国特色，"中国模式"的灵魂。中国共产党正是将这种学习与创新精神转化为国家的精神，才有"中国模式"的成功。

全球金融危机更凸显了"中国模式"的魅力

记者：从全球视野看，中国取得了什么样的成就？近几年一直在热议的"中国模式"，在国际金融危机中是否受到了挑战？为何全球对"中国模式"如此热衷？

刘尚希：从全球的视野来看，中国近 30 年的发展无疑是成功的样板。其突出表现首先是在经济方面的成就。中国年均经济增长达到近10%，远远超出这个时期的世界平均增长速度，并成为世界第三大经济体。中国经济总规模实现了"超英"，这个 20 世纪 50 年代就喊出的口号如今真的落实了。为纪念那个时代而取名为"超英"的许多人，到今天总算是"实至名归"。不仅如此，正朝着"赶美"的目标稳步前进。2008 年，美国卡内基国际和平基金会预测中国 GDP 规模大约在 2035年赶上美国。按照当前这样的经济增长速度，GDP 总量赶上美国是指日可待的。对于中国的经济成就，发达国家赞赏，发展中国家更是羡慕。令世人称赞的经济增长带来的另一个巨大成就是贫困人口大幅度减少。据世界银行的数据，中国的贫困人口，从改革初 1981 年的 65%大幅减少到 2001 年的 18%左右，其下降幅度是世界少见的。世界银行统计，过去 25 年来全球脱贫所取得的成就中，约 67%的成就应归功于中国。13 亿人口的大国，经过 30 年的发展，成功地使绝大多数人脱离了贫困状态。相比于印度、越南以及非洲国家，中国的这种脱贫速度简直是"奇迹"。

正是上述的成就，凸显出"中国模式"的价值，日益受到世界各国的关注。尤其是在这场国际金融危机的冲击下，"中国模式"不但经受住了考验，而且逆势上扬，经济增长逐季加快，第三季度达到 8.9%，前三季度达到 7.7%，预计 2009 年经济增长可超过 8%。对于那些还在谷底徘徊的西方发达国家来说，中国的这种增长状态更是觉得不可思议，无法用西方现有的理论来解释。全球金融危机似乎在证明"中国模式"的魅力。这由此引发了"中国模式"热，成为全球关注、讨论的焦点。

"中国模式"的重要内容

记者：国外学者对"中国模式"的解读可谓是五花八门，您是如何看待这些评价的？国内学者对"中国模式"有什么样的看法？"中国模式"具有哪些内涵？是否具有核心内涵？或者大家较为公认的含义？

刘尚希：国外学者对"中国模式"的解读尽管是五花八门，甚至是观点相左，但有一个共同点，就是从表面现象或功能上来看"中国模式"，并以西方学理来解释、归纳和演绎，得出"中国威胁论""中国崩溃论"等不同看法。

国内也有不少学者在探讨"中国模式"的内涵和价值，不少评价是十分中肯的。例如，中国的改革采取了先经济、后政治的路径，而且是通过试点，逐步推进，避免了激进改革带来的不良后果；在改革、发展、稳定三者之间找到了一个平衡点，使发展和改革得以持续；既对外开放，主动融入世界经济体系之中，同时又坚持独立自主的发展道路；坚持解放思想，实事求是的思想路线和制定了求真务实的方针政策；等等。应当说，这些都是"中国模式"的重要内容。

探寻"中国模式"的"灵魂"和永恒价值

记者："中国模式"过去已经取得了辉煌的成就，但是，成功只代表过去，未来并不在历史和现实的延长线上。如何进一步探讨"中国模式"，才能对未来的中国道路有所启示？

刘尚希：从一个模式来看，成功只是代表过去。未来并不在历史和现实的延长线上，未来的成功难以靠现有模式的延续来保证。中国第二个 30 年的可持续健康发展，需要新的探索。因此，解读过去 30 年的成功模式，如果只是着眼于在具体"怎么做"方面去挖掘、总结，即使是把经验上升到理论，也难以指导未来的实践。成功的经验不仅在空间上不可移植，例如不能从一个国家移植到另一个国家，而且在时间上也不可以复制，例如我国过去 30 年的成功做法也难以复制到今后 30 年的发展过程之中。以历史的眼光来看，由 30 年成功发展历程塑造而成的"中国模式"已经定格为世界经济发展史中的一幅精彩画面，无论它对世界产生了什么样的影响，都是过去时和现在时，而不是将来时。

因此，探讨"中国模式"，必须找出它的永恒价值所在，这就要超脱于那些"形而下"的东西，发现"形而上"的意蕴。"形而上者谓之道，形而下者谓之器"，着眼于未来来探讨"中国模式"，必须弄清楚其中的"道"在哪里？或者说其"灵魂"是什么？只有把握了"中国模式"的灵魂，才可能不会被其"形"所束缚而陷入僵化的境地，避免将代表过去成功的模式教条化。

"中国模式"的"灵魂"：将学习创新转化为国家精神

记者：那么，"中国模式"的永恒价值在哪里？或者说，"中国模式"的灵魂是什么？

刘尚希：那么，"中国模式"的灵魂是什么呢？我认为，归结起来有两点：一是学习，二是创新。通过学习，不断解放思想，及时打破不合时宜的老框框，树立与时俱进的新观念。通过创新，探寻独立自主的发展道路和改革方式，不模仿，不照搬，也就是实事求是。

这两点，其实也就是中国共产党的传统。中国共产党之所以能从一个革命党成功地转变为执政党，靠的就是不断学习，敢于创新。在当时世界革命的大潮中，中国革命的道路是独特的，依靠农民，农村包围城市，最后武装夺取政权；中国革命的理论也是独特的，不是照搬马列的城市无产阶级革命理论，而是形成了农村农民革命的理论，抓住土地这个核心问题，开展广泛的农民战争，通过创建农村革命根据地来积累革命力量，最后以弱胜强。

中国共产党正是凭着不断学习和敢于创新的精神，才从失败走向胜利。这种精神已经内化为我党的一种传统、一种思维和一种品质，所以成为执政党之后，也能从挫折中崛起，闯出了一条不同于任何国家的独特的中国发展之路——"中国模式"。毛泽东思想和中国特色社会主义理论，都是中国共产党的理论创新，并指导了中国革命和中国发展的实践。当前中国发展面临的目标、任务与 1949 年之前中国革命面临的目标、任务是根本不同的，但有一个方面是相同的：不断学习，与时俱进，独立自主，敢于创新，最后取得胜利和成功。中国革命的实践和中国发展的实践，都用雄辩事实证明了这一点。

中国经济发展之所以取得巨大成就，并被国际社会命名为"中国模式"，从深层次看，其原因很简单，就是走自己的路。走自己的路，并不是封闭，更不是故意为了标新立异，而是带着自信的一种创新。创新是离不开学习的。中国对外开放的过程，就是向外学习的过程，向西方发达国家学习，也向发展中国家学习；学它们的理论、机制、技术、管理各个方面，吸取其长，补己之短。中国搞市场经济，运用市场机制来提高经济效率和发展社会生产力，就是向西方发达国家学习的一项最大成果。要学习，就得放下架子，解放思想，自我突破，甘当小学生。在共产党的骨子里头，从来不缺乏这种学习的精神。执政党的这种学习精神转化为国家的精神，这才有中国 30 年发展的成功。

要敢于学习，更要善于学习

记者：学习，是需要勇气和胸怀的，然而，学习是更需要方法的。中国共产党在学习和创新上，都是如何做好，以带领中国人民走上中国特色之路的？

刘尚希：向他人学习，是需要勇气和胸怀的。中国 19 世纪的衰落就是拒绝向他人学习的结果。按照英国著名经济史和经济统计学家安格斯·麦迪森的考证，1895 年之前，也就是中日签订《马关条约》之前，中国的 GDP 规模一直是居于世界第一位，占当时全球 GDP 的比重与当今美国的情况差不多，可谓是世界经济大国。但当时的清政府夜郎自大，从康熙到慈禧太后，都不肯放下架子向所谓的蛮夷之国学习，缺乏近代工业和交通运输，更是缺乏强有力的军事工业，以至于在 1840 年的鸦片战争中，被 GDP 规模远远不及中国的英国所打败，从此中国进入了一个殖民地和半殖民地的时期。尽管一些有识之士开展了轰轰烈烈的洋务运动，并取得了相当大的成绩，但在清政府和当时知识界不肯向他人学习的大氛围下，最终随着军事失利而灰飞烟灭。

不仅要敢于学习，更要善于学习。毛泽东在延安整风运动时期，发表了一篇重要文章《改造我们的学习》，批判当时那种不注重对现实状况的研究，主观臆断瞎指挥；只知道机械地引用马克思、恩格斯、列宁和斯大林的个别词句，而不会用其立场观点方法来分析中国革命问题和解决中国革命问题；言必称希腊，却不懂得中国的昨天、今天和前天。

这对改变当时的学习风气起到了十分重要的作用。把理论和实际结合起来，洋为中用，敢于创造新鲜事物后来一直成为党的决策思维。这份政治遗产一直到现在都被党的高层决策者所继承，并发扬光大。

"举国体制"彰显"中国模式"的优势

记者："中国模式"的成功，在政治、经济、社会和文化等各个领域都取得了具有自身特色的成功。请您以中国特色的社会主义市场经济为例，阐述一下中国共产党是如何带领中国人民取得"中国模式"的成功的？

刘尚希：世界上搞市场经济的国家很多，但因此而成功的不多。除了那些市场经济自然成长起来的国家，凡是后来学着搞市场经济的国家几乎都未成功。如印度、俄罗斯以及一些拉美国家，都是如此。究其原因，就是模仿，而不是通过创新走自己的路。不仅模仿经济运行，而且模仿政治架构，试图通过制度机制的仿造来实现快速发展，结果适得其反。

如果说中国学着搞市场经济取得了巨大成就，这得益于没有简单地照搬西方的理论和做法。尽管知识界主流几乎被西学"洗脑"，但显得"保守"的决策者始终坚持了独立自主的发展之路。在被认为公有制与市场经济不相容，应大力推行私有化的呼声中，决策者始终坚持了公有制为主，多种经济成分共同发展的方针；在被认为市场经济需要西式民主的政治架构来配套时，决策者始终坚持了社会主义民主发展方式。改革开放的 30 年中，其中不乏模仿和照搬的地方，但从整体来看，中国的发展和改革始终都是保持了"中国特色"，即从中国实际出发来搞市场经济。

因此，在中国的市场经济发展过程中，许多地方都超越了西方教科书的解释力。例如政府与市场的关系，西方理论中一直都是对立的关系，而在我国的实现中，却是分工合作多于对立。用西方理论眼光来看，中国的政府过多地妨碍了市场运行，但现实是，中国的政府在经济增长过程中发挥了市场无法替代的作用。市场竞争和政府之间竞争，构成了中国经济增长的双重动力。这就是中国经济增长能长期保持快速增长的原因所在。在国际金融危机中，中国能率先复苏，原因也在于此。再如中央与地方的关系，在西方理论视野中，分清各自的事权是必要的，但中国的现实却是"事权共担"，做任何事情，都是在中央政府的统一决策下，各级政府共同努力去完成，形成了所谓的"举国体制"。这种体制不但在应对公共危机时呈现出十分明显的优势，而且在实现跨越式发展时，也表现出显著的宏观效率。中国基础设施状况能在较短时间内得到显著的改善，就得益于这一点。中国工业化用 60 年的时间走完了西方国家一两百年的路程，也是与这种中国特色的体制紧密联系在一起的。

中国借用市场机制来发展经济，改善人民生活，始终是把市场当成一个工具或手段来看待的。邓小平在 1992 年的南方谈话中就很清楚地表达了这一点。这种市场工具论思维，避免了对市场的崇拜和无条件照搬所带来的不良后果。计划和市场都是工具，公有制和私有制也都是手段，最终的目标是综合国力增强，人民生活改善，也就是国强民富。

如果说，依靠学习和创新的精神，实现了民族解放和国家独立，使中国成为世界上一个完整的主权国家，同样也是依靠学习和创新，中国的发展取得了巨大成功，那么，中国实现和平崛起，完成中华民族复兴之伟业，依然离不开学习和创新。中国特色社会主义理论与中国特色社会主义道路，实际上就是用学习、创新这个内在灵魂塑造而成的指引方向的新旗帜。

学习、创新，依然是中国未来发展取得成功的法宝。

（原载于人民网 2009 年 12 月 21 日　记者陈叶军采写）

财政的三个关键词：民生、风险与改革

以国际金融危机对我国的冲击为标志，我国的经济社会政治发展也进入一个新的历史时期，政府与市场的关系、政府与社会的关系、政府与公民的关系都在发生深刻的变化，从以政府为中心逐渐地转向以市场、社会、公民为基础。这意味着我国无论是发展，还是改革，都需要摆脱路径依赖，实现发展方式的转换和改革方式的转型。

十七届五中全会是在历史转折时期的一次重要会议。无论从全球来分析，还是从我国的情况来看，历史正处于一个分野的重要时期。以国际金融危机的爆发为标志，世界的发展将进入一个"战国时代"，多元化、多极化、多样化以及矛盾的多边化日趋明显，全球公共风险不断扩大。

以国际金融危机对我国的冲击为标志，我国的经济社会政治发展也进入一个新的历史时期，政府与市场的关系、政府与社会的关系、政府与公民的关系都在发生深刻的变化，从以政府为中心逐渐地转向以市场、社会、公民为基础。这意味着我国无论是发展，还是改革，都需要摆脱路径依赖，实现发展方式的转换和改革方式的转型。

"'改善民生、风险决策与综合改革'是五中全会体现的三个关键词"，财政部财政科学研究所刘尚希研究员接受人民网理论频道记者专访时说。

【关键词一】 民生

刘尚希表示，正是在这样一个背景下，五中全会凸显出三个关键词：民生、风险与改革。民生是发展、改革的出发点和落脚点，是以人为本的具体体现。适应各族人民对过上更好生活的新期待，不断改善民生，使人民物质文化生活水平明显提高，是未来五年的最终目标。要实现这个目标，不是一件容易的事情，尤其是在 13 亿人口的发展中大国。

发展是硬道理，经济蛋糕不做大，就失去了改善民生的物质基础。同时，科学发展，更是硬道理。不转换发展方式，发展就不可持续，经济增长的质量就不可能提高。又好又快地发展，既要做大蛋糕，更要做好蛋糕，这样才能改善民生。

另外，保障和改善民生，需要通过收入分配的合理调整，提高居民收入占国民收入的比重、劳动报酬在初次分配中的比重，还离不开政府的公共服务，建立健全基本公共服务体系，促进基本公共服务的均等化，更是必不可少。

建立健全覆盖全民的社会保障体系，形成社会安全网，也是保障民生的重要制度基础。围绕民生这个目标，需要解决一系列达成这个目标的各种复杂矛盾和问题。可以说，在新的历史时期，这些矛盾和问题都是全新的，需要寻找新的方法来解决。

【关键词二】风险

在实现民生改善这个最终目标的过程中，不会一帆风顺，会面临着各种风险的挑战。刘尚希认为，风险意识、忧患意识、抵御风险意识的凸显，是这次五中全会的一个重要特点。尽管直接表述风险这个概念的地方不多，但风险意识强烈，充分认识到实现目标的艰难。

刘尚希说，把加快转换经济发展方式视为经济社会领域的一场深刻变革，这表明发展方式的转换不是一个技术性的问题，而是高难度的复杂问题。"五个坚持"的表述更是表明了转换发展方式不是短期可以完成的任务，否则，就无须"坚持"。对经济结构进行战略性调整、促进技术进步和创新、建设资源节约型和环境友好型社会、深化改革开放等等，这都需要不断"坚持"。

未来是不确定的，有许多无法预见的风险在等着我们，要靠我们的智慧和勇气去闯过一道道难关。树立牢固的风险意识，以风险理性去应对不确定性的未来，我们才可能获得一个确定的结果，实现我们的目标。

【关键词三】改革

"改革是实现目标的根本途径，也是推动经济发展方式转换的根本动力。当下的改革不再可以'重复昨天的故事'，改革本身也面临着改革。"刘尚希绕口令式的话充满智慧和启迪。

刘尚希表示，在经济、社会、政治各个领域中各种矛盾和问题相互纠结在一起的时候，任何单项的改革都已经不能奏效。我国的改革已经进入一个全面综合改革的历史时期，经济改革的单兵突进已经失效。经济改革、社会改革和政治改革等各项改革协同推进，意味着原有的改革路径、改革方式、改革方法都已经不合时宜，如何推进新的改革，这同样需要创新。

面对新的改革环境和条件，以及新的改革对象，我们改革的理论准备是不足的，尤其是社会改革等方面的理论准备，相当欠缺。拿来主义肯定行不通，以国外的东西为样板，打着借鉴人类文明共同成果的旗号，照抄照搬，将会导致巨大的风险，带来改革灾难。

改革是实践性极强的人类活动，国外现成的理论和做法都不足以证明在中国的适应性。如何从中国的实际出发来实行全面综合改革，将是一个艰难的探索过程，没有捷径可走。

（原载于人民网 2010 年 10 月 9 日　记者陈叶军采写）

以"不确定性"世界观来审视我国"确定性"改革

不确定性是一个中性的范畴，不带有"好"与"坏"的价值判断。一方面，正是世界发展过程的不确定性给中国的发展、中华民族的复兴提供了机会；但另一方面，也正是这种不确定性，才给中国带来了真正的挑战。

当前国际金融市场的持续动荡使全球经济复苏的不确定性和不稳定性增大，大宗商品特别是粮食价格高位波动对世界经济造成冲击。欧元区分崩离析、美国经济二次探底，在巨大的不确定性背景下，世界经济、政治形势已经不能用传统的"确定性"世界观来看待，而是要以"不确定性"世界观来审视和评价。

在我国发展中的不确定性体现在各个方面，涉及政治、经济、文化、军事、自然、意识形态等方面。中国作为一个大国，不确定性带来的风险在某一领域一旦演变成危机，势必引起其他领域内的连锁反应，对整个国家发展造成冲击，甚至全面倒退。国外的一些教训，如俄罗斯改革造成的国力衰退、东南亚金融危机造成的经济衰落、阿根廷发展失误引发的社会动荡等，这些案例都可以警示我们，在现有的国际政治经济格局下，我们再也经不起改革发展过程中的重大失误带来的时间损失。重新审视改革发展的不确定性，十分必要。因此，针对目前我国在

"确定"的改革目标中伴随的"不确定性",国研网专访了财政部财政科学研究所研究员刘尚希教授。

国研网：什么是确定性与不确定性？

刘尚希：不确定性是世界的基本性质,确定性只是不确定性世界在时空上的特例。这种新的认识使未来科学研究以及我们的经济理论将不可避免地发生根本性的变化。在人类走向文明的历史路途中,我们人类遭遇的种种冲突与曲折均源于世界本身的各种不确定性,同时,也正是种种不确定性所引致的公共风险与公共危机推动着人类社会的进化与进步——观念、组织、制度、规则以及国家的形成与变迁。人类的认知能力不断提高,似乎减少了我们身处其中的这个世界的不确定性,但同时也遭遇越来越多的不确定性问题。

国研网：我们该如何理解我国改革发展中的不确定性？

刘尚希：中国的改革发展是人类社会迄今为止最重要的变化与进步,无疑也将不可避免地要面对种种不确定性及其风险,包括路径的不确定性、过程的不确定性和结果的不确定性等。在此,我们必须有一个清醒的基本判断,即以往依据"确定性"所建立的各种前提性假设,都必须重新思考。我们常说,在全球化背景下,中国的改革发展既面临着各种机遇,处于战略机遇期,也面临着各种挑战。其实,机遇也好,挑战也罢,都是不确定的,有利因素和不利因素不是固定不变的,在不确定性的过程中,它们是相互转化的,也可能是单向转化的,有利因素变得更多或者不利因素变得更多,关键是看我们如何认识和把握。

不确定性是一个中性的范畴,不带有"好"与"坏"的价值判断。一方面,正是世界发展过程的不确定性给中国的发展、中华民族的复兴提供了机会。如果世界发展格局的走向就像地球的运动轨迹那样确定,发达国家永远是发达状态，落后国家一直是落后状态，那我们就没有任何复兴和崛起的机会了。世界的发展不存在科学宿命论。谁也不能预测世界未来的强国是谁。

但另一方面，也正是这种不确定性，才给中国带来了真正的挑战。一百多年来，追求强国富民、民族复兴的梦想从未中断过，但各种内外因素交织形成的不确定性使中国未曾走向富强，直到最近的 30 多年，取得了令世人瞩目的经济成就，中国在世界上的地位才开始逐渐被改变。中华民族复兴之路还很长，必须密切关注来自国内外的各种不确定性因素对中国改革发展带来的冲击，加强和深化不确定性问题的研究，并将其纳入中国未来改革发展的不确定性风险管理序列之中。

国研网：既然不确定性是我国势必面临的挑战，那么我们该以怎样的态度应对？

刘尚希：对于有着特殊历史背景与国情的中国来说，当前关于改革发展不确定性的基本判断是：中国的改革发展所面临国际环境越来越多变，国际竞争越来越激烈，安全形势越来越复杂；国内经济、社会领域和自然领域的矛盾越来越突出，越来越多元；各种不确定因素涉及自然、经济、社会和国际等方面。从总体上看，这些不确定性因素相互交叉，容易造成"不确定性叠加"从而遭遇完全陌生的公共风险和公共危机。

事实上，历史已经进入一个"风险社会"的新阶段。我们的目标已经明确，但我们面对的问题以及解决这些问题达成目标的方式却是不确定的。具体来说，发展、改革、稳定的方式实际上都处于不确定的状态，传统的方式已经不适应了，新的方式的探索会遇到很多我们意想不到的情况。面对以上错综复杂的形势，没有任何所谓先验的或现成的路径可以依赖，我们必须在新的历史时期摆脱思维惯性与传统模式，从一个更宏观、更富有创新思维的视角去探寻和应对不确定性带给我们的挑战。

国研网："改革"一直是中国经济发展进程中重要的主题，您认为"改革"的过程里是否也存在着诸多"不确定性"？

刘尚希：顾名思义，改革就是改变与革新。从经济与政治领域来说，就是指当某一种体制、制度、规则、框架在实际运行过程中，不能达到理想的预期效果，或出现违背初衷的负面效应时，对其进行的调整或转换。

未来是不确定的，未来的改革路径、改革过程和改革结果等都是不确定的，谁也无法预知。同样，在空间意义上，一个地方、一个行业、一个企业所取得的局部成功，并不能复制、扩展到全局，因为空间环境同样也是不确定的，否则，就不会出现"橘逾淮而北为枳"。改革的影响因素是不确定的，改革的实施路径是无法照搬的，改革的判断标准不是一成不变的，改革的实践效果是不可预测的。

用确定性的思维框架来套改革中充满不确定性的现实，就会使改革走偏，甚至改出一个我们根本就不想要的东西来。中国的改革到底如何深化，仅仅靠决心、勇气是远远不够的，需要更深层次的研究和新的理论。如果说，"大胆地试"是从前改革的特征，需要的更多是决心和勇气，那么，在改革的新阶段，需要的更多是"深入地研究"，用新的理论来指导改革。

从经济体制改革来说，我国前阶段的经济体制改革虽然取得了不小的进展，但是其推进的速度、力度、深度和协调度远远不够。速度不够是指有些改革进展缓慢，推进之艰难超出预计，以至于改革处于"胶着"状态；力度不够是指对于计划经济体制的核心部分，如行政体制改革、行政审批体制改革、投资体制改革、行政干预方式等，攻坚的力度不够，尤其是对既得利益集团的阻挠和干扰缺乏突破力，有的地方甚至出现了体制复归现象；深度不够是指有些改革尚属浅层次，农村土地制度、国企产权制度、政府职能转换、社会分配制度等，都存在一些深层次问题有待突破；协调度不够是指在不同领域、不同地区、不同行业之间的改革缺乏整体协调与平衡，整个社会缺乏改革的协调机制。

这就是中国改革所面临的现实。追根溯源，在这些矛盾的背后其实都体现着现实世界不确定性的本质：在速度问题上，如何寻找一个最佳的改革推进速度，是逐步推进，还是快速推进，这存在一个全盘考虑的风险与不确定性；在深度方面，是彻底打破现有的制度框架、组织结构、利益分配格局、企业管理模式，还是在向纵深行进的过程中，逐步进行微调，也存在很大的不确定性；在改革协调方面，由于不同的区域、城乡之间存在很大差异性，改革既不能"齐步走"，也不能"各自走"，而理想的协调模式又难以发现，在不确定性面前，中国的改革面临种种需要破解的难题。

国研网：面对目前中国国情的复杂性与多样性，我们究竟该坚持怎样的思维将改革进一步推行下去？

刘尚希：应以不确定性思维推进各项改革。中国的改革是从市场化改革入手的，即从传统的计划经济体制转向社会主义市场经济体制。社会主义市场经济体制是一个全新的概念，需要我们对之借鉴、理解、深化与创新。在改革推进与理论创新的过程中，面对不确定性带来的难题与困惑，我们势必需要对以往的改革模式进行反思。

市场化是中国经济改革的方向，这已经是共识。但到底是一个什么样的市场化，以及建成一个什么样的市场经济体制，这恐怕难以预测。每一个人心目中所想的和所要的那个市场经济都是不同的，因为这涉及每一个人未来的利益。市场化改革是一个不确定性的过程，所以从本质上讲，改革只能是以公共风险为导向，"摸着石头过河"，不可能以工程施工的方式来推进和深化改革。只有在公共风险导向下，改革、推动改革以及如何改革的共识才能真正形成，才能引领未来，才能使改革向纵深推进。

依据不确定性可能引致的公共风险，就可以对改革的路径、改革的过程以及改革的结果进行分析和判断。改革本身源于公共风险——传统体制下的低效率、贫穷，推及一般意义上，改革成功与否的最终标准是：公共风险是降低了还是扩大了。改革路径的选择、改革过程的快慢以及改革结果的可接受性，都可以从公共风险来衡量。凡是有助于降低公共风险的改革，就可以判定为"正确"的改革；凡是可能引致新的公共风险或进一步扩大公共风险的改革，就可以判定为"错误"的改革。现阶段的市场化改革需要重点抓住以下几个方面，因为这几个方面显露出的公共风险最为明显，对全面、协调和可持续发展的牵制最大。一是推进微观经济主体改革，重点是对国有企业、国有商业银行和国有事业单位改革；二是推进要素市场的改革，在"十二五"期间，重点是资源、资本、土地、劳动力、技术和管理等方面的改革，克服"要素双轨制"问题；三是推进政府自身改革，其核心点是转换政府职能，扩大行政透明度；四是推进社会管理和政治体制，继续推动民主化进程，实现社会化与公共化的良好协调。

国研网：既然坚持市场化改革是中国发展的必然选择，那么影响改革的"不确定性"因素又有哪些？

刘尚希：改革发展的不确定性，是由多种不确定性因素集合而成的。从大类来看，这些不确定性因素来自于四个方面：大自然、经济领域、社会领域和国际环境。其中任何一方面的不确定性因素对改革发展都有重大的影响。

第一是来自于大自然的不确定性。与人类社会的早期相比，对大自然我们已经了解了很多，但要清醒地看到，我们未知的还更多。我国是一个自然灾害频发的国家，有几亿人次每年不同程度地遭遇各种各样的自然灾害，每年有上千万人成为自然灾害的受害者。频发的严重自然灾害会使经济运行和社会生活变得更加不确定，不排除引发经济危机和社会危机的可能性。在社会经济的快速发展阶段，人与自然间脆弱的平衡屡屡被打破，发达国家在 100 多年里陆续出现的环境问题，在中国 30 多年里集中出现，环境危机的频率将会越来越高。与此相关的流行病也成为影响人类生存的一大杀手。SARS、口蹄疫、疯牛病、艾滋病、禽流感、超级病菌等，这些严重疫病可能会引致全球经济衰退。大自然的种种不确定性都会叠加到经济、社会过程中去，从而成为改革发展不确定性的重要来源。

第二是来自于经济领域的不确定性。不确定性是转轨经济的一个基本特征。经济转轨的核心是经济发展方式的转换，全面实现科学发展。这种转换的不确定性首先体现在动力问题上。如果政府与市场能在协同的基础上形成合力，就会形成转换的巨大动力。但政府与市场的关系处于复杂的不确定性状态之中，角色的准确"归位"十分困难，政府与市场造成"内耗"的可能性是存在的，因而造成转换动力不足，甚至失去动力的可能性难以排除。转换经济发展方式离不开自主创新。而创新是具有显著不确定性特征的活动，无论是原始创新、集成创新，还是引进消化吸收再创新，其创新过程、创新速度、创新结果都难以预料。其次，体制转换成本不断加大，改革进入深层次的难度会陡增，这其间的组织成本、协调成本、制度构建和维护成本等改革成本都会迅速提高，如果不能通过发展来消解，那么体制转换就会滞后，甚至不能实现。其三，发生在中国的这场转轨与世界经济会产生强烈的互动，这种相互作用的力度、范围、方向都难以预测。其四，进入工业化中后期，随着人均收入的上升，要素成本也随之上升，会导致目前传统发展方式下的减速效应。也正因为这一点，经济界有人主张不能过快地给工人涨工资，以免妨碍经济增长。若长期维持低工资局面，消费需求不足，增长最终也得滑落。这个度如何把握难以确定。其五，人口与人力资源的约束加重。我国是人口大国，人口压力能成为人力资源优势，则未来经济发展就会产生源源不竭的动力；若不能，人口压力就会变成未来经济发展的巨大阻力。通过以上分析表明，未来经济发展中的不确定性因素不是在减少，而是在增加。

第三是来自于社会领域的不确定性。当今社会处于日新月异的变化过程中，社会呈现出日益多元化的趋势，包括利益格局多元化、行为观念多元化、生活方式多元化，人作为社会活动的主体所扮演的角色也呈现出多元化。在中国经济转轨的同时，中国社会也在进行转轨，要做到和谐转轨，关键是让社会大众而不是少数人能够享受到改革发展的成果。要逐步做到共同富裕，社会平等，使社会大众的基本权利都能得到维护，如教育权、健康权、就业权，这就要求我们必须逐步缩小城乡、区域的差距，这本身就是一个十分复杂的过程。

第四是来自于国际环境的不确定性。中国的发展离不开世界。任何政治经济实体都不可能脱离国际环境而快速发展，中国正在以惊人的速度和平崛起，并日益成为推动世界经济快速增长的巨大引擎。虽然和平、发展与合作仍旧是国际政治环境的主题，但中国这一在发达国家眼中堪称为意识形态异端的超级大国，其发展已超乎了西方国家的想象与预测。因此，他们试图用中国威胁论、崩溃论制约中国的发展，这就给我们的国际环境带来了极大的不确定性。

（原载于国研网 2011 年 9 月 29 日）

"十二五"改革发展的历史定位

当前的市场经济体制还与社会主义市场经济体制有很大的距离，与共同富裕这个本质要求似乎在背道而驰。如果陷入两极分化，即使市场机制有了强大的资源配置功能，那也不是社会主义的。市场是配置资源的工具或手段，应当服从于社会主义的要求，否则，就不是社会主义市场经济，很可能就像吴敬琏所说的是"权贵资本主义"。

早在资本主义世界发生严重经济危机的 1929 年，当时的苏联政府批准了第一个五年计划（1928—1932 年），诞生了世界上第一个五年计划，开始了积极社会主义建设事业。而今的国际金融危机既作为调整世界纵深格局的转折点，又作为我国"十二五"规划的重大历史背景及国际背景。只有精确定位"十二五"规划，才能正确贯彻落实"十二五"规划精神，使我国克服外需疲软、外围经济形势欠佳的国际环境，实现国内经济平稳较快发展、消费需求扩大、城乡经济发展、百姓安居乐业的目标。就此，国研网专访了财政部财政科学研究所刘尚希研究员。

国研网："五年规划"的历史溯源是怎么样的？我国是在什么样的历史大环境下开始编制"五年规划"的呢？

刘尚希：由国家编制五年计划是从 20 世纪 30 年代苏联开始的。作为第一个社会主义国家，认为"社会主义是按计划进行的"。在资本主义世界发生严重经济危机的 1929 年，当时的苏联政府批准了第一个五年计划（1928—1932 年），诞生了世界上第一个五年计划。随着五年计划实施取得的巨大成功，作为国家管理国民经济的一种工具，编制五年计划在许多社会主义国家实行。我国受苏联的影响，1951 年上半年即着手编制第一个五年计划（1953—1957 年），1955 年被全国人大审议通过。我国的第一个五年计划实施取得巨大成就，自此一直编制五年计划。除了 1963—1965 年进行经济调整之外，五年计划的编制都未曾中断过。从"六五"计划（1981—1985 年）开始把社会发展纳入到五年计划当中，五年计划变得更为全面。到"十一五"时把五年计划变成五年规划，"计划"改成"规划"，标志着计划经济的烙印进一步淡化，也表明国家对经济社会的中期管理发生了实质性的变化，更加重视预期管理和方向指导。

国研网：不同的五年规划都与当时的历史阶段、要求、任务、使命相吻合。现在进入第十二个五年规划时期，"十二五"跟以往的五年相比，其承担的历史使命有很大的不同。现在的五年——"十二五"，我们应怎么看待？与以往的五年究竟有何不同？

刘尚希：从历史的角度来考察，我国正处于一个关键时期，"十二五"是中国处于转折时期的五年，这个五年将会打上浓厚的历史烙印。

如何看清楚当前正在度过的"十二五"的历史定位？从近代来看，尤其是从作为执政党的中国共产党的历史来观察，30 年是个有趣的数字，带有某种周期性。在中国共产党的历史上，往往 30 年都有一个大转折。从共产党成立（1921 年）到共产党取得全国政权，即从一个革命党到执政党，大约是经历了 30 年的时间。取得政权后搞社会主义建设，全面实行高度集中的计划经济体制，从 1950 年一直持续到 1979 年实行改革开放，大数又是 30 年。1978 年 12 月中下旬党的十一届三中全会，使我国迈入了改革开放的新时代，我国进入了一个快速发展的时期，经济建设上取得了举世瞩目的辉煌成就，到 2010 年，按照 GDP 衡量，我国超过日本成为世界上第二大经济体。这恰是"十一五"结束之年，从"六五"到"十一五"，经历六个五年计划（规划）即 30 年的时间，我国经济实力、财政实力全面增强，国际影响力迅速扩大。

从上面的简要描述中可以看到，自中国共产党诞生以来，大约每隔 30 年，我国就会出现一个大的历史性转折。也许是巧合，我国"十二五"恰好处于这样一个历史性的转折点上。为什么这样说呢？其实在"十二五"规划中已经有了清晰的表述，也就是改革开放 30 年我们取得巨大成就的那种方式，包括经济发展方式、改革的方式、开放的方式都已经走到了尽头，我国再次处在一个极其重要的历史转折关头。处于这个历史节点上的"十二五"显然具有更深刻的内涵，意味着一个旧 30 年的终结，新 30 年的开始。

国研网：有人可能会疑惑，改革开放 30 年取得那么大的成就，怎么可以说会终结呢？难道不能沿着已经习惯了的发展道路继续走下去吗？

刘尚希：其实，这不是想不想终结的问题，而是不得不终结的问题。如果看不到这一点，我国未来 30 年的发展将不可持续，就可能落入"中等收入陷阱"，就会中断我国崛起复兴的进程。

改革开放的第一个 30 年是一个终结，但终结并不意味着走回头路，而是要甩掉历史包袱，与时俱进，以改革创新的精神，通过不断探索，找到一条国家发展的新路子。旧的不去，新的不来，终结是开始的前提。

首先是发展方式的终结——从以 GDP 为纲的单一发展向全面协调可持续的科学发展转变。

过去 30 年形成的发展方式已经走到了尽头，不能沿着旧的发展方式再继续走下去了。旧的发展方式是由大量的资源投入来支撑的，是一种粗放的、外部性非常大的发展方式。我们这 30 年实际上走了一条"先污染，后治理"的发展道路，我们在工业化起步的时候，也知道西方国家走了这样的一条路，我们本想避免，但是在实际操作过程中并没有做到，不由自主地还是走上了"先污染，后治理"的发展道路。现在资源、环境的约束越来越紧，迫使我国传统的发展方式不得不加快转变。这不仅从国内看是如此，从全球看也是如此。13 亿人口的大国进入到全球工业化的行列，挤上全球工业文明的列车，对全球工业化格局、资源和环境都带来了深刻影响。现在全球面临着资源、环境的危机。即使我们愿意走老路，国际社会恐怕也不会答应。在这种新的历史条件下，我国旧的发展方式肯定无法延续下去了。

旧的发展方式不仅仅是遇到资源、环境的约束，还遇到了全球市场的约束。我国长期以出口为导向的发展也已经走不下去了。出口导向，靠外力支撑 GDP 增长，而内需不足，这样的发展方式很脆弱。随着经济规模越来越大，其脆弱性也随之扩大，即使没有外部的冲击，脆弱的经济迟早也会出问题，潜伏着经济危机。不仅如此，社会发展严重滞后，贫富差距不断扩大，社会利益矛盾冲突不断增多，社会也变得越来越脆弱，潜伏着社会危机。从整体来看，这意味着潜伏着国家危机。

国家在"十二五"规划中明确提出，要加快转变经济发展方式，正是基于这样的判断。显然，这个转变，要在"十二五"的这五年中充分体现出来，也就是在"十二五"期间要终结这种旧的发展方式，终结以

GDP 为纲的单一发展，要转变为"全面、协调、可持续"的科学发展。

其次是改革方式的终结——从"问题导向"向"风险导向"的改革方式转变。

传统的改革方式也已经走到了尽头，现在要推动改革比过去要难得多。过去改革的共识是全面形成，改革的动力很强，那个时候改革相对容易。现在的改革有人说已经到了"深水区"，越来越难，无论是哪一方面的改革都很艰难。从这些年来看，我国改革整体进展不大，甚至还有停滞的现象，所以引起社会多方面的批评。那么传统的改革方式又是什么呢？也许大家可能想到是摸着石头过河，这种渐进的改革方式是中国的特色。其实，这个不是问题，问题在于改革长期来是问题导向，而不是风险导向。问题导向，是问题推动改革。也就是说，有了问题摆在面上，甚至变得相当严重了，然后再去改革，想办法去解决。这是事后的方式，等到问题出来了再去解决实际上已经晚了，是被迫改革，也是被动改革。现在问题越来越多，采取这种问题导向的改革方式，有一事解决一事，已经行不通了。

怎么办？那就是要转变为一种新的改革方式——风险导向。风险是一种可能性，风险意味着问题还没有完全暴露出来，在这个时候我们用风险思维，或者说用风险理性去感知可能出现的重大问题。这也就是我们通常所说的风险意识。我们感觉到未来可能要出问题的地方，包括体制、机制和管理，经济、社会和政府，并对其进行改革。改革要具有前瞻性，而不是马后炮，等到问题成堆了再去改，这样改起来很难，成本也很大。在问题还没有完全暴露出来，仅仅是有个苗头时我们就去对体制、机制进行改革。这样的改革，显然成本小，而且可以系统设计，在总揽改革全局的条件下，有步骤地推进各项改革。这是一种主动式的改革、前瞻式的改革。

当然，这也有难题，没有一个大的问题甚至危机摆在那，改革共识难以形成。也许有人要说，没有问题改什么革？从历史来看，有时候往往需要危机来推动改革，社会领域的一些改革尤其如此。例如，长期实行的收容遣送制度，是因为2003年出了"孙志刚事件"，在广州的收容站被人打死了，他的死亡直接带来了收容遣送制度的废除。再像2003年"非典"，直接暴露出我国医药卫生体制长期积累的问题，从此以后开始重视医药卫生领域的改革。这些都是等到出现严重问题，出现危机的时候才去改革。但此时已经造成了很多危害。所以，传统的以问题为导向的，甚至以危机为导向的改革方式已经不行了。

在全球化条件下，尤其是在网络相当发达的今天，进入了信息社会，面临的问题跟过去的问题已经不是一个概念，它会被放大、叠加、链接和混淆（例子：郭美美事件、假的税务总局四十七号文件）。现在的信息社会鱼龙混杂、泥沙俱下，问题很容易被扭曲放大。如果以扭曲的问题来推动改革，往往也收不到好的效果，甚至得不到社会的拥护。特别是现在政府与社会之间关系发生了巨大变化的条件下，社会（老百姓）对政府的不信任感在增强。在这种情况下，政府的一些改革举措，老百姓都会表示质疑，哪怕政府的动机、出发点非常好，老百姓都要打问号，这样一来，改革很难推动，往往会导致问题一点一点累积起来。例如，针对政府提出要改善宏观调控这样过去很少被质疑的问题，网民也在提出相反的看法，认为是在用行政权力干扰市场。社会对这种宏观调控不认可。政府对宏观调控的问题没有意识到，但是老百姓意识到了。老百姓认为是在用行政权力限制市场，在寻租，是在限制老百姓自己去改善民生，认为市场就是最大的民生。这种观点未必完全正确，但是反映出一个清晰的信号，社会对政府的宏观调控不再像以前那么认同了，甚至认为政府这种宏观调控是在帮倒忙。这就需要反思，宏观调控的问题出在哪？那就不能等到问题成堆了再去改革，更不能等惹出了大麻烦才去改革。

因此，改革的方式需要调整，改革的方式也需要改革，只有这样才能终结传统的改革方式，形成一种新的改革方式，这恰恰是"十二五"需要做的，是我们未来五年需要做的。"十二五"要终结旧的改革方式，逐渐形成新的改革方式。

再次是开放方式的终结——从"数量导向"向"质量导向"的开放方式转变。

过去长期来，对外开放是数量导向，而不是质量导向。在"十二五"期间，我们要从数量导向型的开放方式转变为质量导向型的开放方式。长期以来，我们对开放的理解较为简单，就是打开大门，把市场让出来，让外面的产品、资金也就是投资进来，再把产品卖出去，就算开放了。这种开放观，现在看起来确实存在问题，还停留在改革开放初期的水平。一方面大肆引进外资，代价不菲，各级政府都以引进外资多少作为衡量开放的政绩，另一方面，我们把大量的钱很廉价地借给发达国家使用，从整体算账，我国是一个资本净输出国家，是付出的多而赚回来的少。发展中国家借钱给发达国家使用，这从经济学上是讲不通的。从国家的角度来讲，说明我们这样的开放是没有质量的，至少是质量偏低。从国内区域来看，也有这样的表现。经常去一些欠发达的地区调研，发现欠发达地区当地的资金大量流出去了，但当地政府却在大力招商引资。一方面，本地的资金没有充分利用，闲置或流走了，另一方面，又花很大的力气、很高的代价到外地去引资，这也是一种怪现象。这种开放只是两眼看着外面，而没有看到这种开放方式对我们产生的影响是什么、结果是什么。这样的开放方式，变成了为了开放而开放，为了政绩而开放。如果开放不能提升我们的能力，而仅仅把外面的资金、资本、企业、更大的跨国公司引进来，那是没有意义的，是没有质量的。在起步的时候，缺少资金，引进外资是必需的。在使用资金的能力不够的时候，引进一些企业来，也是可以理解的。但长期这样做，无论对一个国家来说，还是就一个地区而言，会陷入恶性循环：自身能力弱——借助外力发展——自身能力弱化——更加依赖外力。例如，我国一半以上的出口是外资企业完成的，技术含量高的出口产品中多数也是外资企业生产的，给国家增加了 GDP，但国家的产业、产品的竞争力长期难以提高，国民财富并未与 GDP 同步增长，同时还付出了大量资源、环境的代价。所以，这样的开放方式需要终结了，实际上现在也已经走不下去了。"十二五"的五年必须要完成这个任务，终结这种旧的开放方式，要迎来新的、更高质量的、促进能力提升的新的开放方式。

国研网：您前面说的三个终结意味着"十二五"这个五年不同于往常的五年规划，那么，"十二五"期间具有哪些风险和挑战？

刘尚希：上述三个终结意味着"十二五"这个五年不同于往常的五年，对于未来 30 年的发展，是一个能否起好步的五年。终结旧的，同时意味着开创新的，即形成新的发展方式、形成新的改革方式、形成新的开放方式。毫无疑问，对"十二五"来说，这个任务非常重要而艰巨。"十二五"在我们国家的历史上，是一个承上启下的五年，是关键的五年。在这个五年里，若是能完成上述任务，将会迎来未来 30 年的良好发展；若是没有做到，依然在旧的轨道上滑行，未来 30 年的发展将可能一蹶不振。显而易见，"十二五"承受着巨大的风险，终结旧的，开创新的，这本身就充满着风险。

"十二五"面临很多挑战，从国内来看，至少有如下三个方面：

一是经济转轨没有完成。尽管一般意义上的市场经济体制框架已经初步建立，但是，体现社会主义要求的市场经济体制框架还没有真正建立起来。经济转轨并没有完成，市场还有待深化，金融也有待深化，市场经济的规范还有待完善。深化是相对抑制而言的。市场有抑制的现象，比如说民营企业的发展，存在"玻璃门"的现象，看得见进不去，根本问题是不同所有制经济之间还存在不公平竞争。金融存在同样的问题，金融的抑制更为严重，我国中小企融资困难就与这种金融抑制有密切的关系。这些方面都表明经济转轨没有完成，市场机制的功能还不强。

不仅如此，当前的市场经济体制还与社会主义市场经济体制有很大的距离，与共同富裕这个本质要求似乎在背道而驰。如果陷入两极分化，即使市场机制有了强大的资源配置功能，那也不是社会主义的。市场是配置资源的工具或手段，应当服从于社会主义的要求，否则，就不是社会主义市场经济，很可能就像吴敬琏所说的是"权贵资本主义"。

二是社会转型刚刚开始。过去 30 多年的改革主要是经济改革，并没有触及社会改革。在传统体制下形成的那一套社会体制，在以经济体制改革为主的过去 30 多年并没有多大的调整，更谈不上改革。这涉及社会与政府的关系，从改革开放以前一直到现在，政府"包办"社会的体制没有变化，除了市场，就是政府在发挥作用，作为与市场力量并存的社会力量基本上不存在。这既与中产阶层弱小有关，更与政府对社会放权不够有更紧密的联系。要建立一个"橄榄形"的社会，同时形成"政府—社会"共同治理的新格局，使政府与社会和谐、使整个社会和谐，这是一个艰巨的任务。

三是政治转型还有待启动。这与政治改革联系在一起。党的领导、人民当家做主、依法治国实现有机统一，这是政治改革的目标。在党的领导下怎么实现人民当家做主和依法治国，这是一个前所未有的改革难题，需要不断探索创新。实际上，我们在这方面的进步不能高估，有的政策并没有考虑法律，甚至是在与法律冲突的条件下红头文件就发出来了，法律的意识还不强。现在有一种现象，国家的治理包括经济的治理、社会的治理，很多时候是首先看领导讲话，靠领导批示。这说明我们国家的法治意识仍相当薄弱。那我们怎么样走一条中国特色的民主政治之路，怎么把党的领导、人民当家做主、依法治国真正地有机统一起来，这是没有现成答案的，还需要在实践中摸索着向前走，不能故步自封，也需要全社会的共同努力。这需要在"十二五"期间逐步推进。否则，其他方面的改革也难有进展。

再从国际视角来看，我国面临着中等收入陷阱、美元陷阱、全球化陷阱。我国人均 GDP 已过 4000 美元，按照国际上现有的划分标准，我国刚好跨入中等收入国家行列。经济总量排名世界第二，而人均 GDP 却排在全球的 100 位左右。跨入中等收入国家行列，应当说是一件好事，但从国际社会来看，可能会出现一种发展停滞的现象，拉美国家就出现过这种情况，由于各方面的原因，国家发展失去动力。巴西人均 GDP 曾经一度超过 4000 美元，之后有一段时间却反而倒退了，从人均 4000 多美元降到 3000 多美元。学界把这种国际现象称为"中等收入陷阱"。我们到了这个"坎"上，能不能跨过这个"中等收入陷阱"，从中等收入水平达到高等收入水平，从人均 4000 美元向 1 万美元挺进，这本身就是一个巨大的风险。

除此之外，我们还面临着"美元陷阱"，这是指对美元虚拟资产的依赖而又无力摆脱的一种状况。如随着外汇储备的不断增长，不得不购买美元虚拟资产，这些资产是国家的财富，但却掌控在别人手中。自 2001 年以来，美元贬值已经超过 40%，随着时间推移，巨额美元资产的经济价值可能会丧失殆尽。还有"全球化陷阱"，这是指市场、金融全球化过程中我国处于全球产业链底端有可能被锁定，并被国际金融资本所控制的一种可能状态。诸如此类，这些正是在"十二五"期间遇到的，在之前我们对这些问题没感觉，因为那个时候我们没达到中等收入，谈不上"中等收入陷阱"的问题，对美元的依赖也不严重，全球化也不像现在这么深、这么广。而到今天，这些问题都叠加到了一起，同时遇到了。那么，我们能否跨过这些"陷阱"呢？关键在"十二五"。

从时间维度来看，"十二五"是我国的一个"坎"，风险非常大，也可以说是一个生死关头。在这五年，如果我们能顺利地渡过，能完成预定目标，那么未来 30 年的发展就能持续下去，强国富民之梦就有实现的希望。如果这个"坎"迈不过去，国家发展就会停滞，中华民族的复兴可能就此夭折。"十二五"是决定未来命运的五年，只有加快改革创新的步伐，加快终结旧的发展方式、旧的改革方式和旧的开放方式，国家发展才能突破瓶颈，走上坦途。

国研网："十二五"对于未来的发展具有哪些重要作用？

刘尚希："十二五"是我国关键的五年，是承上启下的历史转折时期，这五年背负着双重任务，既要终结旧的，又要开创新的。可见，这个"十二五"不是一个平常的五年，不是一个简单的五年。

更重要的是，2012 年我国要召开"十八大"，新旧领导班子从上到下进行交接，这也是个大事，刚好这件事情也发生在"十二五"期间。所以，无论从经济、政治、社会来看，"十二五"都是一个承上启下的五年，是一个转折性的五年，对中华民族的复兴是至关重要的五年。

就此而论，我国现在处在一个历史的十字路口，何去何从，下一步怎么走，没有人告诉我们，要靠自己去探索。把旧的问题解决了，新的道路找到了，那么未来三十年的发展就大有希望，中华民族的复兴就指日可待。但这不是必然的，其中会有波折，现在的经济矛盾、社会矛盾，甚至包括政治层面的矛盾都汇集到了一起，这需要大智慧去解决这些历史性的大课题。世界都认为，我们中国人很聪明，解决问题的能力很强，相信"十二五"这一历史关口一定能闯过去，我们应当有这个信心。但是，这需要付出艰苦的努力，尤其是要从实际出发，在思想上、制度上、科技上不断创新，既不能搞简单的拿来主义，照抄照搬国外的，也不能沿着过去的方式、顺着过去的惯性、循着过去的路子走下去了。

对一个国家来说，思想的创新是最重要的。没有思想的创新，很难有制度的创新；而若没有制度的创新，科技的创新几乎是不可能的，尤其是面向产业、市场的科技创新，往往以制度创新为前提。因此，鼓励思想创新，并为之提供条件环境，形成良好的社会氛围，让创新的思想引领下一个 30 年的发展，是我们应对严峻风险挑战的制胜法宝。

（原载于国研网 2012 年 7 月 3 日）

谨防"财政三角"困局

赤字、债务攀升容易，而要降下来则很难。财政支出扩张容易，而要收缩很难。减税容易，而要增税很难。欧盟和美国就是前车之鉴。要避免我国落入"中等收入陷阱"，对财政政策中的"财政三角"不能不防。

2013 年 3 月 7 日，参加十二届全国人大一次会议的代表审查预算报告。对于国家"账本"，代表普遍认为可读性增强、精细化程度提高，在国计民生重大支出领域亮点频现。同时，在审查中，也有一些代表提出，在进一步增加民生支出的同时，减税并控制赤字债务。

"公共之财办公共之事。"随着财政收入的逐年增加，既要全力改善民生，又要尽力稳定经济运行。如何看待支出、减税、债务三者之间的关系，形成客观正确的认知，很有必要。就此，记者专访了财政部财政科学研究所刘尚希研究员。

民生对财政支出的期望"水涨船高"，怎么看？

记者： 细读今年预算报告发现，财政民生支出分量越来越重。但也有代表指出还要进一步增加民生支出，与此同时伴以进一步减税并控制债务。对此，您有何分析？

刘尚希：据我分析，相关观点归纳起来可分三类：

一是要求大幅度减税。税感焦虑弥漫于整个社会，对于中国"税负痛苦指数"的炒作在各类媒体上一波接一波。最近有学者建议个人所得税免征额提高至 1 万元，又一次掀起了针对个人所得税的热议。与此同时，政府在不断进行制度性减税，如把个人所得税免征额提高到 3500元，工薪所得纳税人比率降到了不足 8%，企业所得税税率降到 25%，增值税转型、"营改增"试点、中小微企业起征点提高等等，但这些减税措施还是无法满足社会的要求。

二是要求大幅度增加支出，尤其是在教育、医疗卫生、社会保障等方面，老百姓的期待很高。尽管政府在这方面做出了很大努力，这些方面的支出多年都是以 30%左右的速度增长，但还是赶不上社会的期望。甚至有人提出应实行全民免费医疗，养老应由政府包起来，从幼儿园到大学全面实行公办免费教育。民众对社会福利待遇的期待在不断地向发达国家看齐。

三是要求严格控制赤字和债务。自 2008 年再次实行积极财政政策以来，我国财政赤字和债务规模跳跃性扩增，尤其是地方政府性债务，更是迅猛增加。社会各界对政府赤字和由此导致的债务的担心也与日俱增。从总体上看，我国赤字和债务风险处于可控范围之内，但社会的忧虑并未消减。欧债危机引发出的国家破产风险，更是强化了民众对财政风险的关注。要求化解地方政府性债务，加强对国家财政风险控制的呼吁不断增加。

同时实现减税、增支和控制赤字，有多难?

记者：上述三个方面的观点，站在各自的角度都有一定道理。若是放到一起看，既要减税又要增加支出，还要同时控制赤字，似乎相互矛盾。您怎么看?

刘尚希：没错。这三个相互矛盾的方面，就产生了所谓的"合成谬误"。对于这种现象，实际上涉及一个"财政三角"困局的问题。

"财政三角"是指对财政收入、财政支出和财政赤字三者关系的一种几何描述，用作图的方法，三者关系构成一个三角形，收入、支出和赤字各为三角形的一边，这个财政三角看似简单，却像"百慕大神秘三角"一样难以被人们所认识，很容易困在其中。欧债危机就是财政三角困局的表现。之所以产生财政三角困局，原因在于无法同时实现减税、增支和控制赤字，一不小心，任何财政政策都可能困在其中。现实的选择，总是只能顾及财政三角的两边，如减税、增支，就不可能控制赤字和债务;若要减税、控制赤字和债务，就不能扩大财政支出;若要扩大支出、控制赤字和债务，就不能减税。在这个财政三角中，任何财政政策都只能选择两边，必须放弃一边。但无论怎么选择和组合，放弃的那一边总是会成为财政风险敞口。在这个意义上，财政三角也就是"风险三角"，若是不能统筹兼顾，整个国家财政就会陷入其中而难以自拔。

如何避免陷入财政"风险三角"?

记者：通过分析今年财政政策，您认为怎样避免陷入财政"风险三角"?

刘尚希：今年预算报告显示，汇总中央和地方预算，2013 年全国财政收入 126630 亿元，增长 8%，拟安排财政赤字 1.2 万亿元。为了应对日益加剧的收支矛盾，今年拟安排的财政赤字，属于增长相当快的一年。往后的几年，财政赤字绝对额若要下降，恐怕很难，因为去年以来财政收入增速大幅放缓，同时社会、民生等财政支出需求仍呈现刚性。

虽然我国赤字率、债务率与国外相比不算高，但我国毕竟是一个发展中国家，对赤字、债务的承受能力要比发达国家低。赤字、债务攀升容易，而要降下来则很难。财政支出扩张容易，而要收缩很难。减税容易，而要增税很难。欧盟和美国就是前车之鉴，要避免我国落入中等收入陷阱，对财政政策中的"财政三角"不能不防。

今年继续实行积极的财政政策，并与结构性减税紧密结合，显然，财政支出就不能过度扩张，这样才能防止赤字和债务风险进一步扩大。这意味着，今年财政支出的增速在整体上应随着税收收入增幅变小而适度降速，以控制赤字和债务过快攀升，避免陷入"财政三角"困局之中。

（原载于《光明日报》2013 年 3 月 8 日　记者杨亮采写）

摸着石头过河的改革方法符合中国国情

> 未来不在历史和现在的延长线上。这就是说，过去的经验并不能搬到今天，更不能用于明天。改革是前进还是倒退了，判断的标准不是国际惯例，也不是某些人心目中的理想，而是我们面对的公共风险的变化趋势。因为改革的必要性是公共风险决定的，改革的进程也是公共风险推动的。当初改革开放也是因为中国的"球籍"能否保住的公共风险所致。

2013年11月召开的党的十八届三中全会，将为中国未来十年定调，这是中国改革进程中的一次重要里程碑。

财政部财政科学研究所刘尚希研究员在接受《中国经济时报》记者专访时表示，中国的社会主义市场经济实践是在做全新的探索，创造世界上不曾存在的一种新经济模式。对于这种改变历史的创新实践而言，没有任何现有的经验可以借用，更是没有既成的理论可用来指导，唯一的办法就是"摸着石头过河"，在实践中探索，在探索中创新。

"摸着石头过河"的现实意义

《中国经济时报》：改革是当前社会的最大共识，即将在11月份召开的中共十八届三中全会，被普遍认为将继续深化改革。我们确立了社会主义市场经济的改革目标，而党的十八大指出实现这一目标的方法是"摸着石头过河"。事实上，早在改革开放之初，邓小平就提出了"摸着石头过河"的思路；去年召开的中央经济工作会议也强调，要允许摸着石头过河；而习近平总书记曾在十八届中共中央政治局就坚定不移推进改革开放的第二次集体学习上，专门谈到了"摸着石头过河"。请您谈谈改革开放30余年后，"摸着石头过河"的现实意义何在？

刘尚希：中国的改革开放是世界历史上的一个大事件，不仅改变了中国的命运，而且也改变了世界历史的进程。在一个13亿人口的发展中大国实施改革开放，是一场人类历史上从未有过的伟大实践：一是让13亿人口搭上工业文明的列车，走向现代化。这超出了工业化国家人口的总和，在地球上是从未有过的事情。二是走向现代化的方式需要运用曾经只在资本主义条件下运行的市场机制，从高度集中的排斥市场的计划经济走向社会主义市场经济。这既超出了资本主义国家原有的理解和认识——市场经济只能在私有制条件下实行，也超出了进行社会主义实践的国家意识形态——与社会主义相匹配的只能是计划经济，并一度认为，计划经济是社会主义的基本特征。让市场经济与社会主义有机融合，通过改革开放来构建一种世界上从未有过的"社会主义市场经济"，这超越了世界上既有的任何一种理论想象。因此，中国的社会主义市场经济实践是在做全新的探索，创造世界上不曾存在的一种新经济模式。对于这种改变历史的创新实践而言，没有任何现有的经验可以借用，更是没有既成的理论可用来指导，唯一的办法就是"摸着石头过河"，在实践中探索，在探索中创新。

未来是不知道的。尽管过去30多年改革开放的实践在经济上取得了举世瞩目的成就，但谁也无法预言未来的"社会主义市场经济"将会是什么样子，以及由它带给我们的重大影响将是什么，我们只能凭着有限的认识和一些基本原则，通过改革创新，一点一点地往前走。因此，在认识论意义上，"摸着石头过河"是实践哲学的通俗表达，是实践理性的具体运用。从人类认识的整体来看，人类通往未来彼岸的唯一办法就是"摸着石头过河"，没有任何先验的"路线图"可供人类参阅。放眼世界，至今没看到一个国家通过模仿他国之路而成功的。任何国家的成功发展之路都是在实践中摸索出来的，靠的是实践理性，而不是先验理性，更不是用偷懒的办法照抄照搬。

改革进程是公共风险推动的

《中国经济时报》：有人认为，改革开放进行了 30 多年，现在应该重点进行总体的顶层设计，不能总是摸石头不过河。也有人指出，现在水深了，摸不着石头，或者在河床里的石头分布不均匀，摸着摸着又回来了。您怎么看待这两种声音？

刘尚希：顶层设计是建立在已有的认知水平上的。就像建造一座桥梁，事先设计的可能性是建立在对力学原理的认识基础之上的。大自然的奥秘一旦认识到了，在一定的时空条件下都不会改变，即成为规律，这些规律作为人类认知的结晶，可以运用于各种具体的工程设计当中。

而改革开放是针对人类活动的方式或制度而言的，无法从中找到像自然规律一样的制度变革的规律。尽管 30 多年的改革开放积累了诸多的经验，但这些经验却不可能像力学原理一样可用来指导当前及今后的制度创新的具体设计。把"工程思维"简单地搬到经济社会领域，无异于说，改革可以像盖房子一样设计出蓝图，按图施工就可以了，能够准确地预言中国改革工程的完工日期。很显然这是无法做到的。正是在这个意义上，改革的顶层设计只能是局部的、具体应用的，而且是在可以预见的范围之内。如果以"工程思维"来指导改革的顶层设计，不确定的因素视为确定的因素，自以为是，那将给改革带来灭顶之灾。

未来不在历史和现在的延长线上。这就是说，过去的经验并不能搬到今天，更不能用于明天。改革是前进还是倒退了，判断的标准不是国际惯例，也不是某些人心目中的理想，而是我们面对的公共风险的变化趋势。因为改革的必要性是公共风险决定的，改革的进程也是公共风险推动的。当初改革开放也是因为中国的"球籍"能否保住的公共风险所致。如果在 20 世纪 70 年代中国是世界上最强最富的国家，那还有必要搞改革开放吗？落后就要挨打。这就是我们面临的公共风险，从而决定了我国改革开放的必要性。

改革源自于我们面临的公共风险，推动改革也需要公共风险思维。只有这样，我们才能从普遍的不确定性中寻找我们所需的某种确定性，从而防范和化解公共风险——潜在的公共危机。

摸着石头过河是符合中国国情的改革方法

《中国经济时报》：习近平曾指出，摸着石头过河，是富有中国特色、符合中国国情的改革方法。摸着石头过河和加强顶层设计是辩证统一的。这里透露了什么含义？

刘尚希：摸着石头过河与加强顶层设计，分属于不同层次，不存在相互替代的问题。"摸着石头过河"是认识论层面的问题，强调实践的重要性。要达到改革的彼岸，唯有实践，并从不断的实践中总结出具体的路径、方式和方法。在这个意义上，改革永远都是，也只能是摸着石头过河。

党的十八大报告提出了我国"五位一体"的总体布局，这是从我国改革开放的长期实践中摸索总结出来的一种"基本认识"，即经济、政治、社会、文化和生态文明建设必须以整体系统思维，协同推进，不可偏废。这个总体布局也就是对当前及今后改革的总要求，也是我们过河的总方法。但这个总方法不能替代改革的具体方式方法。上述五个方面改革的具体方式方法，以及相互之间的协调方式，则属于顶层设计的内容。这样才能避免改革具体过程的随意性，也防止改革碎片化、"孤岛化"。就此来说，顶层设计属于具体应用层面的总方法，是在"基本认识"已有的条件下，依据"基本认识"来形成具体的改革路径和方法。

显然，摸着石头过河与顶层设计不能相互否定，彼此替代，两者都是改革不可或缺的方法。需要注意的是，这两种方法分属于改革的不同层次，不能"错位"使用。在需要摸着石头过河的地方，如果采用了自以为是的顶层设计；或者在需要顶层设计的地方，却仍在摸着石头过河，则都会造成严重的后果，要么导致改革"大跃进"，要么导致改革无法及时推进。

改革开放只有进行时没有完成时

《中国经济时报》：习近平多次强调，改革开放只有进行时没有完成时。改革开放中的矛盾只能用改革开放的办法来解决。为什么会这么说？

刘尚希：人类共同体已经形成了一个紧密的"地球村"。对于正在快速发展的我国来说，一个庞大的经济体突然挤上了人类现代文明的列车，原有的空间变得有点拥挤，原有的秩序也都难以"萧规曹随"，全球的改革也从来没有像今天这样变得如此紧迫。我国的发展是全球发展的一个重要引擎，我国的改革开放也成为撬动全球改革开放的有力杠杆。在全球改革开放的大潮中，中国曾经是改革开放的受益者，在今天及明天，中国不但已经无法关闭改革开放的大门，而且还要在这大潮中站立潮头。

全球的改革开放与国内的改革开放相互交叠在一起，其中蕴含的各种不确定性空前扩大，由此导致的各种风险也在不断扩散。在多元价值、多元标准、多元利益、多元交往的碰撞中蕴含的各种冲突和矛盾，不是在随着我们物质生活水平的提高而减少，而是相反。人们的梦想、预期、要求已经越来越快地走到了历史的前头，物质化的文明在飞速前进，而精神性的文明却落在了后面。就像一个寓言中所说，一个前行者的肉身和灵魂拉开了距离，灵魂跟不上肉身快速的步伐。因此，改革开放本身也需要转型，要从触动物质世界的力量，同时转化为触动灵魂的力量，为精神世界新秩序的形成提供动力。

同时，用改革的办法建立新的规则，提供新的确定性，使经济社会领域中的利益和风险、权利与责任及其各不同主体之间的边界可预期、可划分、可清晰和可稳定。这样，改革过程中的各种不确定性就可转化为新的确定性和新的秩序，减少矛盾和冲突，从而化解公共风险的积累与聚集。

当前改革主题是"五位一体"的全面改革

《中国经济时报》：中央高层在多个场合提到，中国改革已进入攻坚期和深水区，面临难啃的硬骨头。那么，您认为，改革从"摸着石头过河"到"进入攻坚期"，中国当下的经济社会发展有了怎样的变化？

刘尚希：我国改革进入攻坚期，这一点已经形成共识。攻坚期，或深水区，预示着改革的难度、复杂性越来越大。这从改革自身的逻辑来看，过去的改革主题是经济改革，改革的主线是放权让利，再到经济分权，发挥市场配置资源的基础性作用。而当前的改革主题已不只是经济改革，而是"五位一体"的全面改革，改革的主线也不只是经济分权，还有社会分权。简化地说，当前及今后的改革从过去的"二分法"（政府、市场）进入到"三分法"（政府、市场、社会），改革的维度增加了，从一个平面状态的改革进入到一个立体状态的改革，其难度、复杂性无疑扩大了。

改革是制度的变革，目的是公共利益，而不是个人私利。但改革又广泛涉及人们的物质利益，改革红利无法让每一个人均沾，在触动物质利益比触动灵魂还难的条件下，改革就会因社会理性的缺失而显得动力不足。这就产生了一个悖论：改革的动力似乎来自于改革自身。当前改革之所以比过去更难，原因也在于此。破解这个悖论，唯一的办法就是有一个群体富有自我牺牲精神，不计较群体自身利益。当社会理性能有效地抑制经济理性的蔓延而成为整个社会的一种氛围时，改革也就充满了希望。

财税是我国全面深化改革的最佳突破口

《中国经济时报》：步入攻坚期的中国改革在向纵深推进之时，怎样才能力争有新突破？中国改革最重要的突破口是什么？

刘尚希：无论从战略还是从战术角度来分析，财税是我国全面深化改革的最佳突破口。这与财税具有很强的"辐射性"这一特点有关。财税与经济、社会以及政府职能都有内在的关联性，财税改革（税制改革、预算改革与财政体制改革）可以同时辐射到经济、社会和政府等多个领域和多个层面。

从税制来看，税制改革对经济效率、经济结构和发展方式都能释放出重大推力。如营改增，涉及所有行业、企业，不仅给企业减负，而且能促进产业分工的细化和结构的调整。消费税改革能改善消费行为，引导合理消费，并有调节分配的效果。资源税、环境保护税改革能抑制排放，促进节能减排和生态文明建设。个人所得税改革、房产税改革对促进社会公平也有不可替代的积极作用。

从预算改革来看，对政府运行和政府职能转变有重要的倒逼作用。预算既可以是政府手中的一个分钱工具，也能成为约束政府行为的一个法治工具。通过预算的透明度改革，可以大大提高政府运行的透明度。

从财政体制改革来看，其辐射力更是明显。对地方政府、区域公平、城乡公平都具有重大的影响。中央与地方的财政关系是国家公共治理的轴心问题，不仅关乎中央、地方两个积极性，而且更是与我国基本经济制度的完善有不可分割的联系。

财税改革有牵引、倒逼其他领域改革的作用，更重要的是，也与社会对财税非常关注这一点十分契合，以财税为全面深化改革的突破口，可从社会获得巨大的支持力量从而推动整个改革。但同时也应当说明，财税改革作为突破口，并不意味着可以孤军深入，更不是说可以放弃经济改革、社会改革和政府改革的正面突破。全面深化改革，需要全面启动，在重点突破的同时，也需要改革的整体协同，整体推进。

（原载于《中国经济时报》2013 年 10 月 18 日　记者周子勋采写）

国企改革的根源在产权制度改革

国企中的腐败属于制度性问题，需要依靠制度创新来解决。从当前发现的国企腐败案例来分析，一个重要的制度性原因是国企领导人的双重身份，既是组织部门管理的领导干部，又是职场经理人，是企业管理者。

党的十八届三中全会提出了中国未来改革的路线图和重要改革任务。其中，对国企进行混合所有制改革成为一个重要方向。与前几轮改革面临的情况不同，这一轮要改革的国企都是大型、特大型国有企业，一些巨无霸企业已经形成了既得利益集团，与政策博弈的能力较强，改革阻力较大。

毫无疑问，在新一轮国企改革中，如何避免国资流失是各方关注的焦点。就此，《中国经济时报》记者专访了财政部财政科学研究所刘尚希研究员。

国企改革"硬骨头"仍在

《中国经济时报》：一些专家认为，虽然国企改革环境已明显改变，但造成国资流失的风险点依然存在。造成这种问题的原因是什么？哪些方面容易触发国资流失？

刘尚希：国有资产流失也就是公共资产的私人化，是一种地下私有化现象。自改革开放以来，坚持公有制不搞私有化的原则至今没有动摇，但地下私有化一直存在，至今没有杜绝，利益输送的各种暗流管涌依然存在。从贱卖国企到管理层收购，再到利用"混合"的机会浑水摸鱼，公共资产的私人化也在"与时俱进"。

究其根源，是产权制度改革不到位所致。所有权与经营权分离是现代市场经济产权制度构建的基础，无论公有制经济，还是非公有制经济，都离不开这个基础。

而公有制条件下的所有权与经营权分离实践时间相对较短，仍处于探索之中，在理论上也研究不够，照抄照搬私有制条件下的理论来解释公有制条件下的所有权与经营权分离，以及公有制条件下的产权构建，缺乏我国现实条件下的理论与制度创新，以至于国资国企管理制度漏洞百出，无法有效遏制地下私有化的暗流。只有针对公有制的特点，才能找到公有制条件下所有权与经营权分离的有效激励约束机制，从而真正堵住公共资产私有化的地下管涌。

《中国经济时报》：国企改革一直是中国改革的难点和焦点。而今，国企改革重新上路，改革需要破解的难题在哪？

刘尚希：国企改革的难点在于经营权与所有权分离的激励约束机制构建。过去的国企改革偏重于激励，结果导致了"内部人"控制，所有权对经营权的约束形同虚设。从形式上看，国企的管理层由国家任命，或组织部，或国资委，体现了所有权的意志，但经营者的责任却无法真正落地，国企经营和投资失败的责任难以问责。

所有者与经营者之间的委托代理关系缺乏有效的制度安排，政企如何分开、政资如何分开等问题至今没有找到有效的解决方式。例如，金融国有资产与实体国有资产是统一管理还是分开管理？国资委的角色到底如何定位？诸如此类，都是当前国企改革中难啃的"硬骨头"。

从管企业转向管资本

《中国经济时报》：如何借助国企反腐来推动国有企业改革，进而避免国有资产流失？

刘尚希：国企中的腐败属于制度性问题，需要依靠制度创新来解决。从当前发现的国企腐败案例来分析，一个重要的制度性原因是国企领导人的双重身份，既是组织部门管理的领导干部，又是职场经理人，是企业管理者。

可以说，这种双重身份有着两种好处，行政级别带来的政治待遇和职场经理人的高额年薪以及手中握有的经营决策权，但不一定同时承担两种身份的责任。更重要的是，这样一来，所有权与经营权分离带来的委托代理关系无法契约化。作为行政干部和作为职场经理人所应遵循的规则是不一样的，兼有两种身份，导致规则选择性遵循，即选择对自己有利的规则来遵循。

企业在兼并重组或作出重大投资决策时，国企领导人拥有的行政级别往往可以影响甚至左右相关政府部门，使监管和问责往往流于形式，也为各种利益输送提供了掩护。国企"去行政化"，以市场方式选聘职业经理人，按照契约问责，这是减少国有资产流失的重要条件。

《中国经济时报》：有人认为，混合所有制改革对于庞大的国有企业系统来说，对于中国的市场经济体系建设来看，这样的改革还是很不彻底的，尤其是没有形成一个可持续的国有资产经营机制。您怎么看？

刘尚希：发展混合所有制经济，必须有一个前提条件：从管企业（管人、管事、管资产）转变为管资本。所有权与经营权分离所产生的委托代理关系，也就从政府与企业的关系转变为政府与资本的关系。所有者通过出资人行使股东权利，控股和参股都是市场行为，行政关系由此被隔离。

从这个意义上讲，大力发展混合所有制经济，并从我国基本经济制度重要实现形式的高度来推动相关改革，有利于突破现行体制障碍，尤其有利于公有制经济"去行政化"。

从"去行政化"着手促国企改革目标达成

《中国经济时报》：您认为国有企业改革应该实现什么样的最终目标？

刘尚希：从改革的目标来看，国企国资改革应当落脚到基本经济制度的完善上来，真正让公有制与市场经济实现有效的、有机的结合，构建公有制条件下的激励相容的产权制度。从改革的最终目的来看，国企国资改革应当服务于国家发展的整体要求，防范与化解国家发展风险，实现中华民族的伟大复兴。

从世界范围观察，一个国家通过发展而崛起并非是一种必然现象，真正能崛起的只是少数，多数国家发展到一定程度就难以向前。

公有制经济可为国家发展过程中的各种风险和危机提供缓冲，避免一蹶不振。国企国资改革应是为此而作的战略准备，使公有制经济的这种战略支撑作用得到更充分的发挥。

《中国经济时报》：下一步国企改革如何着手？如何发力？

刘尚希：国企国资改革当前的着力点应放在"去行政化"上，这是发展混合所有制经济的基本条件，也是实现从管资产到管资本的重要一环。十八届三中全会确定的路线方针要得到有效贯彻落实，关键因素是人，是干部制度。

国企国资改革也是如此。管理层的市场化选聘，是国企市场化改革的最终标志，也是人才资源配置真正让市场发挥决定性作用的体现。如果"去行政化"没有进展，在现有体制框架内发展混合所有制经济很可能劳而无功。也只有在这方面取得突破，公有制条件下的产权制度构建才能创新，所有权与经营权分离也才能找到最有效的实现形式。

（原载于《中国经济时报》2014 年 7 月 4 日）

国家应明晰不动产范围

产权与所有权的内涵与外延是不同的，法律意义上的产权包括"自物权""他物权"。考虑到我国公有制为主体的国情，应把产权分成两类：一是公共产权，包括国家、集体所有权下衍生出来的各类他物权，如国有土地使用权、集体农业土地承包权、公有土地上的附着物等；二是私人产权，即从私人所有权衍生出来的各类他物权。

财政部财政科学研究所研究员刘尚希，近期在主持召开的"发展中国论坛建言国家'十三五'规划专家座谈会"和"国家《不动产登记暂行条例》专家座谈会"上表示，对于不动产的范围，应实行正面清单完备列举方式提出，不能以"等"来做法定描述。

"应当对不动产主体给予明确界定。"刘尚希说，现有条例草案回避了这个问题。自然人、农村集体、法人（经济法人、社团法人、事业法人）都应视为申报不动产的主体，并负有相应的义务。

实行五年滚动发展规划

在谈到正在起草的"十三五"规划时，刘尚希认为，新常态是一个新的发展战略判断，其内涵远不只是速度问题，而是整体性的，包括了发展环境、发展动力、发展机遇、发展理念等方面。新常态意味着中国发展进入跨越中等收入、全面发展的新阶段。

"新常态应是'十三五'规划的基本脉络，也是今后政策制定的依据。"刘尚希认为，经济发展与社会发展作为一个整体，应成为"十三五"规划区分于以往的一个标志。经济与社会的关系已越来越密切，单纯的经济思维和经济观点未必能解决当前面对的发展问题，应把经济发展视为整体发展的一个部分来看待。

他建议实行五年滚动的发展规划，提高年度政策的衔接性和前瞻性，或者在五年规划基础上，编制实施三年滚动发展规划。

他说，国家预算制度改革的一项重要内容是实行三年滚动预算，编制三年滚动发展规划也有利于国家预算安排，有利于应对未来发展的不确定性和风险，尤其是人口老龄化带来的风险。

他认为，我国正处于风险多发期和多种风险的叠加期，树立新的风险理念，有准备地管理风险与仓促地应对风险，对于发展的可持续性有完全不同的意义。

明确界定不动产主体

对于《不动产登记暂行条例（征求意见稿）》，刘尚希表示，对于不动产的范围，应实行正面清单完备列举方式提出，不能以"等"来做法定描述。

"应当对不动产主体给予明确界定。"刘尚希说，现有条例草案回避了这个问题。自然人、农村集体、法人（经济法人、社团法人、事业法人）都应视为申报不动产的主体，并负有相应的义务。

刘尚希认为，产权与所有权的内涵与外延是不同的，法律意义上的产权包括"自物权""他物权"。考虑到我国公有制为主体的国情，应把产权分为两类：一是公共产权，包括国家、集体所有权下衍生出来的各类他物权，如国有土地使用权、集体农业土地承包权、公有土地上的附着物等；二是私人产权，即从私人所有权衍生出来的各类他物权。

对于有争议的不动产是否进入登记系统的问题，刘尚希认为，从全覆盖的角度看应当进入，但应当另行注明。息讼之后产权主体申报更改，否则极有可能造成相当一部分不动产逃避登记。

不能把农民"挤"出城

近年来，刘尚希一直关注城镇化问题。他所参与的发展中国论坛在中国城镇化研究方面颇有建树，相关报告多次得到李克强、张高丽、汪洋等领导的批示。

刘尚希认为，目前城镇化过程中一个很大的问题是公共服务与人口流动的"两张皮"，而现行制度不是吸引农民进城，而是更加把农民挤出去。

刘尚希说，这些年，国家加大了对农村的财政投入，特别是教育的投入大量增加。而中央的转移支付是与户籍挂钩的，根据户籍所在地来配置教育资金。

但随着一些人外出打工，这些钱并没有随着打工者被安排到工作所在地。这就导致了公共服务与外出人员脱节了。"所以，我们这些年尽管对公共服务投入的力度是加大了，但是对农民工来说，比如对在城市里的 2.6 亿外来人来说，实际上很多是享受不到的，这是一个很大的问题。"刘尚希说。

刘尚希认为，在推进城镇化的过程中，公共服务均等化要放在前头，户籍改革要放到后面。让农民享受到跟市民一致的公共服务，户籍改革自然而然地就水到渠成，如果先改户籍而公共服务没跟上，那改户籍也没用。

（原载于一财网 2014 年 9 月 1 日）

财政思维的牛顿时代

财政两大目标：效率目标和公平目标要融合起来首先从观念上或者理论思维上要突破传统思维方式，这需要新的理论框架。而我们现有的理论框架没有推导出实现两者融合的政策主张，这跟我们把财政作为经济学的一个学科部分来看待有很大的关系。

这表明现实或者实践进展很快，但是理论的创新却是跟不上的，"其实整个社会科学思维不仅仅是停留在凯恩斯时代，还是停留在200多年以前的牛顿时代。这种社会科学的思维不适用于现实，不适用于我们发展到的这个时期。"

3月29日，在中国人民大学国家发展与战略研究院、中国人民大学经济学院、中国诚信信用管理有限公司共同主办的"中国宏观经济论坛（2015年第一季度）"上，财政部财政科学研究所所长兼书记刘尚希提出，要根据我们国家的实践去创新，西方那套理论无法解释我们国家的现实，也无法指导我们国家未来发展。

就财政目标来说，刘尚希说，过去流行的理论，要追求效率，毫无疑问会有损公平，要追求公平，会有损效率。但这是我们思维方式的问题，而不是事物本身造成的。财政两大目标：效率目标和公平目标要融合起来首先从观念上或者理论思维上要突破传统思维方式，这需要新的理论框架。而我们现有的理论框架没有推导出实现两者融合的政策主张，这跟我们把财政作为经济学的一个学科部分来看待有很大的关系。

就财政的作用来说，财政是国家治理的基础和重要支柱，但现在对宏观经济进行分析所采用的凯恩斯分析框架是一种短期的静态的分析，很难解释长期性的或者整体性的问题。虽然对凯恩斯这个分析框架感觉到越来越有局限性，但是现在没有创造出一些新的分析框架替代凯恩斯的分析框架，所以只好还在拿这个东西用。刘尚希说，这表明现实或者实践进展很快，但是理论的创新却是跟不上的，还是停留在凯恩斯的框架里。"其实整个社会科学思维不仅仅是停留在凯恩斯时代，还是停留在 200 多年以前的牛顿时代。这种社会科学的思维不适用于现实，不适用于我们发展到的这个时期。"

就平衡经济下行的风险、社会民生诉求加大的风险、环境污染的风险来说，按照过去传统的理论框架来分析有很大局限性，没法平衡这三大风险。因为这三大风险可能相互转化。对财政来说，首先要把这三大风险隔离，别让它们连在一起，一旦连在一起就会转化、就会叠加，就会形成一个更大的系统性风险，导致公共危机。此外，还有公共风险和财政风险自身怎么平衡，都需要新的理论支撑。

刘尚希说，讲财政体制可能就讲到一个事权、财权，其实还有一个非常重要的权就是产权。中国是一个公有制国家，很多东西是国家所有，但国家所有是一个笼统概念，公共产权、国有资产带来的收益，在中央和地方之间应该怎么分配，没有纳入我们现有财政体制框架之内。

刘尚希提出，市场经济过去认为只能是私人所有制才能搞市场经济，公有制不能搞市场经济，实践证明这个理论破产了，但是在这里头还有一个问题没有解决，就是所有制和市场经济之间应当有一个衔接，有个桥梁，就是产权制度。

刘尚希认为现在的产权制度并没有真正建立起来，这与现在的产权理论都是以私有制为基础的产权理论有很大关系，公有制基础上的产权理论还没有形成。产权制度和所有制不是一码事，应该是从所有权延伸出来的，在这个基础上分解、分化出来。公有制基础上面的这套产权理论和产权制度并没有真正建立，就导致中央与地方之间只有分税没有分产。产权是可以在中央和地方之间划分的，但对这个问题没有上升到法律，更没有上升到制度层面讨论。

"要根据我们国家的实践去创新，西方那套理论无法解释我们国家的现实，也无法指导我们国家未来的发展。"刘尚希说。

（原载财新网 2015 年 3 月 31 日）

如何理解"大国财政"

要让大国财政真正发挥作用，就要按新的思维设计改革。比如，如何将财政资源在全球范围内进行有效配置，为中国公民提供更多、更好、更及时的公共服务；如何加强国与国的联系，促进区域经济一体化。

在 2013 年的 APEC 会议上，中国倡导的两件大事——金砖国家开发银行和亚洲基础设施投资银行，它们都与财政密切相关。此类国与国的协作在传统观念看来，似乎是外交部的事，但这两项事宜都突破了传统的外交概念。我国派出财政部副部长专门负责此事，与相关国家协商、谈判，推动国家间的合作，实现区域经济一体化。通过设立金砖银行、亚投行等国际机构，将不同国家的资源整合在一起，通过有效合作，形成合力，化解风险，避免危机，实现各国的共同发展。这正是大国财政的具体体现。

大国财政的概念需要深入人心

中国的大国财政已经在政治经济生活中发挥着作用，只不过全社会对此缺乏足够的意识和认识，亟须转变观念。这个观念包括有意识地审视在全球化和区域经济一体化中大国财政的作用，也包括突破"国内"的界限，从区域化、全球化的角度来思考问题，从更加宏观的视野去看待财政的职能和政策。

全局的概念正在发生变化，如果继续就中国的问题谈中国，就国内财政来谈财政，其后果必然导致思维、战略与实际情况之间的隔膜、公共政策与实际效果之间的背离。只有首先具备大国财政的意识，才能有相应的整体战略筹划，进而体现在战术执行层面。因此，大国财政并非一个抽象概念，要通过具体的国家行为来体现，让中国老百姓和全世界都感受到大国财政带来的好处。

那么，如何理解大国财政的概念？美国财政部在许多问题上都起到了主导作用。无论是在政治、经济，还是社会层面。比如中美战略经济对话，美国方面出席的是财长，我国对应出席的是副总理。一个财长为什么要到其他国家来对话？他难道不是管好自己国家的财政政策就可以了？但美国不这样看，他们从全球视野、国际政治来看财政问题，而不仅局限于美国国内。这就是大国财政的体现。全世界都密切关注美国财政政策的调整，包括预算、赤字、减税等，这是由美国的经济影响力、综合实力决定的。美国是最大的发达国家，它在经济领域的一切变化都会引起世界经济的连锁反应。而美国财政不仅影响美国经济，对全球经济也会引起波澜。

中国是最大的发展中国家，随着经济总量跃升世界第二，政治、文化方面的影响力也越来越大。如果还用传统眼光看财政，不仅会在国际事务上陷入被动，国内的事情也很难做好。经济开放后，国家利益不再局限于国内，国与国之间利益关系的调整，需要财政出马；防控全球风险，在全球范围内提供公共服务或公共产品，无一不与大国财政密切联系在一起。举一些现实的例子，如非洲爆发埃博拉疫情，中国派出了医疗队，这背后需要财政支撑；亚丁湾海盗猖獗，威胁包括中国在内的各国航运安全，我国派出军舰护航，这关系到财政支出；马尔代夫发生供水危机，中国海空两路进行送水，依然需要财政予以配给。这些全球性公共服务都不局限于国内，直观上很少有人把它和财政联系在一起，但其实都是用大国财政思维去进行部署安排的实际案例。

2008 年美国金融危机爆发后，美国财政部迅速拨款救市。如果任由危机蔓延，对全球经济的破坏会更大。面对这种全球风险，国与国之间要进行协调，每个国家尤其是大型经济体的财政政策不能"一意孤行"，需要同时考虑对他国的影响。2008 年中国迅速采取了积极的财政政策，带动了整个全球经济，提振了全世界的信心，更是扩大了中国的影响力和话语权。

大国财政是大国治理的基础

我们都知道，美国采取了很多方法防止跨国公司转移资产、逃避税收。我国也面临同样的问题，2014 年曝出的"中国反避税第一大案"，我国向微软补征了 8.4 亿人民币税款。过去我们大国财政意识不强，现在我们必须转变，否则，我国的税收主权就有可能遭到侵害。因此，大国财政思维，不能仅仅局限于国内传统财政的收支问题上。从国内考虑，政府职能的正常发挥和有效履行，财政是基础；同样，从国际考虑，大国责任在国际上的担当，也是以财政为基础的。要让大国财政真正发挥作用，就要按新的思维设计改革。比如，如何将财政资源在全球范围内进行有效配置，为中国公民提供更多、更好、更及时的公共服务；如何加强国与国的联系，促进区域经济一体化。在这些事情中，有一些是现在才开始筹划的；还有一些事情从前是各个部门孤立地去做的，如今需要整体谋划，各部门共同行动。

党的十八届三中全会《中共中央关于全面深化改革若干重大问题的决定》把财政定位为国家治理的基础，这意味着财政的职能已经突破了原有的经济学框架，上升到国家长治久安的范畴。如果有意无意地抑制财政发挥作用，国家治理就存在重大风险隐患。中国经济要进一步发展，从中等收入国家变成高收入国家，一定要和全球经济协同发展，不可能单打独斗。中国搞 PPP 模式、"一带一路"、基础设施互利互通等，都是国家行为，需要财政政策配套实施，这些政策同样受到国际社会的高度关注。在这种情况下，我们更应当以国际视野来认识财政，不仅让财政发挥应有的治国安邦之用，而且，应当发挥中国财政在全球治理中的更大作用。

（原载于《中国财经报》2015 年 4 月 14 日）

第二编
财税与改革

　　中国要建立法治政府，"法无授权不可为"，这首先要做的是让预算制度变成一个真正约束政府的法律制度，这是建设法治政府的基础。从未有政府可随意花钱，而成为法治政府的。

　　一个国家制度的变迁很多都与财税改革有关，历史上，所有的财税改革都要冒着巨大的风险，很多变法最终失败了，就是因为动了强势方的利益奶酪而导致疯狂反扑。正所谓壮士断腕的改革会有剧痛，而有剧痛的改革最为艰难，有谁愿意忍受剧痛？

　　政府在向服务型政府转型，财政也转向民生财政，肯定需要花的钱更多。按照现在的体制是中央拿一点，各级地方拿一点，而且地方拿的可能更多，也就是说，社会转型的成本地方政府承担得更多，所以地方政府才会感到压力很大。

财政法治与政府改革

要让预算制度变成一个真正约束政府的法律制度，这是建设法治政府的基础。从未有政府可随意花钱，而成为法治政府的。

刘尚希表示，中国要建立法治政府，"法无授权不可为"，这首先要做的是让预算制度变成一个真正约束政府的法律制度，这是建设法治政府的基础。从未有政府可随意花钱，而成为法治政府的。

预算改革有三个方面：首先是提高政府预算透明度。二是提高政府花钱效果，也就是绩效，包括宏观绩效、微观绩效。三就是提高预算法治化水平。

刘尚希透露，房产税要加快立法，要落实税收法定原则。立法不是一个早晨能完成的，很多程序，这是一个顶层设计的过程。按照立法精神，房产税试点不会再行扩大。

对于目前社会争论的焦点，公务员要不要涨工资的问题，刘尚希谈到，不可能让公务员都学雷锋，只讲奉献。此外，不能把灰色收入和腐败的问题与工资绑在一起来说，两者性质不同，不能混为一谈，更不能视为前因后果。反腐败是一回事，该不该加工资是另一回事，千万不能搅和到一起。

公务员的工资制度，应当法定，多高、怎么涨、地区差多大、部门及地方的权限边界，等等，都应当有法可依。当前有点乱，各部门单位、各地方都有土政策，各种明补暗补都有，工资水平也是参差不齐，苦乐不均。唯有立法，走向法治，才能解决当前这种乱象。

税收优惠的权力不能放给地方政府

凤凰财经：三中全会公报就财税体制改革提出"建立事权和支出责任相适应的制度"，有一种建议是将部分财权和事权上收中央，你怎么看？

刘尚希：并没有说要把财权上收，三中全会非常明确地提出来，中央与地方的财力基本格局保持稳定。在总量上说，在中央与地方的财力占比上，基本上不会有大的变化，维持对半开。从公共预算来看，去年中央的财力不到一半，只占46.6%；若从综合财力（含基金预算、国有资本经营预算）来算账，地方财力要占到70%多。从税种划分来看，可能会有调整。尤其是营改增之后，地方税需要在税制改革基础上作出调整。

凤凰财经：比如事权，因为过去一直说地方政府承担了过多的责任。

刘尚希：事权上肯定要做调整，这已经明确提出来了。所谓事权上收，在我们国家主要是事权的履行责任由地方承担变成中央承担。我们国家目前的事权划分，基本特征是：大量的决策都在中央，大量的事权履行都是在地方。也就是"中央决策，地方执行"，这是我们国家事权划分的一个特点。所以这里讲的事权上收，更多的是指事权履行责任的上收。哪些事情应该上收中央呢？这在三中全会决定里也做了一个原则性的规定，对于涉及全国的跨区域性的事权，涉及全国统一市场的，这样的事权毫无疑问要上收，连带着支出责任也上收了。

凤凰财经：比如哪些方面呢？您能不能举个例子？

刘尚希：大江大河的治理，尤其是跨界的河流治理。我国许多河流是跨省的，比如淮河，就跨几个省，现在的治理是铁路警察，各管一段，交给了相关的地方。淮河的治理花了不少钱，不下几百亿，水质时好时坏。问题是各地的利益诉求不同，有的发展优先，要搞工业，尽管有的省重视环保，但只要有一个地方不太使劲，治理成效就会大打折扣。这类问题交给地方去管就很难，所以有的事情就得中央来管，中央来治。

凤凰财经：社会保障方面的相关责任会不会有调整？

刘尚希：社会保障的统筹责任无疑要上移，等到条件成熟，应当由中央来履行这项事权。但目前一下子还做不到。例如，基础养老金应该是全国统筹，法律、政策、标准、监管等方面尽可能由中央来做，不要委托给地方。如果交给各地方去做，可能没法协调，或者协调的成本非常高。一旦地方出现窟窿，中央还得拿钱去弥补。与其事后去买单，还不如把相关事权由中央来履行。还有涉及全国统一市场公平的问题，比如税收优惠的问题，如果各个地方都搞税收优惠，都搞税收洼地，这不乱套了吗？这类的事要全国统一，这种权力不能放给地方。

如果从人口流动、城镇化角度来看，毫无疑问，社会保障统筹层次要提高，有的统筹不到全国可以统筹到省，这就是要事权上移。事权上移实际包含了两个概念、两个层次，一个是地方的事权移到中央，另一个是地方的事权从基层上移到省市。

有些地方可以把教育的事权从县里上移到市里或者省里，这个需要因地制宜。整体来说，适合于哪一级管的事权就应归哪一级，应从成本效率、风险防控来考虑。上面做决策，让下面去执行，什么事情都推到基层去做，这样就可能造成事权和支出责任脱节，导致财力和事权不匹配。

房产税试点不会再行扩大

凤凰财经：现在房产税的推进如何？有哪些难点？

刘尚希：房产税首先要加快立法，三中全会的决定说得非常清楚。立法不是一个早晨能完成的，要落实税收法定原则，而且特别讲到了房地产的税制要立法，不立法难以推进。立法有很多程序，首先要起草，这是一个顶层设计的过程。起草后再要向各方面征求意见，人大常委会要审几次，所以不会很快。按照立法精神，房产税试点不会再行扩大。

凤凰财经：前两天李克强提到政府法无授权不可为。

刘尚希：从负面清单管理这个角度来说，法不授权，政府就不能动，动了就算违法。改革也要于法有据。总书记也特别强调这一点。房产税几度成为社会热议的问题，现在已经很明确了，三中全会的决定一出来，实际上就已经确定，就是要通过立法解决这个问题。

凤凰财经：目前正在做的营改增，大概什么时候能全国覆盖？

刘尚希：营改增可以激发经济活力、扩大就业。具有经济效应、社会效应，应该积极推进，但在服务业征收增值税的难度比在制造业要大。当前正在扎实准备，尽可能加快推进的进度，应该在 2015 年的时候全部覆盖，营业税彻底退出。

地方政府发红头文件就收费属于违法

凤凰财经：关于中国应该建立税收基本法这个说法您怎么看？

刘尚希：税收基本法还是应该有一个，因为我们现在只有单个税种的法规，而没有关于整个税收的基本法，这是一个缺失。这个问题实际上也提了多年，但是一直没有解决，可能以前缺少各种条件，要落实税收法定原则，税收基本法应该提上议事日程，我认为要制定。这样各个税种的各种改革调整，新税的出台或者旧税的退出都有一个基本的依据，税收基本法提供的是基本原则。制定税收基本法也不是那么简单，非常复杂。现在我们有 18 个税种，3 个是税法，其他的是授权制定的。授权制定也是合法的，但过度授权则会削弱人大的作用。对于这种状况，现在应当开始纠正。建立法治中国，也要求税收立法方面率先起步。

凤凰财经：人大授权国务院，这个还得延续？

刘尚希：还得延续，不可能一下子改掉，不要理想化，其他国家税收法定的实践也是经历了很多年，我们现在只看到人家的一个结果，人家经历很多年才做到今天我们所看到的样子，我们一两年就做到，可能吗？有一个演变的过程，税收法定是以后发展的方向。但不能狭隘地去理解，以为只有人大制定出来的才是税收法律，才要遵循；而人大授权国务院制定的条例就不是税法，可不当回事。这种认识是错误的。现在关键的问题是，不论是人大立法还是国务院的行政法规，应该怎样真正去执行，落实到位，这是很重要的问题，如果大家谁都不把这个法当回事，谈什么法治啊。

凤凰财经：您觉得为什么大家不把法当回事呢？

刘尚希：不把法当回事，这也是一个社会环境问题，社会法律意识淡薄，也就是缺少规则意识，机会主义盛行。这不只是表现在公共部门，也反映在社会各个方面。以权代法、不找法律找关系、司法腐败等等都是其表现。不要仅仅着眼于法律级次的高低，即使人大通过的很多法律也没有得到有效的贯彻落实，社会遵法守法的意识还是比较淡薄。在税收方面，税法的遵从度实际上还是比较低的，纳税人想的是能少交就少交，征收机关想的是完成任务，政府想的是尽可能多收。依法征税，依法纳税，在我国任重道远。就当前看，加强税收司法，比税收立法更重要。法立了，若是司法跟不上，那也是白搭。

凤凰财经：但目前政府还存在很多乱收费的情况。

刘尚希：乱收费的情况现在跟过去比的话好多了，应该看到这种进步，过去乱收费很普遍，一个部门随便发个文件盖个章就可以收了。现在还有，但是比以前要少了。但是各个部门自己发红头文件就去收钱这种状况并没有杜绝，法不授权就去做属于违法。以前没人说政府的行为只有授权才能许可，没有授权不能去做，这种意识都是针对老百姓的。而今颠倒过来了，对老百姓，法无禁止即可为；对政府来说，法无授权不可为。这种观念对不少政府部门来说，还是新的，还需要一段时间来培养。但这个过程应加快。税收法定，同样，收费也应法定。

中国行政管理方式落后公务员比国外辛苦

凤凰财经：说到中国的财政支出结构，财政支出中政府的行政管理费用的支出占比是什么水平？

刘尚希：中国处在经济转型、社会转型的阶段，我们面临的一个现实就是贫富差距比较大了，在这种情况下，大家对税收的问题就越来越敏感。

行政管理费不能简单地去比较，在不同的发展阶段，市场发育程度不一样，社会发育的程度也不一样，所以政府承担的职责也不一样。比如说在发达国家，社会组织比较发达，很多事情可以交给市场，也可以交给社会去办，政府可以不做。较之以前，我们现在的市场确实发展了，但是市场也没有充分发育，社会刚开始发育，社会的自我管理能力还是相当弱，所以很多事情没法交给社会，至少眼前还得政府来做，这样政府的职能自然就大。再者，13亿人口的大国，跟几百万人口的小国不是一个数量级。管理13亿人口的大国与管理几百万、几千万人的小国相比，其所需的管理费用是规模递增的，或者说管理的边际成本是上升的。美国人口比我们少多了，是我们的零头。从人的角度来说，我们是要管13亿人口的国家，美国是管3亿人口的国家，其行政成本不会是一个相同的比例。

凤凰财经：有的人把财政收入和GDP对比。

刘尚希：对，与GDP对比是可以，但是这个比较并不能说明什么问题，管理的人越多，成本是上升的。过去讲"规模效应"，一只羊是看两只羊也是看，规模成本应当递减，但是超过一定程度，成本会急剧上升，它不会是一个简单的线性比例。

再有经济社会发展的阶段，社会管理水平跟发达国家相比还有一段距离。社会管理水平包括政府的管理水平、社会的自我管理水平、市场经济的发育程度。假如说社会自我管理的水准很高，都很自律，在做产品或提供服务的时候尽心尽力，不会昧着良心发财，那么，这样食品安全事故会减少，这方面的监管成本就可下降，就可以少花一些人力、物力和财力。再比如，像公共设施，今天安上一个路灯，明天就被打破了，那这个管理成本就会很高。社会责任、公共道德、公民意识等等，都会影响公共管理的成本。至于一些政府部门和单位养闲人、吃空饷，政府治理水平不高，也影响到公共管理成本。

还有像公园、风景区，属于公共场所，垃圾遍地，公共设施残缺，这不是个别现象。其原因既有管理者尽职尽责不到位，也有公民素质和道德水准不高，总的来看，是社会发展落后的表现。在社会自我约束、自我管理的能力比较弱的情况下，所需要耗费的行政成本无疑会较高。现在我国处于经济社会转型期，各种矛盾和冲突增加，由此也会增加行政管理成本。不做具体的分析，简单地拿一个指标跟其他国家比高低，是非常片面的。

当然要承认，我国整个公共服务系统的效率有问题，是个体制性问题。像这次行政管理体制改革，各个部门减少扯皮，工作职责更加清楚，效率就会提高，成本就会降低。若是什么事情都要开会来定，一事一议，那成本得很高。实事求是，整体来看，我国的公务员比国外公务员辛苦，加班是常事，且没有加班补贴。这与行政管理方式的落后有关，也就是说，政府治理的现代化还未实现。

不能以腐败为由不给公务员涨工资

凤凰财经：最近一个热点问题，关于公务员涨工资您怎么看？

刘尚希：对于公务员，你不可能都让他都学雷锋，只讲奉献。公务员也是劳动者，不涨工资，他怎么活，怎么养家糊口，他还能把事情干好吗？不能把灰色收入和腐败的问题与工资绑在一起来说，两者性质不同，不能混为一谈，更不能视为前因后果。鉴于公务员群体的特殊性，毕竟是掌握着公共权力，公务员的工资应当纳入法制的轨道，而不是由社会舆论来决定。公务员的工资制度，应当法定，多高、怎么涨、地区差多大、部门及地方的权限边界，等等，都应当有法可依。当前有点乱，各部门单位、各地方都有土政策，各种明补暗补都有，工资水平也是参差不齐，苦乐不均。唯有立法，走向法治，才能解决当前这种乱象。

凤凰财经：有很多人认为公务员的灰色收入多。

刘尚希：这个是猜测，什么是灰色收入，也是个说不清的问题。这当然与政府不透明现状有关联。大多数的普通公务员有多少灰色收入？是个人行为，还是单位行为？我看，如说有，大多也是单位在制度外给的那点隐性补贴。这是与公务员的工资、福利制度的碎片化相联系的，与个人行为无关。不改革这种制度，针对公务员个体来说事解决不了这个问题。如果是利用职权捞取好处，那就不是灰色收入的概念了，而是黑色收入，属于腐败问题。

反腐败是一回事，该不该加工资是另一回事，千万不能搅和到一起。公务员利用职权，以权谋私，那就是腐败问题。腐败的确有，但不能说每一个公务员都腐败，不能说把腐败清理干净后再考虑公务员的工资问题。以腐败为由，不让给公务员加工资，那是一种"连坐"法，是没有道理的。到底该不该加工资、加多少等问题，可利用公共讨论的推动力，加快机制化、制度化和法治化建设步伐，彻底走向法治轨道。

精兵简政不能像盖房子盖了拆拆了盖来回折腾

凤凰财经：您觉得中国有没有可能通过精兵简政的方式来提高整个公务员系统的效率？

刘尚希：公务员系统的效率主要是体制问题，现在主要不是人多人少的问题，体制不理顺，精兵简政就会陷于盲目性。精兵简政是一个很复杂的问题，需要顶层设计，在研究的基础上厘清政府及其各部门单位应有的职责。这与行政体制的改革紧密地联系在一起。在这方面是有教训的。回头看，当时有轰动性，但长期效果不明显，陷入了"精简——膨胀"的怪圈。

削减审批，政府的事情就少了，事情少了就可以去做其他的事。现在政府的一些管理比较粗，就是因为很多事情都要管，但是管不过来。对于不该管的要彻底放手，对于该管的则要管好、管细。比如财政，美国的预算编得细，那他有多少人干这个事，美国一个总统预算办公室有500人，国会也有一个班子，编预算的也有500人。

那我们编预算有多少人呢？就一个预算司，二三十号人。据考察，希腊不大的一个国家，其财政部有上万人，我们有多少人？财政部公务员1000人左右。也许人家是人浮于事，我们精干，但社会对财政的要求不一样了，过去粗一点，问题不大，现在要管好15万亿的支出，靠加班加点是管不好的。切块分钱，让各个部门自己去搞二次分配，倒是省事了，但预算的约束性也就不存在了。要让预算制度真正成为约束政府的工具，实现预算法定，必须要精细化，把预算编到具体项目上去，不能是先有了钱再去找项目。俗话说，牛栏里关不住猫。法治，离不开精细化。又要人少，又要把活干得很细，很到位，那怎么可能呢？

这就是说，精兵简政要有针对性，不能搞运动一刀切。改革需要民主化，也要科学化，要讲质量，不能大而化之，要研究清楚，不能凭经验拍脑袋。不能像盖房子一样，盖了拆，拆了盖，来回折腾。

从未有政府可随意花钱而成为法治政府的

凤凰财经：财政支出就涉及了预算制度，如何改进预算制度？方向是什么？

刘尚希：如何改进预算管理制度，这在预算报告里有较为详细的阐述。归结到一点，就是落实"预算法定"原则，增强预算的法律权威性，让预算体现公共意志，真正成为约束政府活动方向和范围的一项制度，而不仅仅是政府手中分配资金的工具。这是预算改革的基本方向。主要有三个方面，首先是提高政府预算透明度，要提高透明度，包括总预算，也包括各个部门预算，从中央到地方都一样，扩大透明度。二是提高政府花钱效果，也就是绩效，包括宏观绩效、微观绩效。要一分钱当两分钱来花，花到刀刃上，让老百姓满意。政府的钱花不好，各种利益关系协调不好，反而可能成为引起矛盾的源头。就此而言，应当搞好风险评估，不要一厢情愿地去花钱。良好的动机不等于良好的效果。三就是提高预算法治化水平。预算一旦经过人大审议通过以后，那就是法律，执行预算就是执法，走法律程序。领导到哪儿一视察工作，现场办公，一拍板就给钱，把预算改了，这就不行。执行预算，也要变成带电的高压线。过去要求低，只要不装进个人口袋，怎么花都不要紧。现在应当改一改了，除了不能装进个人口袋，还要符合规矩。不讲规矩，乱批钱、乱花钱，也应当成为高压线。

一句话就是要让预算制度变成一个真正约束政府的法律制度，这是建设法治政府的基础。从未有政府可随意花钱，而成为法治政府的。

凤凰财经：目前财税改革最紧迫的是哪些方面的改革？

刘尚希：首先是改税收制度，如加快推进营改增、消费税和资源税等税种的改革。还应当考虑税收征管制度的改革，这是税收收入制度有效运行的基础，也是完整落实税收法定的要求，即覆盖从立法到执法、司法的全过程。与此同时改预算制度，这在上面谈到了，不再重复。在前面两项改革的基础上，再改财政体制，建立事权与支出责任相适应的制度，也就是实现财力与事权相匹配。有了前面这个基础以后，财政体制的改革就水到渠成了。财税改革相当复杂，不能一口吃成个胖子，必须分步走。大约到后年中央与地方之间的财政体制改革才能全面铺开。当前的任务是做好这方面的研究，搞好顶层设计和完善具体实施方案。

（原载于凤凰网 2014 年 3 月 13 日　记者晓童采写）

土地财政的根源及财政可持续

政府在向服务型政府转型，财政也转向民生财政，肯定需要花的钱更多。按照现在的体制是中央拿一点，各级地方拿一点，而且地方拿的可能更多，也就是说，社会转型的成本地方政府承担得更多，所以地方政府才会感到压力很大。

2012 年，受经济放缓的影响，中国财政收入告别了高增速的时代。地方政府的重要财源——土地出让金收入跌幅也达 20% 以上。刚性的财政支出让各级政府的"钱袋子"均面临不同程度的压力。

近日，《第一财经日报》（以下简称《日报》）就土地财政的未来、政府的应对之策以及可持续的财政发展方向等问题采访了财政部财政科学研究所刘尚希研究员。

土地财政根源

《日报》：2011 年财政决算显示，地方公共财政的收入为 5.2 万亿元，地方政府国有土地使用权出让金收入达到 3.1 万亿元，卖地收入已经成为地方的主要财源之一。您如何看待地方政府对土地财政的依赖性？

刘尚希：土地财政是阶段性现象，是在中国城镇化过程中房地产快速发展的这一阶段所出现的，是与我们的土地制度相联系的。法律规定，除了一些公益用途的土地，城市土地必须要经过"招拍挂"进入市场，这也就意味着土地的资本化，资本化所产生的收益难道地方政府不要吗？

城镇化越快，供应的土地就越多，土地收益就会越大，占地方财政的比重也越高，但等到城镇化进程差不多了，地也卖得差不多的时候，占比很自然就会下降了。

一些地方政府采取了非"招拍挂"的形式出让土地，一些地方政府害怕"地王"而采取限价，这实际上造成土地收入的流失，等于让利给开发商。人们以为土地价格下降房价就会下降，但实际上当前的房价并非由成本决定，更多是受市场供求关系影响，土地价格下降决定不了房价下降。

《日报》：我们也听到地方的声音称，由于中央财政集中度过高，地方财权和事权不匹配，地方才不得不"卖地为生"。

刘尚希：把所谓"土地财政"和财政体制联系起来更是一个误解，我国土地制度决定了只有"招拍挂"才能出让土地，即使中央财政一分钱都不要，所有税收都给地方，地方政府还是要卖地，否则它采取什么方式出让土地？

再从财政体制来看，中央财政的集中度并不高，到 2011 年，中央财政占比已经降为 49.5%，这个比例在全球范围来看都是比较低的。而且，近年来还呈下降的趋势。

站在地方的角度，地方希望多留一点可以理解，但站在全局来看，中央已经确定了基本公共服务均等化的目标，中国地区差距这么大，不可能让各个地方通过自身发展来解决均等化的问题，而且主体功能区规划还设定了禁止开发和限制开发的区域，这些地区只能主要依靠中央政府的转移支付。

财政如何可持续

《日报》：我们也常听到地方政府反映财政支出压力大而收入不足，为了完成事权而不得不到处寻找财源，这也成为卖地的动力之一。这其中的原因是什么？是财权和事权不匹配，还是中央和地方事权划分不够合理？

刘尚希：出现这个问题的根本原因还是在于近年来政府职能不断扩大。如果一个国家政府职能是一个定量，那么就可以根据中央政府和地方政府划定的职能来分配财政资金，分到的责任多，需要的财力也多。但中国的情况是国家职能不是一个定量，它总是在变化。在当前的社会转型过程中，政府的职能实际上是在不断扩大的。

这种扩大主要体现在公共服务覆盖人群的扩大。过去的财政是以公有制为基础的财政，它只管城镇不管农村，现在打破了这种界限，统一称作公共财政、民生财政，将全体国民包括进来，农村养老、医疗、教育都包括进来了。

政府在向服务型政府转型，财政也转向民生财政，肯定需要花的钱更多。按照现在的体制是中央拿一点，各级地方拿一点，而且地方拿的可能更多，也就是说，社会转型的成本地方政府承担得更多，所以地方政府才会感到压力很大。

《日报》：那应该如何解决呢？

刘尚希：这类问题恐怕就不是简单调整体制就能解决的，民生项目肯定是应该做的，但步子要迈多大是需要慎重考虑的，太快了不行，中央和地方都承受不起，太慢了也不行，人民期待很高。像教育、医疗、各项社会保障全覆盖等从制度层面上已经初步设计好了，但在操作层面上还无法做到全覆盖，因为这些都需要财力支撑。

这就要考虑到一个平衡，要根据现有经济发展水平来确定改善民生和提供公共服务的水平，中国不可能一下子达到发达国家的水平，毕竟还是一个发展中国家。

更重要的是，地方政府要对自身职能有准确定位，不能超前，而是要依据经济发展水平和财政能力量力而行。

《日报》：在地方常常听到的一句话叫作"上面千条线，下面一根针"，您也曾把"上面点菜，下面埋单"的问题看作是分税制改革出现的问题之一，在这方面您有什么建议？

刘尚希：中央发文件提要求时必须考虑钱从何处来的问题。从各个部门来看，提的要求也许不多。但从地方来看，各个部门提的要求累加在一起，它的财力就可能承受不了。所以一级政府向下一级政府提要求时要有一个横向的协调机制来进行综合平衡，否则下级政府看到上级政府的文件就头疼，一算账发现要花的钱超过了当地财力的增量，只能叫苦不迭。

打破转移支付"暗箱"

《日报》：2011年中国转移支付规模近3.5万亿元，但转移支付资金却存在使用效率不高等问题，"跑部钱进"也难以避免地成为腐败的温床，您认为应该如何完善转移支付制度？

刘尚希：转移支付最大的问题是不透明。它的各种不规范也表现为不透明。现在转移支付的详细数据看不到，这些钱的去向和用途都无处可查。同时，转移支付的碎片化也很严重，中央很多部门都可以进行转移支付，其规范和程序都不透明。

转移支付就像一个暗箱，不透明导致资金使用效率低，随意性很大，滋生腐败。不透明也导致地方心里没有底，不能确定每年能分到中央多少资金，因此这些钱也很难真正进入地方预算，从各条条下来的钱往往是地方各个部门自己就花了，地方财政部门甚至都不知晓。所以才有了"跑部钱进"——能拿到多少钱完全看跑的力度。

这些问题的出现并非转移支付本身的问题，而是由转移支付不透明所导致的。透明和统计细化是转移支付制度必须尽快完善之处。尤其是提高专项转移支付的透明度迫在眉睫。不仅要公布资金的数额、规章、用途，还要公布所需条件以及使用程序，从资金划拨到使用，从头到尾，每一个环节都要做到有据可查、有章可循、公开透明，这样就不会再有人能够钻空子把钱装进自己的腰包。尤其是由各个部门掌握的转移支付资金，碎片化相当严重，在不透明的条件下，成为部门及其内部各单位权力的一部分，都想竭力扩大。

增加一般性转移支付、减少专项转移支付是转移支付改革的一个大方向。但专项转移支付涉及各个部门的利益。各个部门之所以争夺转移支付，就是把它当作一种权力。但如果做到透明规范，寻租空间就会大大减少。同时，一旦规则透明，地方预期就能成立，地方政府就知道根据条件能够得到多少转移支付。

（原载于《第一财经日报》2012 年 11 月 14 日　记者郭晋晖采写）

财税改革是经济社会改革的中心突破口

通过建立统一的科学的财政风险管理体系，使中央与地方的财政风险放到一个篮子里统一监管，整体降到最低。其中，划分和明确风险责任是核心，不能再吃"风险大锅饭"。有利大家分，风险一锅煮，长此下去，就会引发危机。

全国人大十二届一次会议的政府工作报告中，关于财税体制改革着墨颇多，亮点纷呈。只有改革才能挖掘新的经济增长动力。政府改革或政府职能转变成为今后各项改革能否推进的关键，以财政改革来推动政府改革和社会改革，不仅具有必要性，而且是最具有可行性的切入点和中心突破口。

对中国经济的两个判断

记者：近几年来，面对国际金融危机的冲击，中国经济发展出现下滑的现象。传统的各种红利正在慢慢消失。据此有人判断，中国经济发展已经进入了一个瓶颈期，未来存在很大不确定性。您怎么看待这个问题？您认为，中国经济增长还有哪些新动力？

刘尚希：首先，对于中国经济我有两个判断。

一个判断是中国经济支撑力量正在从物质资本转向社会资本和人力资本。在起步阶段，物质资本短缺是最主要因素。20世纪80年代，我们注重招商引资，主要是解决资本短缺问题。现阶段，中国不缺钱，资本已经不是经济增长的主要制约因素，现在主要的制约因素是人力资本和社会资本。而人力资本和社会资本跟物质资本不一样。虽然我们可以从国外引进先进技术和高端人才，但是这只是少数，主要还要靠内生，靠我们自己。人力资本要靠劳动者素质的提高、劳动技能的提升、创新意识的增强才能获得。

现在我们的经济发展虽然已经到主要依靠人力资本和社会资本作为动力的新阶段，但是还要看到，我们的人力资本和社会资本实际上是不足的，这会严重制约今后企业转型升级、技术产品以及商业模式创新，给未来经济增长带来不确定性。

另一个判断是中国的发展难度在成倍增加。从低收入国家跃入中等收入国家行列相对容易，而要从中等收入国家再跃入高收入国家非常难。各种风险和不确定性会大大增加。改革、开放、发展的难度会同时扩大和上升。大家都同意改革，但是怎么改，还说不清楚。现在的情况和原来不一样。这点我们一定要有清醒的认识，不要认为今后的发展难度和过去是一样的，这可能会造成误判。

毫无疑问，中国未来经济增长的不确定性在扩大。改革的目标、路径、共识、结果，都具有不确定性。

首先，改革到了深水区，继续沿用过去以问题为导向的改革方式，有问题出来了就改革的道路已经行不通。现在需要一种理性引导、风险导向来推动改革。风险在哪里就改哪里。这就意味着改革方式要转变。

第二，开放具有不确定性。现在全球化的成本和风险不断扩大。以前认为，全球化对中国有好处，现在到了一个转折点。全球贸易保护主义抬头，中国产品的出口已经受到极大限制。

第三，发展具有不确定性，下一步该如何发展。从投资主导到消费主导，从出口导向到消费导向，建设资源节约型和环境友好型社会，这都是非常复杂的问题。我们已经意识到要加快转变发展方式，但是怎么转变，没有一个标准答案，需要我们在实践中探索。

记者：前几天，李克强谈到"深化改革开放是中国发展的最大红利"。这为我们今后的发展提供了新思路。作为财税体制研究领域的专家，您认为，财政制度改革在今后改革中应该扮演一种什么角色？

刘尚希：国家制度是由各项制度构成的一个体系，在这个体系中，财政制度处于基础性地位。这个基础如果不发生变化，树立其上的任何制度都难以改革。

现在改革发展进入新的历史时期，"十二五"规划纲要提出："大力推进经济体制改革，积极稳妥推进政治体制改革，加快推进文化体制、社会体制改革。""十二五"时期的改革包括了经济、社会、政治等方面，是多位一体的全面改革。无论是政府自身的改革，还是社会改革，财政改革依然要先行。财政不只是简单地收钱和花钱，而是涉及市场运行，更涉及政府运行和社会运行，关系到整个国家的安危。例如，作为财政核心的预算，其本身就是约束政府活动范围和方向的最重要工具，预算改革同时构成了政府改革的一部分。公共服务的提供，不只是财政花多少钱这样一个核算问题，而是构成社会利益关系的一部分，与社会公平正义直接联系在一起。

新时期的财政制度，不只是社会主义市场经济体制的基础，也是建设服务型政府、构建和谐社会的基础。就此而言，财政改革也是政府改革、社会改革的基础。以财政改革来全面推动政府改革、社会改革、经济改革，不仅具有必要性，而且是当前约束条件下最具有可行性的切入点。

创新驱动的动力来自人力资本积累

记者：有观点认为，财税改革将是启动和推进经济体制改革的突破口和主线索。对此，您是怎么看的？

刘尚希：财政改革无论是过去还是现在都非常重要，过去我们说财税改革是经济体制改革的中心环节，以财税改革为突破口来推进整个经济体制的改革，通过放权让利的改革，发挥市场配置资源的功效，培养市场主体。现在实际上依然存在这方面的问题。虽然政府经济职能有很大转变，但是市场经济的运行不仅仅依赖政府的经济职能转变，还跟社会职能密切相关。社会职能、社会建设、社会发展等这些概念的核心就是民生。民生与经济改革紧密地联系在一起，因为民生解决人的能力问题和人力资本积累的问题，而经济结构调整与发展方式转变强调的是创新驱动，创新驱动的动力来自于劳动力素质的提高、劳动技能的提升，也就是说整个国家人力资本的积累，包括知识资本、社会资本，这些都是创新驱动的来源。

如果没有劳动力素质的全面提升，没有人力资本积累的进一步加快，仅仅靠物质资本的积累，那是远远不够的。从这个角度说，财税改革怎样在促进民生方面，怎样使民生落到人力资本的积累上就显得非常重要。这是关系到我们的经济结构调整与发展方式转变能否成功的关键。现在，我们强调的民生应该要落到人的能力和素质上。这不仅是解决创新驱动的前提，而且还是缩小贫富差距的根本问题。只有缩小城乡之间的能力差距，缩小能力的鸿沟，那样贫富差距才能真正缩小。仅仅靠收入流量、靠再分配只能治标，不能治本。因此，从这个意义上讲，目前，财税改革依然是整个经济社会改革的中心突破口。

当前我国财税改革面临四大挑战

记者：您认为当前我国的财税改革面临着哪些挑战？

刘尚希：我认为，财税改革的首要挑战是理论方面的，因为过去的财税理论是在传统的所有制理论基础上形成的，虽然现在的主流理论已经变了，但主要来自于以私有制为基础的社会土壤，与我国以公有制为主体的现实基础是脱节的。表面上看，理论很繁荣，而实质上是停滞不前的，没有从我国的实际出发来创新理论，导致许多问题长期无法解决。照搬进来的理论用不了，而创新的理论又没有，所以说，目前我们在财政理论方面的一个挑战，就是怎样与现行的所有制结构与社会产权结构相适应，这是非常重要的。如果我们把财政理论、财政体制、财政政策放在一个我国现实中不存在的西方市场经济所有制基础之上来考虑，那肯定会产生很多漏洞。我们的贫富差距为什么这么大？实际上是忽略了我们所有制结构的基础、社会产权结构的基础，从而导致大量的公共资源、国有资产收益进了少数人的腰包。可见，没有从理论和国情出发来考虑构建财政理论，这是一个大问题。

其次，过去我们考虑问题，总是把社会假设为静态的，财政理论研究、财政体制的设计，以及政策的实施都是以静态的人口分布、劳动力不流动为大前提。很多政策都是按照户籍人口的多少来考虑补助标准，考虑标准收入、标准支出，考虑转移支付。但是，现在我们面临的是一个动态的社会，社会人口、劳动力、家庭流动性都发生了急剧变化。这说明我们的理论和体制设计、政策考虑的基点都发生了变化，尤其是在城镇化过程中表现得非常明显。我们经常说的财力、公共服务向农村和中西部倾斜，其实这是一个区域概念，区域概念的形成实际上是假设那些人都待在一个地方不动，但如果人口都出来了再向那些地方倾斜就没有用了。这就是过去长期形成的静态观念，对我们体制政策设计带来的影响。我认为，这是一个大挑战，是基础性和根本性的问题。怎样让我们的理论和体制政策适应社会流动的新状态呢？应该从我们已经变化了的国情出发，通过深化改革，创新理论、创新体制。

第三个挑战是全球化。我们的财政改革可能会产生溢出效应，对周边国家和全球经济都可能产生影响。所以我们的财政要有一个国际视野，站在国际的角度来考虑体制的改革和政策的优化。

第四个挑战是整个经济社会中国内外存在的不确定性和风险。目前，公共风险已经是全方位的，不仅表现在经济领域、市场领域，也表现在生活领域、自然领域。人类社会进入了一个风险社会，各种不确定性和风险给我们带来严峻的挑战，因此，我们现在必须要有一种新的思维：不确定性思维、风险思维。只有风险思维才能应对未来的风险挑战；只有风险思维，改革才具有指导性和前瞻性。

财税体制改革的四大突破口

记者：面对这些挑战，财税体制改革具体该怎么改？突破口在哪里？

刘尚希：我认为有四大改革值得关注：第一，税制改革。这实际上已经在推动，"营改增"是一个切入点。"营改增"对整个税制结构会产生一个大的影响，这种影响可能是长远性的。除了"营改增"，还有资源税、消费税、房产税，这些税的改革涉及方方面面。比如房产税，我认为，推广房产税应分三步走：第一步应进行房产税试点，上海、重庆的试点效果已经出来了，试点有成效，也有问题，需要总结。第二步涉及房产税的定位，应把个人房产税定位为住房调节税，主要发挥调节功能，调节住房资源配置和消费，主要针对多套房和高档住房，而不是针对普通老百姓。第三步应该把房产税这种调节税变成国民税，也就是普遍征收，但这还需要我们收入水平提高。

第二，财政体制改革。关键是建立辖区责任，这个很重要。我认为，应该以支出责任划分为切入点推进财政体制改革：一是细化中央和地方政府间支出责任划分；二是理顺与规范横向的政府间财政关系；三是细划省以下政府间支出责任；四是建立健全财政管理的基础及激励约束机制；五是通过立法确立支出责任划分的法律地位。

第三，预算改革。其核心问题不仅仅是作为政府管理的一个工具，而是要让预算成为约束政府行为、约束政府活动的工具。这个问题已经上升到行政体制改革的更高层面，从政治的角度来研究这个预算改革，我认为是一个非常好的切入点。

第四，财政风险管理的改革。通过建立统一的科学的财政风险管理体系，使中央与地方的财政风险放到一个篮子里统一监管，整体降到最低。其中，划分和明确风险责任是核心，不能再吃"风险大锅饭"。有利大家分，风险一锅煮，长此下去，就会引发危机。

"营改增"试点将全面推至铁道等行业

记者：有人认为，实施结构性减税可能引发新一轮财税改革。您如何看待结构性减税在本轮宏观调控中的作用和意义？"营改增"被视作结构性减税重头戏，何时能够推广至全国？

刘尚希：结构性减税是积极财政政策实施方式的重大变化。上升到一个更高的层面来看，结构性减税是政府干预经济的理念在向古典回归，是对凯恩斯主义的一个修正。2008年实施积极财政政策主要是在公共投资方面，扩大需求保增长；这次主要是结构性减税方面，激发微观主体的活力，更好地发挥市场的作用。而结构性减税主要是通过"营改增"。可以看到，"营改增"试点一年，12个省市参加，效果是出人意料的，一是减税力度很大，二是减税面很宽，90%的企业，其税负都已经减轻了，尤其是中小微企业减税程度达到了40%，这是对中小微企业的一个利好。

因此，以"营改增"为核心的结构性减税对产业之间的融合、对中小微企业的发展、对促进就业及调整结构都有积极作用。如果全面推开，会对制造业、服务业产生非常大的影响。根据目前的情况来看，对交通运输、铁道、邮电通讯、现代服务等试点行业可能会在2013年全面推开，这些行业在全国推开产生的效果应当是非常好的。所以，结构性减税对稳增长、调结构、转方式可以说是"一箭三雕"，同时对民生改善也有积极的长期作用。

收入分配改革不能仅是流量层面

记者：今年2月，国务院批转了《关于深化收入分配制度改革的若干意见》。您怎么看税收在调节收入分配方面发挥的作用？

刘尚希：收入分配是整个分配改革的一部分。分配改革包括收入分配，这是流量层面的；还包括存量改革，这是财富方面的。这两者是联系在一起的。我认为，如果收入分配的改革仅仅是收入流量层面，这是不够的，还应当考虑存量层面，即财富的分配。贫富差距体现在收入差距、财产差距，还有消费差距上。消费与人的能力和人力资本的积累有关。消费包括物质消费、教育消费、医疗消费，如果消费不平衡带来人力资本积累的不平衡，那么差距就会很大。仅仅从流量上解决不了问题，现在向最低收入、低保基层适当提高标准，给农民扩大补贴，虽然有一定作用，但只是一种应急措施。

当前对税收的调节功能很关注。税收手段应更多强调的是怎样公平征税，促进效率提升，而不是通过税收的办法把高收入拉下来，那样大家没积极性了，不利于从长远发展的角度解决问题。公平征税作为一个原则，包括纵向公平和横向公平，即相同能力的人交同样的税，而能力不一样的人交不一样的税。征税的公平原则，与发挥税收限高的调节功能是两码事，应当区分开来。公平征税，这个不能丢。但把合理合法的"高"拉下来，这样的调节要审慎。

税收政策发力要作系统性考虑

记者：目前，中国不断提出"扩内需"，但国内"消费状态"却在不断恶化。要解决消费问题，您认为税收政策如何发力？

刘尚希：最近，我们发布的《中国税收政策报告2012：税收与消费》作了较为系统性的研究。改善消费状态，要从提高国民消费率、缩小消费差距和强化消费安全以及引导消费行为入手，仅仅靠提高消费率、扩大消费需求是远远不够的，因为它们是相互联系在一起的，例如，没有消费安全的强化，扩大消费需求就无从谈起。税收政策发力，要作系统性的考虑。税收政策途径主要包括：其一，促进消费需求的释放。通过税收政策的调整和完善，调节消费供给结构，扩大有效供给，使消费需求释放出来。其二，促进消费公平。这主要通过发挥税收筹集收入的功能，通过税收使用来扩大公共消费，促进消费平等；同时通过税收激发创业、就业的积极性，激励人力资本积累，缩小能力鸿沟，从而达到缩小消费差距。其三，调节消费行为，包括奢侈品和绿色产品消费行为的调节。通过调整相关税收政策，合理引导消费者的消费行为，鼓励消费者增加绿色消费、减少对大量消耗资源和严重污染环境产品的消费。

（根据《经济参考报》《中国经济时报》整理　记者金辉、周子勋采写）

财税改革与宏观税负

财税改革涉及经济改革、政府改革以及社会改革。这个社会改革是广义的，实际上也包括了三中全会决定里所提到的比如文化、生态环境治理等方面的改革，它都与财税有直接的关系。

2014 年被公认为全面深化改革"元年"，财税改革是本轮改革中最重要的一环。财税改革牵涉到中央、地方政府、企业、民众等众多利益，事关中国经济转型及协调发展。

2 月 14 日，中国社会科学院发布报告显示，中国公共财政收入达到 12.9 万亿，人均宏观税负接近万元。数据出来后，引起了各界争论，中国税负水平到底高不高？需不需要减税？如何调整不合理的财政收支结构？凤凰财经就此推出"国赋论"系列访谈，请财税领域权威学者分析解读中国财税改革的紧迫性和改革方向。

财政是一个国家的治理基础，而财税改革是全面经济体制改革的突破口，刘尚希称，财税改革和经济改革、政治改革、文化改革、社会改革，以及党的建设、生态文明制度和国防军队都有紧密的联系，是全局性改革。

刘尚希称，中国民众对税收的问题越来越敏感，是和政府提供的公共服务联系在一起的，老百姓感觉收了这个税应该什么都不要钱了，教育免费，看病不要钱才是。但若要真的全部免费，那要多少钱，连美国这样的国家都做不到，别说我们国家了。

中国处在经济转型、社会转型的阶段，我们面临的一个现实就是贫富差距比较大，基本公共服务城乡区域不均等。再加上自我意识增强，个人权利意识强化，缴税毕竟是涉及掏口袋的事情，在这种情况下，大家对税收问题就越来越敏感。

此外，当前社会上普遍存在一种"搭便车"的心理，希望他人缴税，我不缴税，但我也有资格或说有权利来享受这个福利。在北欧一些国家宏观税负是很高的，达到 50%，GDP 的一半被政府拿走了，但老百姓觉得税重的少。因为普遍愿意交税，如果不愿意那就觉得税负重了，所以，税负的轻与重和税负的高与低是不同的概念。

财税改革涉及经济、政府、社会等方方面面

凤凰财经：财税改革是新一轮经济体制改革的突破口，是其他改革的助推器，您帮我们分析一下财税改革与全面改革有怎样的关系？

刘尚希：从过去来看，财税改革是经济改革的中心环节，也可以说是经济改革的一个突破口。那么从现在来看，财税改革依然是一个重点，习近平总书记关于三中全会改革决定的说明中，特别提出财税改革是全面深化改革的重点之一。在总书记的说明中，提到两个重点，一个财税改革，一个司法改革。可见财税改革作为全面深化改革的重点，实际上是中央深思熟虑的决策。这自然表明了财税改革在全面深化改革中的重要性。

这种重要性体现在财税改革对其他改革的牵引、辐射和倒逼的作用。它的作用不仅体现在经济体制改革方面，也体现在政府改革、社会改革等各个方面，实际上对全面深化改革都有牵引、辐射和倒逼的作用，它不只是在经济方面。

三中全会关于改革决定里明确讲到，财政是国家治理的基础，作为基础发挥作用，它的影响不是局部的，而是全局性的。在经济方面的作用，是怎么保证资源的优化配置，怎么提供良好的体制性条件，让市场发挥决定性作用。比如税收制度改革，正在推进的营改增，对促进制造业、服务业的融合，促进产业转型升级，对鼓励中小企业就业创业都将有积极的推动作用，财税改革对优化资源配置有很大的激励作用。

同时，财税改革也是政府改革的一部分，预算的透明实际上就是政府的透明。还有中央与地方的财权、事权的划分，支出责任的划分，这都是政府改革的重要组成部分。从财政的属性来看，财税改革本身就是政府改革的内容，财税改革每推进一步，意味着政府改革相应的推进。财税改革的政治属性是很明显能看到的，我们过去对财税的理解，它是一个经济学的概念，有很大的局限性，财政是国家治理的基础，超出了经济学的框架，它影响经济、社会、政治各个方面。

综合来说，财税改革涉及经济改革、政府改革以及社会改革。这个社会改革是广义的，实际上也包括了三中全会决定里所提到的比如文化、生态环境治理等方面的改革，它都与财税有直接的关系。

有问题的财税体制会破坏生态

凤凰财经：您能给我们举一个具体的例子吗？

刘尚希：比如文化体制改革，分为文化产业和文化事业。文化产业那当然是交给市场。现在的文化企业资产很多都是国有，资产怎么管理？怎么配置？是配置到文化产业里，还是文化事业里？这就涉及文化财政体制的改革，财政与文化又连在一块。文化事业需要财政支持，很多文化事业就是政府拿钱的，属于公益性质。文化产业可以让市场发挥作用，让市场去决定文化企业的生死。那么文化事业毫无疑问属于公共文化服务的内容，需要政府来提供。文化体制的改革，和财政紧密地联系在一起。

文化方面的支出，哪些该财政拿钱，哪些不该拿钱，政府在支出范围上要理清楚，如果不该支出的支出了，本来应当放给市场，结果财政拿钱，那政府就越位了。文化事业按照公益性、公共文化服务来提供，财政如果不拿钱，把它推向市场，那不就错位了吗？那就是政府在这个问题上缺位。所以文化改革就涉及财政支出结构的调整。

财政改革是国家治理现代化的基础。这从文化体制的改革可以看出来。再比如生态文明。生态文明建设主要涉及目前中国的工业化模式，怎么减少工业化过程中对社会带来的各种各样的负外部性，也就是对生态环境的破坏？从财政的角度说，对各级政府就不能按照过去财权与事权相匹配的要求，给地方政府不适当的财政压力。过去是不管这个地方有没有发展的条件，不考虑生态脆弱性，在体制上都是一律要求让地方自己去发展，通过地方自身的发展，通常是搞工业和采掘资源来扩大财源和税源，从而让地方财权转化为地方财力。在这种情况下，这种普遍压力型体制容易造成一些地方不顾后果地野蛮发展，结果破坏了生态环境。这样的体制安排无疑是与生态文明建设不相适应的。

目前的情况是，根据主体功能区的要求，根据各个地方的生态状况，具备发展条件的，具备搞工业的就鼓励大力发展。我国主体功能区分为四个方面：重点开发、优先开发、限制开发、禁止开发。对于限制开发和禁止开发的地方，就要中央给它"补偿"，通过转移支付提供相应的财力，满足其公共服务需求。不能笼统地说，按照"财权与事权相匹配"的原则，构建中央与地方的财政体制。

在党的十七大之前，都是按照财权与事权相匹配的原则来构建和完善财政体制的，结果搞得一半以上的县连工资都发不出去。地方政府要吃饭，就要想办法发展，没有条件也要创造条件发展，即使破坏生态，地方政府为了过日子也得发展。这使得发展的代价越来越大，生态环境成本越来越高。也许财政体制不是唯一的原因，还有为了政绩，地方之间 GDP 增长的竞争，也是重要原因。这与 GDP 导向的考核机制有关，涉及干部选拔任用制度的改革。

还有一个问题，生态文明建设与产权制度的关系。自然资源的开采、开发属于开发权、经营权，归类为产权制度的内容。但这类产权是如何取得的呢？资源的所有者授权了吗？有相关的法律依据吗？我们知道，按照宪法规定，自然资源属于公共资源，除了明确规定属于集体所有的之外，其他都属于国家所有，国务院是国有资源的所有者代表。那这里有一个授权的问题。国务院作为国有资源所有者代表，应该向地方有一个授权，明确各自的责、权、利关系，哪些资源地方可以开采，哪些资源地方无权开采，获得的收益怎么进行分配，是全部归地方还是中央与地方分享？等等。这些基础性问题不解决好，主要靠红头文件一事一议应急的方式来解决暴露出来的问题，其效果有限，没有长效机制，生态文明建设难以有实质性进展。其中的核心问题是国有资源的收益分配问题，如土地收益、矿产资源收益等等，所有者是否参与分配？这就涉及财政体制的问题。在公有制条件下，财权的划分，自然还要包括产权。这在现有体制中是缺位的。

2013 年的三中全会明确提出，公共资源的所有权和公共管理的监管职能要分开，现在我们是混在一起的。地方政府代行公共资源的所有权（真正的所有权属于国务院），但同时也履行公共监管职能。公共资源到底能不能开采，什么时候开采，作何用途，实际都是地方政府依据地方局部利益以行政的方式来决定。这种公共监管的职能和所有权的职能混为一谈，是导致各种乱象的根本原因。所以生态文明和财政紧密相连，财政问题处理不好，生态文明建设恐怕也很难。土地财政也涉及这个问题，目前土地财政暴露出来的一些问题，实际是产权制度缺失在财政上的反映。

财税改革和经济改革、政治改革、文化改革、社会改革，以及党的建设、生态文明制度和国防军队都有紧密的联系。建立现代财政制度，意味着要对这些方面提出约束性要求和规范性要求，会牵引这方方面面的改革，推动国家治理的现代化。为什么说，财政是国家治理的基础，这就是基本的依据。

民众有"搭便车"心理，希望他人缴税我不缴税

凤凰财经：社科院报告提到中国人均宏观税负达到万元，之前也有调研说中国税负痛苦指数很高。您怎么看这些问题？

刘尚希：中国处在经济转型、社会转型的阶段，我们面临的一个现实就是贫富差距比较大，基本公共服务城乡区域不均等。再加上自我意识增强，个人权利意识强化，缴税毕竟是涉及掏口袋的事情，在这种情况下，大家对税收问题就越来越敏感，捂紧自己钱袋子的这种下意识，或者说本能就显现出来了。这不是坏事，但需要公共理性来指引。

对税收敏感，是和政府提供的公共服务联系在一起的，老百姓感觉收了这个税应该什么都不要钱了，教育免费，看病不要钱才是。但若要真的全部免费，那要多少钱，连美国这样的国家都做不到，别说我们国

家了。社会的福利水平不能总跟发达国家比较，发展中国家的社会福利水平怎么能达到发达国家水平呢？自然达不到，一旦达不到，老百姓从横向一比较，就觉得税负太重了。

当前社会上普遍存在一种"搭便车"的心理，希望他人缴税，我不缴税，但我也有资格或说有权利来享受这个福利。在北欧一些国家宏观税负是很高的，达到 50%，GDP 的一半被政府拿走了，但老百姓觉得税重的少。因为普遍愿意交税，如果不愿意那就觉得税负重了，所以，税负的轻与重和税负的高与低是不同的概念。高与低是个统计指标，轻与重和社会的感受联系在一起。如果说向发达国家看齐，我们的税负水平并没有达到，但是要享受发达国家的那种福利水平，这是做不到的事。做不到，大家就觉得税负重了。看病难、看病贵，还有上学难、上学贵，这类问题还没有解决好。再有一个，比如农民工，这个群体确实连基本公共服务都没享受到，农民工肯定有很多的怨言，尤其是二代、三代的年轻人，更是如此。基本公共服务均等化确实没有做好，不公平，这个要承认。这也是政府当前努力的一个方向。

人均财政收入水平越高才可能有更多的公共服务

但是我们现在人均宏观税负确实重了吗？从个人角度讲很重，因为普通劳动者一年的收入就几万块，一想到承担一万多元税负，就"感觉"税负很重。但是换一个角度，也可叫人均财力或人均财政收入。人均财力是什么概念呢？就是说给大家提供公共服务，摊到每个人头上的钱就这么多，意味着摊到人均头上的公共服务也就这么高。

中国人口基数大，摊到每个人头上就这么点钱，比发达国家的人均财力要低得多，大概是十分之一，怎么能享受高福利？所以要提供足够的公共服务让老百姓满意，那这个钱就不够了。而要提供更多的公共服务，人均财政收入的水平要更高才行，不然公共服务水平无法提高。人均财政收入水平越高，才有可能提供更多的人均公共服务。单纯从税负的角度来讲，觉得这个税负很重了，税负要降下来；如果降，那意味着按照人均财力衡量，可提供的公共服务将会更少。因此，收多少税，提供多少公共服务，这两者之间是要权衡的，也就是需要公共选择。

中国税收结构是由经济发展水平决定的

凤凰财经：关于中国的税收来源的结构，社科院去年有一个数据提到，中国企业缴税占90%，个人占比小，同时间接税占比高，直接税很低，您怎么看这种现象？

刘尚希：这个问题既与税制有关，更与经济发展的阶段有关。首先，税收主要来自于企业，来自于个人的很少，为什么呢？这与我国居民收入占国民收入的比重低有关系。居民收入占比低，怎么可能在税收中占比高？再者，税收更多来自于间接税而不是直接税，这个也是与国家的经济发展阶段有关，美国的直接税占比高，间接税占比低，但是美国的人均收入水平是我们好几倍，如果把我们的税制搬到美国去，那毫无疑问直接税的比重就上去了，美国能交得起税的人多，我们现在能交得起税的人少，来自于直接税、来自于个人的税就少。

凤凰财经：能不能理解成还是中国的居民收入太低了？

刘尚希：经济发展阶段决定人均收入水平，中国现在的经济还没发展到那个阶段，所以这个比例就低。随着经济发展，人均收入水平的提高，直接税自然就会提高，个人的部分也会提高。如果与10年、20年之前比，来自于个人的税和来自于直接税的税收比重大大提高了，为什么？因为我们人均收入从几百美元到现在人均 6000 美元了，直接税比重自然就上来了。

这个不是靠税制改革就能解决的问题，直接税和间接税比重，反映的是税收收入结构，不完全是一个税制的问题。我国税制肯定还要完善，但是不能说通过税制完善就可以让直接税的比重大大提高。

羊毛出在羊身上，税收结构怎么调整都是纳税人承担

凤凰财经：从个人的角度讲，我们是不是也通过间接税的形式在缴税，比如在购买很多商品的时候，只是不像直接税那么敏感？

刘尚希：这里所说是间接税，比如像增值税。但是这个说法实际上并不是很严谨，也不是很科学。如果说，间接税都是消费者负担的话，我们搞营改增就多此一举，改它干吗，反正都转给消费者了，与企业税负无关，何必要改呢？在营改增过程中，有的企业称税负上升了，如果说按照这种消费者全部负担所有税收的说法，企业税负怎么会上升呢？不是都转嫁出去了。

凤凰财经：不是说全部转嫁，但有一部分是通过这种形式征收的。

刘尚希：一部分是，但是这个部分有多少，实际上是不确定的。间接税是消费者和生产者共同承担的，按照消费者负担的逻辑推理下去，那企业发给员工的工资也是消费者负担的，企业的利润是不是也在价格里，是不是也是消费者来提供的？价值的创造与价值的实现是两个不同的问题，恰恰在这一点上不少人混淆了。

凤凰财经：有学者提到，尽量减少消费环节等征收的间接税，应该提高直接税，比如财产性税收、房产税等。

刘尚希：无论什么样的财产性税收，个人得有钱，没有钱什么税都

缴不了，不管以什么名义。如果居民收入占国民收入整体比重偏低，居民缴税的空间有限。你不能刮地皮，强制缴税，那会官逼民反，这要讲道理。缴房产税不是缴房子，而是缴税，来自于个人的所得，你得有钱。个人用什么缴房产税？用当年挣的钱缴，挣到钱才能缴，挣的钱少怎么缴？如果工资水平高，承受税收负担的能力就强；如果收入水平低，哪怕加几百块钱都是不轻负担。扩大直接税，这个与人均收入水平相关联，不能凭想象，要从实际出发。

如果收多了，把社会收乱了，后果不堪设想。如果商品里包含的税收少一点，那价格未必就会相应地下降一点，消费者未必是受惠者。直接税多收一点，如果摊到富人身上还好说，若是普遍扩大，则会减少居民可支配收入，降低生活水准。企业多承担点好，还是说居民个人直接多承担点好呢？这取决于人均收入水平和收入分配结构。我国现在是穷人多，富人少，是倒金字塔形结构，而不是橄榄形的。橄榄形社会中产阶级最多，中间大，两头小，中产阶级可承担更多税收，直接税的占比就可以上来了。

金字塔形结构，富人少，但是越往下大部分人是没有负担税收能力的，在这种情况下，你没有办法去扩大直接税的比重。强化对富人缴税的监管，减少这方面的税收流失，这个途径可以增加直接税，但也不会导致直接税比重直线上升。

直接税的改革就让现有的直接税变得更为科学，让税负结构更加合理，减少税收的流失，在这方面下功夫，也不可能使直接税比重有多大的提高。脱离人均收入水平和分配结构来谈论直接税比重的高低，没有实际意义。

（原载于凤凰网 2014 年 3 月 12 日　记者晓童采写）

财税改革之"痛"

一个国家制度的变迁很多都与财税改革有关，历史上，所有的财税改革都要冒着巨大的风险，很多变法最终失败了，就是因为动了强势方的利益奶酪而导致疯狂反扑。正所谓壮士断腕的改革会有剧痛，而有剧痛的改革最为艰难，但有谁愿意忍受剧痛？如果能真正忍受痛苦让所有改革改到位，所赢得的将是国家和民族的光明前途。

2014 年 6 月上旬的气温似乎比往年略低，经济也似乎稍稍失去了弹性，因此在过去诸多试图变革突破的举措中，第三次深改组会议所特别强调的财税体制改革尤为引人瞩目。高层申明这并非为"解一时之弊"，以示该项改革意义重大，但一句"着眼长远机制的系统性重构"，提醒其深度的复杂与艰巨。就此问题财政部财科所刘尚希研究员接受《华夏时报》记者专访。

系统性重构机制艰巨复杂

《华夏时报》：高层在面临经济下行压力之时突出强调财税改革，是要表明一种怎样的决策意图？

刘尚希：当下的确面临经济下行的压力，我们看到，包括所谓微刺激在内的一系列应对之策正陆续出台，而此时既需要适当的政策应对，更需要强调改革，强调通过改革激活经济与社会的活力，这更多的是基于长远发展的一种决策思考。

千头万绪的改革内容中，财税改革是最具基础意义的重要改革，其对经济和社会各个层面都产生影响作用。突出强调财税改革，不仅能起到眼前稳增长的作用，而且对长远调结构、转方式也都极为重要。财税改革自身固有的特性，决定了其对解决经济的短期与长期问题都有放大效应。

中共十八届三中全会已将财政定位于国家治理的基础和重要支柱，其所发挥的作用必定是综合性作用，因而当前宏观背景下推进财税改革显得至关重要。

《华夏时报》：很早就开始讨论修订的所谓《深化财税体制改革总体方案》为何至今难以成熟并出台？

刘尚希：习近平强调财税体制改革不是解一时之弊，而是着眼长远机制的系统性重构，这实际上是提出要求，即财税体制改革方案要能够实现长远机制的系统性重构，这恐怕也是衡量该方案完善程度的重要标准。如果达到标准就可以出台，否则，就不能出台。

该方案的完善牵涉到方方面面的问题，难度之大，超乎想象，而非财政部门一家所能解决。今年两会上，李克强总理在政府工作报告里就提到，财税改革是政府工作的重头戏。在财税改革方案的修订完善工作中，财政部门毫无疑问应发挥牵头作用，却也涉及其他各个部门。

从更宽泛的意义上看，仅中央与地方事权和支出责任方面的关系调整，就涉及更多更复杂的层面，涉及各种体制的调整。所以，其难度和复杂性超出以往，也超出了其他方面的改革。

行政体制改革是最大前提

《华夏时报》：从长远机制的系统性重构角度看，财税改革最大的难题是什么？

刘尚希：财税问题与国家宏观架构或行政体制紧密相关。在行政体制的横向方面，是政府各部门职责如何更加清晰；纵向方面，是中央与地方的事权划分。这都是很重要的方面。如果行政体制的改革没能有效推进，则财税体制改革就会非常困难。

比如，一般强调事权与支出责任相适应，如果事权划分不清，就很难做到事权与支出责任相适应。在政府各部门的关系中，专项转移支付机制或部门预算机制，都与各部门职责相联系，也都涉及各部门之间的权力、财力，实质就是利益的问题。一旦进行调整或改革，则很不简单。总体上，现在政府各部门都很强势，这种强势，很可能导致政出多门。各部门积极性很高，都想干事，但都想干事很可能导致重复干一些事，一些部门就可能重复安排资金。

我在去某省调研时，曾碰到过一个相关案例。当地某个企业从政府不同部门获得大量资金，总额达到 2 亿元人民币，可以想见，这正是不同部门在干同样的事、各部门职能没有明确分工整合所导致的结果。从政府单个部门看，其工作积极性高似乎没问题，但从整体看，其积极性越大，所造成的浪费就越多，而且会导致与政策目标背道而驰。这就叫合成谬误，此类情形当前非常普遍。

所以，通过行政体制改革，将政府各部门职责理清理顺，建立现代预算制度，建立全口径的预算透明公开制度，这些都是财税体制改革的大前提。

《华夏时报》：所涉及的事权和支出责任方面的制度改革、分税制改革遇到的那些主要障碍，将如何协调逾越？

刘尚希：逾越这些障碍，要靠高层下大决心，靠单个的任何一个部门，都无力解决。观察各项改革推进的次第顺序可以看到，通过财税改革，能够发现许多问题，但很多问题发生的根源不在财税体制本身。行政体制改革与财税改革的关系，就近乎皮与毛的关系：毛扯厉害了，皮就会疼。

财税改革的关键，一是政府横向的各职能部门职责划分清楚，边界搞清楚，各司其职；二是中央与地方的职责划分清楚。但这两方面最要害的问题至今都没解决好，一些政策的贯彻落实也就会因此而打折扣、出问题。最近国务院会议提到政策落实不下去，这实际反映的是体制问题，而并非完全是某些地方政府故意与中央唱对台戏。

目前中央与地方的政府各个部门都成为了利益主体，都会考虑哪些政策对自身有利还是不利，凡是有利就执行，不利就不执行。"屁股决定脑袋"，利益主体的存在是个现实，承认或是削弱这种现实，现在必须明确方向。如果政府各个部门都站在自身角度而非站在国家整体利益或公共利益角度制定政策，那就是立场问题。这个深层次问题必须加以解决，否则，改革的推进或政策的制定，都会陷入扯皮之中，大家都会说出一大堆冠冕堂皇的理由，在相互的博弈中，改革有可能在胶着中停滞不前。应高度重视这种无形的改革风险。

立法先行与改革之痛

《华夏时报》：据认为过去一段时间，财税改革的最大亮点是完善立法，强调立法先行，诸如营改增试点不断扩围、地方债自发自还试点、设立环境税和房地产税法起草小组之类。您的看法是什么？后面还将推动哪些相关措施？

刘尚希：完善立法是建设法治中国的一个非常重要的理念，而财税体制改革更需要的是立法先行，因为其涉及国家、企业和个人利益。过去对这个问题重视不够。十八届三中全会提出立法先行，正是奔着建设法治中国的目标而去的一个重要部署。财税改革要立法先行，已作为一个基本理念和要求被提出，表明今后财税改革要于法有据，但这并不意味着财税改革的所有举措立刻就都可以成为法律。

财税方面的立法尽管过去有一些进展和成就，但还有很多欠缺，比如没有财政基本法，预算法正在修订尚未出台，而预算法是不可能起到财政基本法的作用的。财政基本法是要规范政府的财政行为，其地位高于预算法，但我们现在没有财政基本法。税收立法方面，目前只有基于各个税种的立法和授权国务院制定的相关条例，并没有一个税收基本法或者税法通则，而税法通则应当是整个税收制度的一个基本规范，各个税种的单行法律，应当是依据税法通则来制定，但我们现在也没有税法通则。这等于说财税立法缺少一个"指导思想"，下位法的立法在方向上就可能不一致。

这些基础性立法工作，目前都不到位，18个税种只有3个是法律，其他都是条例，由此来看，今后相关财税立法工作将非常繁重复杂。仅仅房地产税的立法，就非常艰巨。

除此之外，财税司法问题也很突出。立法之后必须得到有效的贯彻落实，没有一个强有力的司法，立法就失去意义。第三次深改组会议已提出要成立知识产权法院，是不是还应成立税收法院？因为税收法方面专业性也很强，一般法院难以弄懂，也就难以公正断案。

上述都是财税法制、依法理财的重要内容，关系到财税法治化的水平。财税立法和财税司法应当并重。

《华夏时报》：在这种背景下，你估计方案可能会在何时修订完毕并出台？

刘尚希：应当不会拖得太久，下半年终归要出台吧。现在最令人担心的是，在推进过程中，往往并不知道阻力在哪儿，改革就会因此而停滞。这是很麻烦的事情。背后实质是相关部门缺少全国一盘棋的整体意识或公共立场，这可能要靠深改组全力协调推进。

不过财税体制改革即使出台了方案，具体实施步骤、方法都有，也只是个框架性方案，尚须根据不同阶段形势的变化做动态的调整优化。现在首先是要把框架搭起来，然后在具体的实施操作过程中再不断细化和完善。

《华夏时报》：即使方案修订后出台，其改革举措将何以落到实处？

刘尚希："屁股决定脑袋"的抵制将会像空气一样，看不见抓不着，但确实存在，而且问题越来越严重，解决这个深层次问题就越来越紧迫，因为改革需要共识，行动需要协同。政府各部门、中央与地方，如果在具体的改革问题上难以形成共识，改革就搞不下去。财税改革说到底就是利益格局和权力的大调整，而无论动谁的利益奶酪都会遭到反对和抵制。

一个国家制度的变迁很多都与财税改革有关，历史上，所有的财税改革都要冒着巨大的风险，很多变法最终失败了，就是因为动了强势方的利益奶酪而导致疯狂反扑。正所谓壮士断腕的改革会有剧痛，而有剧痛的改革最为艰难，但有谁愿意忍受剧痛？看来这只有靠深改组来协调了。如果能真正忍受痛苦让所有改革改到位，所赢得的将是国家和民族的光明前途。

（原载于《华夏时报》2014 年 6 月 13 日）

立良法　崇善治　助力经济社会发展

一个科学完善的税收制度应兼顾好两个方面，除了应该包含传统意义上的税收收入制度，还应该包含税收征管制度。在税收制度建设和完善的过程中，要将两者结合起来考虑。

2014 年 12 月 10 日至 13 日，中央经济工作会议在北京召开，会议对 2015 年的经济工作作出具体部署，并提出 2015 年经济工作的六大任务。财政是国家治理的基础和重要支柱，税收制度作为现代财政制度的重要组成部分，体现和承载着政府与市场、政府与社会、中央与地方等方面的基本关系。在经济新常态的背景下，税收如何更好地服务于经济社会的发展？对此，本刊记者采访了财政部财政科学研究所所长刘尚希。

立良法　崇善治

记者：党的十八届三中全会明确提出要深化财税体制改革，2014 年中央政治局通过了《深化财税体制改革总体方案》，明确了深化财税体制改革的思路原则、主要任务和时间安排。建立完善的税收制度应该坚持怎样的思路？

刘尚希：要建立一个有利于科学发展、社会公平、市场统一的税收制度体系，首先，要将税收制度的完善置于经济新常态的大背景之中来考虑。经济发展新常态，必然使税收工作也呈现新常态。我们要深刻认识税收新常态，主动适应税收新常态，才能更好地发挥出税收职能作用、服务于经济发展新常态。

其次，要对税收制度有一个整体和长远的设计，明确税收制度整体框架，做好顶层设计，协调好税收筹集收入、调控经济运行、调节收入分配等几大职能。在此基础上，研究各税种、各税目之间如何搭配，税制的要素如何组合匹配、如何施行等具体问题。

一个科学完善的税收制度应兼顾好两个方面，除了应该包含传统意义上的税收收入制度，还应该包含税收征管制度。在税收制度建设和完善的过程中，要将两者结合起来考虑。第一，税收收入制度的建立应该与实际的税收征管能力相匹配。如果不考虑税收征管能力这个基本条件，那么即使有完善的税法体系依旧不能有效执行。第二，税收征管必须要严格遵从税法和政策。在发展中国家，税收征管在某种意义上就"等同于"税收政策，税收政策具体是由征管行为体现的。

一个完善的税收制度应该是形成规范确定、公开透明、执法统一、有利遵从、监督有效和救济可靠的税法体系。同时应坚持依法征收、应收尽收，严格避免和杜绝在经济增长放缓时，为完成任务收"过头税"，造成经济"雪上加霜"，而在经济过热时，该收不收，造成经济"热上加热"。要使"政府的手"和"市场的手"形成合力，熨平经济波动，维护市场经济稳定发展。

记者：前面提到的税收收入制度和税收征管制度，是不是可以理解为税收立法和税法的实施？在全面推进依法治国的大背景下，处理好两者的关系对落实税收法定原则有何重要意义？

刘尚希：是的。税收法定，不仅包括立法，还包括法律的实施。税法的实施，又包括执法、司法、守法环节。税收法定，立法是前提，是必要的条件，但是光有立法，我觉得远远不够。首先，立良法需要一个长期的过程。其次，良法制定出来了，不能有效实施，就达不到善治，两者缺一不可。从税收实体法和税收程序法的角度来看，在税收实体法一定的条件下，税收环境的好坏在一定程度上取决于税收程序法。税收征管法涉及征税人和纳税人权利、义务的法律界定，税收征管法的修订、完善将对我国税收环境的改善起到至关重要的作用。另外，目前的税收征管过程中不可避免地存在着一定的自由裁量权，如何避免和杜绝权力滥用，确保执法公平、公正，最大程度发挥税收的正效应，是一个有待深入研究的重大课题。

对于作为行政执法部门的税务系统而言，要在践行依法治国基本方略上作表率，推动税收立法，完善税收法律体系，不断提高依法行政水平，带动和促进广大纳税人乃至全社会税法遵从度的提高。

税收助力经济社会发展

记者：税收取之于民、用之于民，应如何更好地服务于经济社会发展？

刘尚希：毋庸置疑，首先税收最基本的职能是组织财政收入，保障国家财力。其次，税收在调控经济、调节分配、保障民生等方面具有不可替代的作用。税收服务于经济社会发展，这是一个大的题目。我认为，首先要立良法，良法才能服务于经济社会发展；同时要善治，具体就是执法、守法，这直接决定了能否发挥良法的正效应。税收是国家参与国民收入分配最主要、最规范的形式，也应该与时俱进，在不同历史阶段发挥应有的作用。比如，随着经济社会的不断发展和信息化步伐的不断加快，税收数据的信息量很大，有待于深入挖掘。这些海量的数据在经济发展新常态下要充分体现出其应有的价值，成为税收服务于经济社会发展的新亮点。

我举两个例子来说明这一点。比如，从行业发展的角度来看，通过对税收数据的分析，我们可以发现，我国一些行业的税收在迅速增长，而另一些行业的税收增幅在下降，各行业的税收出现了分化现象。税收源于经济，行业税收数据的分化在一定程度上是我国经济结构调整的反映。如何利用好经济结构调整的机会，是我们应该认真思考的问题。再如，从社会结构的角度来看，个人所得税等相关税种可以真实地反映出各个历史阶段的居民收入状况，进而反映出社会阶层的结构及其变化，为我国建立橄榄型社会制定政策提供科学的依据。

记者：玉不琢，不成器。海量数据不加以有效整合、利用，就只是沉睡的数字而已。怎样将数据由"死"变"活"，由"散"变"整"，实现从税收看经济、看社会、看发展？

刘尚希：首先，应该保证"充分"挖掘数据。不仅是税务部门，很多职能部门多年来都收集和掌握了大量的数据，但是，其中大部分数据都是一过性的统计，且比较单一，并没有太多关联性，利用率不高，甚至处于搁置和沉睡的状态。在这种情况下，如果一味追求第三方的数据，反而容易造成大量数据的荒废。其次，应该加大对数据的共享程度。以税务部门为例，无论是在其内部的上下级机关、不同业务部门和职能单位之间，不同地区间，还是在外部与职能部门之间，都要做到对数据及时、充分共享，着力挖掘数据内在关联性、可比性，通过税收看经济，发挥税收数据最大的社会价值。最后，应该提高数据分析的技术手段。现阶段我国很多经济、社会的分析和政策的讨论多停留在概念上，定性分析多，定量分析不够，这就要求我们运用经济学、社会学、管理学等多方面的知识，从不同的角度深度解析数据。今后可以考虑在加强完善税收统计和分析基础之上编制经济、社会变化的税收指数，及时地为社会各界提供税收反映出来的综合信息，发掘税收的信息功能。

记者：2014 年，在明确要认真落实系列税收优惠政策的同时，国务院下发了《关于清理规范税收等优惠政策的通知》，这两者之间有什么关联？

刘尚希：税收优惠政策是为配合国家在一定时期的政治、经济和社会发展目标，在税收方面采取的激励措施。近年来，为了推动区域经济发展，一些地区和部门给予特定企业在税收、非税等方面的优惠政策，一定程度上促进了投资增长和产业集聚。但是，客观地说，目前确实存在区域性税收优惠政策过多的情况，扰乱了市场秩序，影响了国家宏观政策效果，有的甚至起了负面作用，引发公共风险。比如，有些地方政府出台"土政策"，通过税收返还、财政补贴等方式，变相减免税收，制造政策"洼地"，这会使价格信号发生扭曲和紊乱，从而影响市场在资源配置中的决定性作用。除此之外，还有非税的优惠，比如土地等公共资源的出让，地方政府通过暗补的方式进行招商引资，造成公共资源收益的流失，导致地方政府可支配财力的减少，弱化了公共产权的保护。全面规范税收等优惠政策，有利于维护公平的市场竞争环境，发挥市场在资源配置中的决定性作用，有利于打破地方保护和行业垄断，推动经济转型升级，有利于深化财税体制改革，推进依法行政。落实系列税收优惠政策和清理规范税收等优惠政策并不矛盾，而是相辅相成的。

记者：2014 年财税部门落实了系列税收优惠政策、"营改增"再扩围、煤炭资源税改革、成品油消费税调整等。其中一些与纳税人利益息息相关的改革引起了热议。对此，我们应该如何看待？

刘尚希：煤炭资源税改革、成品油消费税调整，都是深化财税体制改革中的重要内容和既定任务，2014 年我国的税制改革向"深水区"逐步迈进。

我国资源税开征于 1984 年，多年来煤炭资源税实行从量定额计征，计税依据缺乏收入弹性，调节机制不灵活，难以发挥促进资源节约和环境保护的作用。此次改革在实行煤炭资源税从价计征的同时，将清理收费基金列入改革的重要内容，无论对社会还是煤炭企业发展，都是重大利好。在比例税率下，煤炭价格高的时候相应地就要多缴税，会对煤炭资源的过热开发有抑制作用；相反，煤炭价格低的时候相应地可以少缴税，有利于提高煤炭资源的供给水平。此外，煤炭资源税的改革，对于筹集地方财政收入也有积极作用，资源的开采将带来资源的稀缺效应，从而带动价格上涨，这对于资源富集而经济欠发达地区，增加财政收入的作用更加明显。

2014 年年底以来的成品油消费税调整，一是通过适当提高成品油消费税，减少污染物排放，促进石油资源的节约利用、大气污染治理和新能源产业的发展。二是通过实施"有增有减"的消费税政策调整措施，进一步增强消费税引导生产和消费、调节收入分配、实现社会公平的作用。成品油消费税调整，之所以引起社会关注，是因为老百姓认为自己的"奶酪"被"动了"。此次提高成品油消费税税额是国家在油价持续下跌的时机下推出的，确保不会因为提税而导致油价上涨，兼顾了强化税收调节功能的需要和居民、下游企业的承受能力。当然，凡是改革必定会对受众的利益造成影响。对于任何一项改革或政策的施行，我们的评价都应该是从整体出发，从公共利益和面临的公共风险出发。我认为，只要满足大多数人的需求，有利于化解公共风险，对经济、社会带来的积极影响显著，那就是一个好的改革。

记者：建立环境友好型社会、推动我国经济迈向健康可持续增长模式，除了上述提到的改革外，环保税立法也是重要的一方面，那么在环保税立法过程中有哪些应该关注的重点？

刘尚希：推动环境保护费改税，做好环境保护税的立法工作，有利于促进资源节约型、环境友好型社会的建设。环保税法"谁污染谁缴税"的原则意味着企业排污成本内部化，倒逼企业加大治污减排的自觉性和积极性，加大转型升级力度，淘汰落后产能，引进环保生产技术。环保税对碳排放物等征税，首先就涉及对排放物的测量及相关技术标准的设定，这需要税务部门与环保、技术检测等相关部门协调配合，并要充分考虑征收的水平和成本。所以，环保税的立法还应慎重、严谨、协同，要按照正税清费、循序渐进、合理负担、有利征管的原则制定。

（原载于《中国税务》2015 年第 2 期　记者刘嘉怡、于嘉音采写）

结合 2015 年政府工作报告谈财税改革

如果各个地方都搞变相的税收和非税的优惠，我们的市场就不是全国统一的市场，要让市场在资源配置中发挥决定性作用就很难实现。如果是割据的市场，这个市场就不能起到优化资源配置的作用。所以要形成全国统一的市场，要公平竞争，这些五花八门的优惠政策就要取消掉。

2015 年，落实减税清费政策的难度有多大？新一轮个税修订的时间表是什么？该如何解读适度扩张财政政策的具体内涵？未来将何处着力加大对区域税收优惠政策的规范管理？2015 年"两会"后，财政部的科学研究所所长刘尚希做客中国政府网，与网友在线交流，并回答网友关心的问题。

清理区域优惠，为投资提供良好环境

主持人：今年的政府工作报告强调要加强对税收优惠政策，特别是区域税收优惠政策的规范管理。这是一项非常艰巨的改革任务。楼继伟部长也提到存在这样一种情况，就是各地的行政性的竞争，今后要维持全国统一市场，不能再搞行政性竞争，要公平的市场竞争。在当前经济面临下行压力期间，您认为清理的标准是什么？清理的步骤应该是怎样的？您的建议是什么？

刘尚希：我认为这个清理是有必要的，而且要加快实施。地方政府搞这种区域之间的竞争，一个重要的手段就是变相的税收优惠，还有各种非税优惠，比如土地出让。怎么样清理呢？我觉得首先要把情况摸清楚，看看到底是什么样的情况。说实话，我们对这些情况不清楚。只有摸清楚了，才能有的放矢。各个地方形成了很多的变相优惠措施，有的已经承诺了，是不是中央一句话就彻底取消了呢？是不是要有一点的过渡措施呢？实际上这也是现实的问题。

不然的话，一些投资者可能要跟政府打官司。当然，你可能说中央调整了，地方政府没有责任，这也涉及政府的诚信问题。还有现实的问题，企业原来考虑的是在税收优惠的情况下来进行投资运营，现在突然取消了，企业的成本会加大，怎么让企业生存。在经济整体存在下行压力的情况下，这个现实情况也得考虑。所以说清理是大方向，这是整体要求，应当做的。但是，也得根据实际情况，一步一步地做，把情况摸清楚，在这个基础上真正使清理收到实效。

为什么要清理？道理非常简单。如果各个地方都搞变相的税收和非税的优惠，我们的市场就不是全国统一的市场，要让市场在资源配置中发挥基础性作用就很难实现。如果是割据的市场，这个市场就不能起到优化资源配置的作用。所以要形成全国统一的市场，要公平竞争，这些五花八门的优惠政策就要取消掉。取消掉以后，地方可能会问，没有这些政策怎么招商引资？怎么发展经济？靠什么手段呢？实际上这就是转变发展思路的问题。

过去可能是靠好处，变相的税收优惠，给你一块地，表面上招拍挂，实际上是把钱给你了，等于是零地价。这种暗地里给好处的办法进行招商引资，到现在已经不合时宜了，这样只能带来投资行为短期化。政府这样做也是短期化的考虑。通过这种方式引进来的企业能存在多久？地方发展经济怎么办呢？最重要的是完善投资经济发展的环境，这方面是要下功夫的，比如基础设施建设，地方做了很多，这是硬环境。

另一方面更重要的是软环境，地方的体制、政策、社会治安，这些方面是需要地方下功夫去做的。这些如果做到位了，经营的环境非常好，我到你这儿来投资，额外的成本很低，用不着今天拜这个码头、明天拜那个码头，这些节省下来，投资者的成本也降下来了，这些对投资者来说是隐性的成本。这些方面改善的话，环境也大大改善了，有钱赚，资金自然就来了。资本是逐利的，用不着我们吆喝，他看到你这个地方好，自己就跑来了。

加强法制建设，防止降费"韭菜现象"

主持人：加大财政直接投入，落实减税清费政策的难度有多大？政策和措施如何对应和完善？

刘尚希：减税清费是当前的积极财政政策的一项重要内容，也是积极财政政策力度扩大的一种表现。减税就是结构性的减税。刚刚谈到营改增就是减税的效果，减税体现在各个行业，并不仅仅是在服务业消除了重复征税，在制造业也有减税的效果，因为制造业也要购买生产性服务，这可以扣税，也是一种减税的效应。实际上营改增带来的减税效应是最大的。

除此以外，还有针对小微企业的减税，国家出台了几次针对小微企业的减税政策，力度加大了，面也扩大了。针对小微企业的减税政策就是鼓励创业、鼓励创新。因为企业都是由小变大的，尤其是一些小微企业看起来规模小，但它有活力，而且创新意识很强，对于这样的企业，应该通过清费的办法，让它在起步阶段发展得更好。一个是门槛低，容易起步创办企业。在起步以后，要让它容易生存。因为税负高了不容易生存，做不好就死掉了。对于这样的企业，要给它好的税负环境，有利于整个产业结构的优化。减税跟当前的政策基调是吻合的。

除了减税以外，还有降费，主要是行政事业性的降费，去年已经取消了 300 多项的行政事业性的收费，今年还要进一步对这些收费进行梳理，该取消的取消，该保留的要说明为什么保留。降费要进一步地规范化。税收法定，收费也应当法定。我们现在一说税收法定是就税论税了，把费的问题放在了一边。其实不管是收费，还是收税，只要是政府收的，性质是一样的，也应当收费法定。怎么样在收费方面真正做到法定，也需要加强法制建设。我想这一点要跟全面降费结合起来，而不仅仅是说现在降了，过一阵子说不定又产生了，不能像割韭菜一样，现在割掉一批韭菜，过一阵子又长出来了，这得依靠法治建设才能防止"韭菜现象"。

营改增如何消化难啃的"硬骨头"

主持人：2015 年，营改增要做到全覆盖，难度有多大？有专家认为营改增应该从制度建设上来完成，重点是需要进行细化。您的建议是什么？

刘尚希：营改增越往后推进，难度越大。增值税适合制造业征收，现代服务业已经覆盖了一部分，以后要覆盖到所有的行业，剩下的都是难啃的"硬骨头"，比如像不动产，楼部长答记者问的时候已经谈到了这个问题。还有金融业的增值税，实际上也是相当困难的。主要难在增值额的确定上，增值额具有不确定性，确定增值额的时候面临很多技术上的难题。国外要对金融行业征收增值税都是采取变通的简易征收的办法。在我们国家，很显然不可能超越现有的征管水平和征管能力。在现有的征管条件下，也只能采取变通的办法。所以增值税的改革越往后越难。

除了这些行业做到覆盖以外，还面临的问题是增值税税率的档次太多了。增值税本来是中性的税种，它的前提是税率必须单一，不能分很多档。不同的行业分不同的税率，它就不是中性的税种，意味着它给不同行业带来的税负是不一样的，会产生严重的税收扭曲，不利于结构的转型升级。怎么样简化税率，这可能也是今年面临的重要课题。下一步怎么实施，要经过大量的测算分析。税率是向高的看齐，还是向低的看齐，还是向中位数看齐，要考虑各个方面，既考虑财政的承受能力，还要考虑企业的承受能力，还要考虑各个行业之间税负水平的均衡性。只有这样，增值税作为良税，它的中性作用才能真正发挥出来。

税收改革"应该考虑综合征收"

主持人：今年还要加快房地产税立法，并适时推进改革。要推进环境方面的税改费为第一阶段重点的环境税改革，这两个税种改革主要是完成立法先行的过程，我们也是拭目以待。还有一个改革是原来已经有的个人所得税的税法，明确要在这个年度加快研究方案，在条件成熟的时候启动新一轮的关于个人所得税税法的修订。立法和推进的时间表怎么样？

刘尚希：我对立法的具体情况不是十分清楚，这些工作都是人大主导的，政府部门只是参与协助。税收法定的原则提出以后，税制改革除了有些是人大授权国务院以行政的方式推进，比如像营改增，刚刚谈到的消费税、资源税，对于其他的，像刚刚提到的三个税种，房地产税、个人所得税、环境税，这些都要依法的方式推进。这几个税种怎么改革，取决于立法的进程。法律出来了，意味着改革方案就出来了，以后依法实施就可以了。房地产税是大家非常关注的，我们没有办法猜测它的推出时间，只能看房地产税的立法到了什么程度，哪些问题还没解决，这些问题解决了，写进法律条文了，下一步可以操作实施，就可以出台。如果说好多问题是举棋不定、难以解决，觉得写进法律条文是很困难的，可能立法的进程就会延长。

房产税是个小税种，但是个大问题，社会高度关注，因为涉及千家万户的利益。房产税到底应该怎么征，我觉得应该进行可行性研究，首先要从理论上说清楚房产税是什么样的税。同时，还要让老百姓明白，让社会各个方面参与讨论。只要利益达到均衡，税法出台以后才能真正可操作、可实施。税法的好或不好，除了理论的标准以外，更重要的标准就是老百姓怎么评价。老百姓说能接受，这个税种就是好税种。老百姓不能接受，这个税种恐怕就没有办法推出，就不能说是一个好的税种。

财政是以人民为主体的，财政为什么要收这些钱？是替老百姓干事的，是收老百姓的钱，替老百姓干事，收钱的时候自然要考虑老百姓的意愿。当然，老百姓的意愿不是几个人的意见，而是社会大众的意见，应该说是大多数人的意见。只有形成了共识，房产税的立法才可能形成良法，而不会为了追求立法的速度匆匆忙忙地推出，这一点应该是高度重视的。

至于环境税的立法，现在可能涉及很多技术问题。因为环境税征收的过程跟其他税种不一样，税务部门没办法单独操作。因为它征收的对象是排放物，比如排放的废气、废水、废渣，这需要测量，这个工作需要由环保部门提供，测量得准不准就涉及税负，需要两个部门通力合作。这给征管带来了新的难题和挑战，尤其是部门之间的协调合作，这种挑战比技术本身带来的挑战更大。因为现在各个部门站的角度不一样，考虑问题的思路也不一样，合作过程中的磕磕碰碰是难以避免的。这个税种通过立法出台，真正操作实施，并起到促进环境保护的作用，还要一段时间，这要看怎么立法，以及立法的进程。

至于个人所得税，楼继伟部长在记者会上讲了以后，大家更为关注这个问题。个人所得税在我们国家的规模是 7000 多亿，占整体税收收入的 6% 多一点，跟国外相比可能是一个小税种。但是，它的重要性也是不言而喻的，因为它涉及每个人的钱包。它到底怎么改革，大家认为有钱的人，你负担得起，按能力原则，你应该多负担税，就是说要公平地征税。通过公平地征税促进社会的公平，缩小分配差距，应该起这样的作用。怎么样才能起到这个作用呢？大家的想法就五花八门了，有的说提高起征点，专业的说法叫免征额，或者叫扣除额。是不是提高免征额、起征点就能够解决问题呢？我认为是解决不了的。如果不断地提高起征点，交税的人就越来越少。

现在只有百分之七八的人在交税，90% 多的人是不交税的，与个人所得税没关系，因为 3500 块钱以下的收入是不交税的。在这种情况下，交税的就是少数人，要发挥这个税种的调节作用就很困难。如果不采取这种办法，改换思路，怎么才能变得更加公平呢？我觉得更重要的是要把收入情况和财产情况摸清楚，让真正该交税的人不要偷漏税，首先要做到这一点。如果仅仅是调起征点，而这个问题没有解决，有很多的漏洞，结果只是管了工薪收入阶层，代扣代缴，一分钱也跑不掉。有些有钱人，有各种的避税方法，反而征不到，这就不公平，应该在这方面下功夫。

以后个税要实行综合征收，这不是轻而易举能实现的。现在的 11 类所得是按不同的税率征收的，应该进行适当的合并。一步到位变成综合征收非常困难。综合征收就意味着把每一个人的所有收入都要搞清楚，加起来按照年度算账。这里面可能还有其他的扣除。说到扣除的话，征税单位就要相应发生变化，现在都是以个人为单位，以后可不可以变成按家庭为单位来征税呢？那就是以家庭算总账，所有的收入是多少。然后根据家庭的情况进行相应的扣除，比如抚养小孩、有老人、有特殊的负担，比如还贷，都是用税前扣除，这就叫个性化征税。因为每个家庭的情况不一样，这样一来，税法就会非常复杂。

美国就是按照这种方式征税，税法有上千万字，普通老百姓根本看不明白，必须是专门的人替他缴税。他也请税务师。如果没钱请不起税务师，税务局说多少就是多少，你也搞不清楚，他们的税法太复杂了。在这种情况下，要针对每个家庭的差异来征收个人所得税的话，对征管是巨大的挑战。在现有的法治环境下，会不会出现关系税、人情税，我跟你关系好，就给你少征一点。跟你关系不行，就多征一点。怎么样实施有效监督，这是很大的难题。实行以家庭为单位的综合征收，从一般意义上讲好像是有利于公平，或者是可以使个人所得税变得更加公平，但是要操作起来，没有适当的条件，有可能适得其反。所以一定要根据我们国家的国情来考虑。

消费税改革将于 2016 年基本到位

主持人：网友还关注的一个税种是消费税的改革。怎么样优化消费税的改革设计，使消费税给地方政府提供一部分有分量的财力来源。您的建议是怎样的？您有没有做过一些案例调研，预计什么时候才能实施？

刘尚希：消费税现在还是中央税，至于营改增以后是不是把消费税变成地方税，或者是变成和中央共享的税，还在探讨之中。现在的消费税大概也就是 8000 多亿，其中一半主要是烟税。消费税的征收范围主要是烟、酒、化妆品、轮胎、燃油、小汽车、摩托车等等，这些都是特定的消费品。过去也调整过征收范围，比如高档手表、实木地板、游艇也纳入了消费税征收的范围。但是，整体上消费税的改革并没有到位，范围还要进一步调整，还需要进一步扩大。

现在的 14 个税目是不够的。按照现在财税改革的整体方案，消费税改革的基本原则是"三高"，高耗能、高污染和高档消费品，这些要纳入消费税的征收范围。目的是调节消费需求、引导消费行为，在一定意义上也可以间接地调整收入分配，比如高档消费品，买得起的肯定是有钱人。如果消费税的调节力度加大，一定意义上也可以起到调节分配的作用。按照"三高"原则，比如一些有钱的老板有私人飞机，是不是也要纳入进来？还有箱包，普通的包可能就几十块钱、几百块钱，对于贵的，像女同志背的名牌包，有的是好几万，显然是属于高档消费品，像这一类的应该考虑纳入消费税的征收范围。

所以消费税改革首先是要扩围，总的目标是发挥消费税的调节作用，具体体现就是怎么样节能减排，引导消费行为。同时，也能够促进分配的公平。可能还要对消费税的征收环节进行调整完善，有的在生产环节。以后可能要在销售环节征收，税率可能也要进行适当调整。尽量发挥调节作用，税率要适当提高，比如像烟的税率就曾经调整过。按照世界卫生组织的建议，烟税还要再提，这样有利于控烟。从这个角度来看，要提高烟税的税率也是有必要的。当然，还包括其他的消费品的税率，也需要相应的调整。消费税改革将在 2015 年迈出更大的步子，等到它的范围调整到位、税率调得合适了、征税的环节也调好了，消费税的改革也算基本完成。

我想到了 2016 年，这些改革应该基本到位。

从从量变成从价是资源税改革的基本方向

主持人：还有一个任务就是已经在 2014 年 12 月 1 日启动的资源税改革，这也是政府手中增加的一个很重要的财政收入的来源。这样从量变从价的改革，怎么扩大覆盖面呢？

刘尚希：大家很关注资源税改革，资源税是一个地方税种。很显然我们国家的资源布局是不均衡的。对有资源的地方来说，资源税的改革毫无疑问是重要的收入来源。资源税改革的基本方向就是从从量变成从价。以前是按数量征收，比如一吨煤收多少钱，现在是按价格征收。2014 年 12 月份在全国推行了煤炭从价征收，今年要进一步地让这项改革措施在全国真正落地。除此以外，资源税的范围要进一步扩展。现在的资源税主要是矿产资源、油气，另外一些资源也应该纳入资源税的范围，比如水体、森林、草原、滩涂这些自然空间也应该纳入资源税的征税范围。

一方面就是要从从量到从价，另一方面是适当地提高税率，分不同的资源进行考虑。现在地方政府在条例规定的范围之内有一定的自主权，比如煤炭的税率改成从价已经是 2%—10%，地方可以根据本地的实际情况自主选择，整体来说税负有所提升。还有就是范围要适当扩大，就是刚才说的，尤其是没在资源税范围内的要纳入征收范围。等到全部从从量变成了从价，税率和范围调得比较合适，就意味着资源税的改革基本到位。

税制改革推行"税收法定"

主持人：过了财税改革风风火火的 2014 年，2015 年将会是财税改革的落地年。大家关注的不仅仅是许多已经出台的改革政策如何更好地实施，更会关注那些财税改革的政策，特别是税制改革的政策会怎么落地。

刘尚希：对。因为整个财税改革是一个复杂的系统工程，不能眉毛胡子一把抓，是有轻重缓急的。从整个财税改革的时间表来看，摆在首位的就是预算改革。新预算法的出台也是预算改革又大大地向前迈进了一步。2015 年要落实新的预算法，使 2014 年出台的一些预算制度改革措施真正落地。除此之外就是税制改革，老百姓更为关注。税制改革到底应该怎么改，现在一些热点税种的议论很多，大家都在加入讨论之中。中央在开"两会"，实际上全国也在开会，也在讨论相关问题。我觉得这种公共讨论是非常好的，这反映了我们国家民主决策的进步。

在税制改革上，到底怎么去推进？我觉得首先是整体的把握。一方面整个税收收入制度要改革，就是大家所熟悉的各个税种怎么改革。再一个是税收征管制度的改革。因为税收收入制度有了，怎么贯彻落实呢？就需要税收征管制度，现在要修改税收征管法。通过税收征管法的修订，使税收的征管过程更为规范、更加公开和透明，使征纳双方的矛盾纳入法治解决的轨道。加上税收的法制建设，也是重要的方面。

三中全会提出"税收法定"，一个方面是怎么样把实体法，也就是把税种变为法律，现在已经有三个税法，其他的也要逐步地变成法律。由时间表来说，2020 年之前要把大大小小的税种都变成法律。我认为这个过程是相当艰巨的。另一方面就是在征税的过程中，要让征纳双方都依法征税、依法纳税。所以税法的执行、税法的司法救济，老百姓、纳税人要按照法律交税，这些都构成了"税收法定"的内容。从税收立法、执法、司法到守法，四个环节是一个整体。所以税制改革在一定意义上讲就是税收法定化、税收法治化推进的过程。

积极财政政策的力度加大

主持人：财政部楼继伟部长在 2015 年"两会"发布会上提到顶住下行压力需采取适度扩张的财政政策。请您为大家解读一下这个适度扩张的财政政策的具体内涵。如何在重要的关口发力？

刘尚希：适度扩张的财政政策表现在几个方面。一个方面就是大家最关注的赤字率。赤字率从去年的 2.1% 提到了预算草案中的 2.3%，实际上就是一个扩张的重要标志，就是说要花更多的钱来稳增长。除了这个方面以外，从支出的角度来说，还有结转的资金，就是把过去沉睡的资金唤醒了，在今年形成支出，也会对经济有重要的刺激作用。除此以外，还有一块是债务。除了中央的债务，还有地方的债务。地方的专项债是列入基金预算的，在一般公共预算中没有表达，在赤字率里没有完全反映，实际上也是一个刺激的措施。

除了这些以外，还有地方的置换债券，比如地方的存量债务到期，可以通过置换债券的方式置换，也增加了地方的财力。这些都是扩张的表现。除了这些以外，还有一个也能反映出积极财政政策力度的扩大，那就是减税清费。结构性的减税和全面的降费显然是一种扩张政策，这对稳增长、调结构、转方式，尤其是鼓励创新创业都有积极的作用。这些方面都是表明积极财政政策的力度确实在加大。

（原载于新华网 2015 年 3 月 10 日）

第三编
预算与政府

　　预算的功能不仅仅是分钱，还要规范政府收支活动、约束政府行为，体现了一种法治理念：只有当政府有了钱，才能办事；政府的职能行使，取决于预算；预算不是政府说了算，而是人大说了算；人大通过预算来约束政府，人大通过人民代表来反映人民的利益诉求；这样预算也体现了人民的意志。

　　当前利益"大锅饭"已不存在，但仍存在风险"大锅饭"。风险"大锅饭"涉及体制改革，需要划清风险责任。允许地方自主发债，就必须要地方有承担相应责任的能力，这一能力取决于当前体制下中央如何对地方"确权"。地方必须编制自己的资产负债表，这个资产负债表必须公开透明，可让社会进行评价，这也可以为地方政府通过市场发债提供前提。

应建立"财力"与"事权"相匹配的财政体制

我国财政制度改革应该着眼于当前政府间的委托代理关系，对我国政府间支出责任从纵向进行完善，即对公共事务的决策权、执行权、监督权和支出权进行不同程度细分，并分权至不同层级政府，这样不同层级政府也须履行相应责任。在公共事务决策主要在中央这一现行制度框架下，对地方而言，最重要的是明确执行成本和支出责任。

1994 年分税制改革，结束了政府间按照行政隶属关系划分财政收入的年代，以税种划分收入，有利于统一市场的建立；同时，分税制改革也确定了中央与地方财政分权的基本框架。这次改革，使得中国财政体制框架维持十多年平稳发展，但其间也不断有新问题涌现出来。我国财政收入快速增长的过程中，出现过县乡财政困难的问题，县乡政府发不出工资，债务规模不断扩大——这样严重的财政风险。

现在基层政府，很多仍无法靠自身财力支撑，依赖于上级转移支付。2011 年中央对地方税收返还和转移支付 39899 亿元，当年地方财政总支出为 92415 亿元，占比达 43%。

现行的"省直管县"试点，是为了避免市级政府截留挤压县级财政的一个应对之计。财政实践过程中，呈现出"财力层层上收，事权层层下放"的特征。县级财力困难，在中央强调"保障县级基本财力"的命令下，得到缓解。

巨额的专项转移支付资金，俗称"跑部钱进"，其操作方式则要隐蔽得多，有很多腐败寻租的空间。虽一直强调要缩减专项规模，但落实很困难。

未来财政收入与支出不平衡的矛盾，是否会加剧？现在是时候理清"大框架"之后的问题了吗？是否应贯彻西方分税制，使每级政府都有相应的财权和事权？缩减行政级别，是否能厘清省以下各级政府间的关系？就以上问题，财政部财政科学研究所刘尚希研究员接受《21世纪经济报道》（以下简称《21世纪》）专访。

未来财政收支如何平衡

《21世纪》：从目前情况来看，财政收入增速在不断下滑，基本已迈入个位数增长，随着潜在经济增长率的下降，过去财政收入超常规的增长局面已一去不返，增速减缓或是中长期趋势；而目前财政支出则仍保持两位数，不少支出甚至在20%以上，同时国民在教育、卫生、养老等领域的保障水平还很低，基本公共服务均等化远未实现，老龄化等现实都需要持续加大财政支出。这一收一支的矛盾，未来是否会进一步加剧？未来财政收支是否能实现平衡？如果不能，财政收入或者支出要作出怎样的调整？

刘尚希：现在预算一年一编，还没有一个到2020年的预算，所以谈不上对未来收支作调整。

收入得看经济形势，看经济结构调整的进展，发展方式转变的进展。如果比较顺利，经济后劲比较强，经济效率提高了，财源就多了，税也多了。

支出这一块，现在有很多刚性支出，毫无疑问，只会增加不会减少。根据经济增长的整体来看，到 2020 年财政收入的增速是减缓的，不会再出现过去 30 年来接近 10% 的增速。从这个大趋势来判断，在财政支出上，要有一个长远的考虑，不能一下子把标准提得太高；民生的改善固然重要，但也要细水长流，要把握一个度。

支出要作出相应调整，不能像过去每年 20% 以上的增速。财政支出的高增长，与财政收入的低增长不相匹配，会扩大赤字，增加债务，会给整个经济带来负面影响。如果财政风险扩大，那么经济风险和社会风险都会扩大。欧债危机，就是一个很好的先例。

所以，各级政府需要明白这个整体趋势，财政收入回归个位数增长，财政支出怎么安排，需要有一个新的考虑。改善民生，保障民生，是经济社会发展的目的，但也不是一下子就能实现的，是要与经济发展水平相适应的；脱离经济发展水平，孤立地谈福利国家，很危险。

土地财政不可持续

《21 世纪》：地方政府严重倚靠的土地财政，从今年的形势来看，有所式微。未来土地财政会是怎样的趋势？

刘尚希：土地财政，就是与土地相关的各项收入，包括土地出让金、与土地开发相关的各项税收。现在土地出让金减少，有两个原因，一是地价下跌，二是有更多土地是通过行政划拨，自然不存在土地出让收入。

既然要走市场经济，自然要按市场规则，除了军事用地、保障房和公益性用地之外，凡是商业用地，像工业用地和房地产，都应当是招拍挂通过卖地给用地单位供地；不采用市场方式，而用行政的办法，更容易产生腐败寻租的问题。土地财政不可持续，因为地是有限的；城镇化发展程度在提高，可卖的地也在不断减少。卖地本身没有问题，不在于卖地，而在于卖地的钱怎么花，花得是否合理，是否花在老百姓身上，老百姓是否得利；不是说招拍挂就没有问题，但招拍挂是发展方向，其机制还有待完善。

大家对"土地财政"一片谴责的声音，一出现"地王"，还要向上报备，使价高者不能得地。殊不知，不卖地，不按市场价值走，将政府卖地应得的收入，大部分转嫁给了开发商，让土地出让金白白流失。现在土地出让金用于教育、农田水利建设、城市公共设施建设等，是间接地用到老百姓身上。卖地不是问题，问题是如何卖地，卖地的钱如何花。

省直管县不可一刀切

《21 世纪》：中央与地方事权与财权不匹配的状态长期存在，这种不对称的局面，是否需要调整？怎么调整？

刘尚希：这里存在一种误解。未来财政体制变革的方向，应该是保障"财力"与"事权"相匹配，而不是"事权"与"财权"相匹配。

呼吁"事权"与"财权"相匹配的人，只是站在某些特定地区的立场。因为按照主体功能区的分类，有些地方可以开发，但有些地方要限制开发。像三江源，就应该限制开发。对于要限制开发的地区，由于财源单薄，即便它们拥有财权，也不一定拥有财力。所以，对地方政府而言，更重要的是要做到"事权"与"财力"相匹配。

至于在省以下政府间，如何去划分财力，这便是一个途径选择的问题，要根据各省具体情况而定。有些发达地区可以通过划分财权，来获取相对应的财力。

《21 世纪》：有专家建议，应当借助目前进行的"省直管县"试点，促进财政层级的扁平化，缩减到省、县、乡三个层级，在此基础上，进一步贯彻分税制。且在十二五规划中，关于行政体制改革，还提到"在条件成熟的地方，推行'省直管县'试点"。缩减财政层级，是未来发展的方向吗？

刘尚希：分税制，更多要从中央和省级去理解；如果从中央、省、市、县、乡这五级政府去理解，层级过多，税种也不好划分。

分税制，应当从中国具体国情出发，而不应该照搬西方国家的制度安排。如果真要按照西方的做法，每一级政府，都有相应的财权，税种肯定不够分，这样势必要缩减政府层级。但政府层级的设计，不是为了要配合分税制。

首先，政府层级的设计，是由政府职能，即政府需要提供的公共服务决定的；而公共服务的多少，和"人"密切相关。人越多，对应的政府层级也就越多。

再者，"省直管县"不可一刀切，要视具体情况而定。原本市级政府会统筹协调各县的关系，依据各县的优势，对经济项目布局进行统一规划，"省直管县"后，市级政府可能对该县采取怠慢态度。另像长三角、苏锡常等区域，这些地级市辖内的县城，彼此都已经形成一个整体，省里再来插一杠子，说要"省直管县"，可能堵塞县与县之间生产要素的流动，像社会治安、环境治理等公共服务的提供，将会面临很高的协调成本。

在发展县域经济的口号下，可能加剧县与县之间的无序竞争，"以邻为壑"的现象增多，这样区域经济的发展就会受到阻碍。现在要通过城镇化来带动整个经济的发展，需要形成一些区域经济中心，一个省的经济中心，只能是地级市，而不是众多的县城。进行"省直管县"后，会把原本形成区域经济之间的内在联系切断，县城经济规模有限，难以带动农村的发展。

当然，并不是要完全否定"省直管县"，有些县城，发展到一定程度，可以进一步扩大，升级为地级市。像东莞，原来是个县，后来变成地级市。只不过，"省直管县"须具备一定条件，是自然而然发展的结果。

中国不可照搬西方分权方式

《21 世纪》：分税制究竟是什么样一种制度，在西方国家中，它起到什么作用？西方国家的分税制，是中国财政体制改革的方向吗？

刘尚希：我国中央政府与地方政府的关系，不同于联邦制国家。我国中央政府小，地方政府大；而国外的地方政府小，中央政府大。从我国具体国情出发，西方联邦制国家的分税制，可能也不适合中国国情。

这里的大小，包含政府职能、人员数量和财政收支规模这些方面。像美国联邦政府，其公务员人数占到全国公务员总人数的三分之一；美国一个部委，可以多到 20 万人，它们在全美国设立分支机构。凡属于联邦政府职责范围内的事务，不需要地方政府插手，即从决策、执行、财力等各方面，都是联邦政府一力承担。西方发达国家中央政府掌握的财力，没有低于 50%，美国联邦政府掌握了 60% 的财力。也就是说，绝大部分事情，都由中央政府来做。基层政府要做的事情反而少，负责辖区内的公共设施、治安、垃圾处理等事务就行了。

美国联邦制国家的分权，是将政府须承担的事务，进行分类，分别交由联邦政府和地方政府来负责；但大部分事务，仍集中在联邦政府。无论是政府职能、财力划分，中央政府占绝对优势。而我国中央政府公务员只占5%，中央与地方是委托代理的关系。也就是说，中央政府相当于司令部，中央发号施令，但具体事务则需要地方来落实。地方政府在执行时，有一定的主动权，中央政府对地方的依赖程度很大，独立性差。就此而言，我国的分权程度很高。这就出现了如下现象：对地方有利的事务，它们就执行；对地方不利的，可能就消极应对。

不同于联邦制国家，对事权进行横向划分；我国是从纵向的角度，对事权要素在各级政府间进行划分。我国的分权是，中央政府掌握决策权，地方政府掌握执行权。从决策权几乎集中在中央政府来看，我国权力集中程度很高；但从每项公共事务的履行都离不开地方政府来看，我国分权程度又很高。

我认为，我国财政体制改革，应该着眼于当前政府间的委托代理关系，对我国政府间支出责任从纵向的角度进行完善，即对公共事务的决策权、执行权、监督权和支出权进行不同程度细分，并分权至不同层级政府，这样不同层级政府也须履行相应责任。在公共事务决策主要在中央这一现行制度框架条件下，对地方而言，最重要的是明确执行成本和支出责任。

辖区责任制

《21世纪》：如果缩减行政层级不适应中国国情的话，那如何来改善事权与财力不匹配的现状呢？

刘尚希：我认为要建立财政的"辖区责任"机制，就是说省政府要对本省辖区范围内横向的各地州市和纵向的各级政府之间的财力平衡负责，要着眼于省域范围内横向、纵向实现财力与事权相匹配，而不能只顾省本级；市级政府也需要对辖区内各县的财力平衡负责，县里发不出工资，市级政府要首先负责。

我们的现状就是，既不是西方的分税制，又采用西方所谓三级政府的做法，其结果就演变成了"层级财政"，分灶吃饭，各管各，各顾各。结果就是，谁的权力大，谁的日子就好过。上级政府将财力上收，却把事务交给下级政府。

2005 年之前，省级政府向中央反映说，50％的县发不出工资。最后须由中央政府越级去管理县级政府发放工资的事情，鞭长莫及，难以监管。因为存在"市级政府截留上级转移给县级政府资金"的现象，所以才出台"省直管县"的试点。在取消农业税之前，也存在县级政府挤压乡镇财源，乡镇又将这种负担转嫁给农民的情况，导致农村群体性事件屡屡发生。后来取消农业税，又进行"乡财县管"的改革，建立了县乡间的辖区责任，两者的关系理顺了许多。

"层级财政"的一个结果就是，上下级政府之间彼此不信任：下级政府都在猜测，自己的财力是不是被上级截留。这是导致中央、省级转移支付搞直达的一个原因。"层级财政"是分级吃饭，缺乏辖区责任，从而导致一级政府的权力与责任不对称，这是造成许多问题的根源。

这归根结底是一个体制问题，省级、市级财政的责任没有得到强化；应该出台财政责任法，来落实各级政府的辖区责任。现在的"层级财政"，各级财政向各级人大负责，都在算自己的账，估量自己的财力是否能平衡；虽会对下级政府的财政收支作汇总报告，但对于下级政府具体开支列得比较粗糙，因为不是自己本级财政管辖范围内。

既然我们是委托代理制，就需要有相应的财政责任法，用以约束地方各级政府；既然有权上收财力，也需要承担相应责任和义务，在你的辖区内，需要做到纵向和横向的财政平衡。就类似安全事故一样，当初山西溃坝事件出来后，从乡到县，到市、省级政府，各级政府负责人都需要共担责任。

明晰支出责任

《21 世纪》：财政责任法应当包含什么内容？能起到什么作用？

刘尚希：地方辖区财政责任法，旨在从法律上建立地方各级政府的辖区财政责任，这样才能从根本上矫正各级政府只关心本级财政的状态，避免基层财政陷入困境。最终目的，是希望能建立各级政府财力与事权相匹配的法律保障。

该责任法明确中央要对各省财力的均衡负责，各省则要对辖区内各市的财力均衡负责，各市、各县都负有财政方面的辖区责任。

这样"省直管县"的要求就会消失。"省直管县"实际上是模仿西方的做法，因为担心市级截留，而出台"省直管县"，但省级政府也可能截留县里的资金。

如果一出现截留，就选择越级管理，这只会增加管理成本，而且导致效率低下。长此以往，可能导致体制复归，为了解决问题而不得不集权。从这个角度来看，地方辖区财政责任法，有利于约束中央政府的行为，避免不适当的干预，有利于全国财政体制的稳定。

理顺横向政府间财政关系

《21 世纪》：这是纵向的财政关系，那横向的财政关系中，是否需要调整？

刘尚希：现在在中央层面，财权实际上是被各个部门给瓜分了。有些部委，有"二次分配权"，即它们享有在本级政府的各个部门之间分配财力的权力。

同时，基层财政困难跟横向政府间财政关系没理清密切相关。中央部门众多，各个部门制定的具体决策，通常没有相应的财力跟进，或者是中央财力没跟进，或者是地方财力不愿意跟进。

我们的体制是，"上面千条线，底下一根针"，最终都落实到基层，主要是县乡这一级政府。中央决策，中央的各个部委都争相"点菜"，省一级政府只是上传下达，政策从它那儿过一遍，或许省级、市级政府还加个码，提高政策标准，往往到县级政府，就出现财力与事权的不匹配。

这应当通过大部制改革来实现，再者要明确各个部委的职能，减少职能交叉和模糊。横向的财政关系，应当遵循财权与事权分开的原则，财政部管财权，负责财力分配；其他部委管事权，负责具体公共事务的筹划和管理。

横向的政府关系，在明确各部委的职责后，再制定合理的预算。要想清楚，部门的具体任务和目标，要花多少钱制定科学合理的部门预算，强化部门的责任。现有一种现象：干什么事不清楚，只管多要钱，结果造成资金沉淀。因为现在实行国库集中支付制度，国库资金根据项目走，项目进度不到，钱仍旧花不了。部门有时为了完成预算，为花钱而花钱，造成资金浪费。

中央各部委自己能干的事情自己干，不委托给地方。同时，凡是要求地方干的事情，应当实行财力可行性评估，不要超越中央和地方财力的承受能力。

（原载于《21世纪经济报道》2012年10月9日　记者周潇枭采写）

分税制不会变

财政提升为国家长治久安的"制度"保障，而不仅仅是拿钱的。财政是一项关系到国家治理的制度安排，这项制度安排是否合理，事关国家治理基础是否稳固。而财政一头连着国家钱袋子，另一头连着老百姓钱袋子，充满了各种复杂的利益关系和利益博弈，故而财政的改革往往是惊心动魄的。财政的改革也就是国家治理基础的改革，财政改革好了，也就意味着国家治理的基础更加稳固了，长治久安就有了保证。

2013 年 11 月 12 日，中共十八届三中全会在北京闭幕，会议公报发布后，经济学家、财政部财政科学研究所研究员刘尚希接受了《凤凰财经》专访，解读刚刚公布的十八届三中全会会议公报，并对其中有关财税体制改革的表述做了深入分析。

刘尚希表示，"建立事权与支出责任相适应的制度"的提法蕴含了钱由谁来花更合理的问题，表明支出责任需要在中央与地方之间调整，上移部分支出责任和事权应当是今后改革的方向。

他指出，当前财税体制面临的问题是，地方的支出责任明显偏大，85% 的支出责任在地方，而中央的支出责任只有 15%，显然偏小。这说明地方干了一些不适合于地方来干的事情。事权履行的重心过度下移，容易引发各种矛盾并导致政府效率低下。

他还表示，"透明预算"意味着预算完全透明，这一提法以前的文件中没有出现过，对预算的透明度提出了更高的要求，意味着提高预算透明度的改革步伐要加快。

有关备受关注的国企改革和国企垄断的问题，刘尚希认为舆论对国企垄断存在误区，垄断的定义被泛化了。

他指出，评价国企垄断要看是行政性垄断还是自然垄断，任何市场经济都会产生垄断，问题不在于垄断，而在于消除行政性垄断；在国企所在的领域，即使国企退出，民企进入也会形成垄断，因为需要规模经济；公共资源如何让大家公平地占有和使用，而不是靠关系，这才是改革的关键。

有关放开市场准入，给民企更多发展机会的话题，刘尚希表示，放开市场准入，要看什么领域。比如石油、煤炭等公共资源，挖出来就是钱，完全放开市场准入只能是放开给少数资本，让财富更快地集中到少数人手中，相比集中到国有企业后果更为严重，集中到国有企业，还可以通过划归社保基金等形式来实现全民共享，而公共资源收益一旦集中到私人手中则无法重新收归国有。

上移事权将是改革方向

《凤凰财经》：中共十八届三中全会已经闭幕，各界都对这次会议有着很高的期望，此次会议公报全文5000余字，比十一届三中全会以来的历届三中全会字数都多，您怎么理解？从现在已经公布的信息来看，您认为这次会议会对我国的发展产生怎样的影响？

刘尚希：既然是全面深化改革，涉及面宽广，阐述了经济、政治、文化、社会、生态文明和党的建设以及军队国防七个方面的改革，字数自然就要多。

这次三中全会所带来的不仅仅是经济发展，而应当是经济发展基础上的全面发展和社会公平正义的保障。对我国来说，是社会主义的价值观在市场经济基础上的发展。全面深化改革，将促进制度完善，推进国家治理体系和治理能力的现代化。制度的现代化，对于国家的现代化是至关重要的。

《凤凰财经》：您一直深入研究财税领域的问题，有关财税体制改革也一直备受关注，会前就有传言说三中全会将对财税体制改革着墨较多，从公报来看也的确如此，全会有关财税体制改革的一系列表述您怎么看？有关财税体制改革的新提法将意味着财税体制改革会有哪些突破性进展？

刘尚希：有关财税体制改革的表述确实着墨较多，我认为有以下亮点：

一是财政的新定位，强调财政是国家治理的基础和重要支柱，而不只是经济的一个环节。这突破了从经济学视角来认识财政的老框框，把财政的定位提升到了一个新的高度。

二是把财政提升为国家长治久安的"制度"保障，而不仅仅是拿钱的。财政是一项关系到国家治理的制度安排，这项制度安排是否合理，事关国家治理基础是否稳固。而财政一头连着国家钱袋子，另一头连着老百姓钱袋子，充满了各种复杂的利益关系和利益博弈，故而财政的改革往往是惊心动魄的。财政的改革也就是国家治理基础的改革，财政改革好了，也就意味着国家治理的基础更加稳固了，长治久安就有了保证。

三是"法"字当头，解决法与财两张皮的问题。法治是现代国家的基本特征，也是现代财政的基本特征。依法理财作为依法治国的重要内容是基础性的，如果法与财两张皮，则表明依法治国就落空了。因此，调整事权、完善税制、透明预算等等财政改革的各个方面和环节都应当遵循法治思维。

四是稳定税负，意味着今后税收与GDP增长要协调，给了社会一颗定心丸。这包括两个方面的含义：一是避免税收增长过高，过高会加大宏观税负，拖累经济发展；二是避免税收增长过低，过低就会导致赤字债务扩大，扩大财政风险甚至引发危机。无论哪一种情况都会扩大公共风险。

《凤凰财经》：一直备受关注的财力和事权相匹配的改革此次表述为"明确事权"和"建立事权和支出责任相适应的制度"，是不是说明财税体制改革有了新的明确的改革思路？

刘尚希：支出责任是指花钱办事的责任，不只是钱从何来。显然，事权与支出责任相适应的制度这个提法蕴含了钱由谁来花更合理的问题，表明支出责任需要在中央与地方之间调整，同时调整事权，事权与支出责任相匹配，也就意味着事权与财力相匹配了。

当前面临的问题是，尽管地方财力相当一部分来自于中央，但地方的支出责任明显偏大，85％的支出责任在地方，即国家钱袋子中有85％的钱是由地方来花销的。而中央的支出责任只有15％，显然偏小。上移部分支出责任和事权应当是今后改革的方向。

现在的财税体制下我们过多地把不适合地方政府履行的支出责任交给了地方，比如全国性干道的建设、大江大河的治理、边防性事务、缉毒等本来应该由中央承担的支出责任交给了地方。事权与支出责任相匹配就是类似的支出责任应上收中央。

《凤凰财经》：上移支出责任和事权的改革方向，意味着今后财税体制将发生怎样的变化？会有哪些方面的难题？是不是说目前的转移支付体系会有变化？

刘尚希：在这一改革思路下，原来中央用于委托地方履行中央支出责任事务的转移支付资金就会减少，同时，这有助于提高资金的使用效率，发挥中央和地方两个积极性。

上收事权的改革方向意味着，现有的分税制基础不会改变，在营改增全面推进之后，中央和地方的财政分配关系上中央税和地方税的税种设置会有变化，我认为可能是生产性环节的税种大多归中央，而消费环节的税种大多归地方。

另外，公报中提出的发挥中央和地方两个积极性，而不是提发挥五级政府或各级政府的积极性，其中蕴含深意。从国家治理的角度观察，是中央和地方两个层级，表明财政体制改革分为两个层面：一是国家财政体制或中央财政体制，二是地方财政体制，财政改革的大方略应是基于中央、地方两个层级，而不是五级政府。属于地方的省、市、县、乡镇四级政府之间的财政关系，地方可以根据自己的特点因地制宜，而不一定是照搬国家层面的体制安排。这样，地方的主动性、创造性和积极性才能发挥出来。

"透明预算"意味着预算完全透明

《凤凰财经》：公报中"透明预算"的提法以前在相关的文件中没有出现过，您对这一提法怎么理解？

刘尚希：的确这一提法以前没有出现过，透明预算意味着预算完全透明，对预算的透明度提出了更高的要求，相比以前提高、扩大预算透明度的提法要求更高、更为明确，提高、扩大等提法可快可慢，而透明预算则是要尽快做到预算的完全透明。

我认为在预算法修改的过程中,有关预算透明度的问题,以前就有过研究,现在看来相关的表述肯定会写进去。

《凤凰财经》:"改革税制、稳定税负"的提法是否意味着说了多年的结构性减税会有变化?稳定税负和结构性减税有什么不同?

刘尚希:稳定税负和结构性减税说的不是同一个问题,稳定税负意味着今后税收与 GDP 增长基本同步,税收的增长不会大幅高于 GDP 增长,实际上是给了一颗定心丸。

结构性减税则是通过营改增等一系列的改革实现法定税负的降低,一定程度上是通过结构性减税来实现经济增速趋缓条件下稳定税负的目的。

放开市场准入要看领域

《凤凰财经》:此次会议召开前各界对国企改革和给予民营企业和中小企业更多发展机会的话题讨论较多,对公报中国企民企关系的阐述您怎么解读?民营企业,特别是民营中小企业会否迎来更好的发展机会吗?

刘尚希:我认为公报中的论述对民企的发展应是一个利好,是一个新的机遇期。提出混合所有制经济,意味着国有、民营不是泾渭分明的,也不是对立的,而是可以融合发展、共同发展。民营经济的发展要靠核心竞争力和自身的创新能力。

公有制的背景下,国企应走向全球,转变为跨国公司是基本趋势,国有企业要成为跨国公司,起到保护国家经济、资源能源安全的作用,仅仅在国内发展则会挤压国内市场空间,对于弱小的民营中小微企业发展会产生挤出效应。

《凤凰财经》：公报中"必须毫不动摇巩固和发展公有制经济，坚持公有制主体地位，发挥国有经济主导作用，不断增强国有经济活力、控制力、影响力"，您怎么理解？这样的表述是不是意味着外界期望的国企改革和打破国有企业的垄断地位还有很多的困难，短期内不会有太大的进展？

刘尚希：国企的活力、控制力、影响力应当表现在创新、全球竞争、国家经济安全等方面。研发创新，国企应充当领头羊，而不是靠公共资源赢利。国企的垄断应当主要表现在全球市场，而不是在国内市场。在公共资源的开发使用上，不能低门槛一哄而上，那样就会产生"公地的悲剧"。

另外，现在舆论对国企垄断存在误区，垄断的定义被泛化了，我们说国企垄断要看是行政性垄断还是自然垄断。任何市场经济都会产生垄断，问题不在于垄断，而在于消除行政性垄断。

在国企所在的领域，即使国企退出，民企进入也会形成垄断，因为需要规模经济。公共资源如何让大家公平地占有和使用，而不是靠关系，这才是关键。

我们说放开市场准入，要看什么领域，比如石油、煤炭等领域，挖出来就是钱，放开市场准入只能是放开给少数资本，让财富更快地集中到少数人手中，相比集中到国有企业后果更为严重，集中到国有企业还可以通过划归社保基金等形式实现共享，集中到民营企业则无法重新收归国有。

像煤老板的暴富实际上是占了公共资源的光。不少矿山开采权的转让价格是不完全的，生态成本、环境治理成本未纳入其中。矿山属于国家所有，但矿山一开采完毕，国家所有权的对象也同时消失了，而留下的大量生态环境问题却由公众和政府来承担。这种状况需要尽快改变。

当然这么说并非指国有企业改革、破除垄断没有必要，而是说改革应当通过法律的途径，减少政府行政审批、政府定价、行政管制造成的垄断和价格的不公，让市场在资源配置中起决定性作用，更好地发挥政府的作用。

（原载于《凤凰财经》2013 年 11 月 13 日 记者吴丽华采写）

财政预算：从政府分钱的工具变成约束政府行为的制度安排

预算的功能不仅仅是分钱，还要规范政府收支活动、约束政府行为，体现了一种法治理念：只有当政府有了钱，才能办事；政府的职能行使，取决于预算；预算不是政府说了算，而是人大说了算；人大通过预算来约束政府，人大通过人民代表来反映人民的利益诉求；这样预算也体现了人民的意志。

中共十八届三中全会通过的《中共中央关于全面深化改革若干重大问题的决定》指出，财政是国家治理的基础和重要支柱。按照规划，到 2016 年要基本完成深化财税体制改革的重点工作和任务，具体而言是预算改革要取得决定性进展，税改在立法等方面取得明显进展，事权和支出责任划分改革要基本达成共识。

作为改革元年，过去的 2014 年，财税领域的改革动作频频，影响深远。那么，2015 年财税改革在哪些领域能取得实质性进展？新预算法的正式实施会带来什么改变？中央与地方事权划分应遵循什么路径……新年伊始，笔者带着这些问题，对财政部财政科学研究所刘尚希研究员进行了书面采访。

2014 年财税改革的亮点

在谈到 2014 年财税领域的改革时，刘尚希说，《深化财税体制改革总体方案》在中央政治局会议上获得通过。预算法十年磨一剑，第一次修订最终获得通过。作为财税改革重要组成部分，2014 年内国务院还下发了三个文件，分别是深化预算管理制度改革的决定、加强地方政府性债务管理的意见、清理规范税收等优惠政策的通知。预算改革有了改革清单，存量债务的清理甄别、税收等优惠政策的清理均在进行当中。税制改革方面，营改增进一步扩围，煤炭资源税从价计征方案出炉，消费税也进行了部分调整。

那么，如何评价 2014 年的财税改革呢？刘尚希所长说，财税改革的总体方案已经通过，财税改革的三大任务分别是预算改革、完善税制和建立事权和支出责任相适应的制度。2014 年主要推进了预算和税制这两方面的改革。

2014 年财税改革最大的一个亮点在于新预算法的修订通过。新预算法的一个重大突破是预算理念的变化，那就是：过去，仅仅把预算当作政府分钱的工具，现在预算变成了约束政府行为的一种制度安排。预算的功能不仅仅是分钱，还要规范政府收支活动、约束政府行为，体现了一种法治理念：只有当政府有了钱，才能办事；政府的职能行使，取决于预算；预算不是政府说了算，而是人大说了算；人大通过预算来约束政府，人大通过人民代表来反映人民的利益诉求；这样预算也体现了人民的意志。新的预算法修订通过后，关键是落实。为保障新法得到贯彻，新预算法加强了问责。如果不把法律当一回事，那么法律的作用相当有限。要让法治变成一种信仰，让规则成为人们行为自觉的一种约束，尤其是各级政府和官员，行事前需要考虑法律。新预算法通过后，会带来新的改变。

税改方面的进展也很明显。营改增进一步扩围，煤炭资源税纳入从价计征范畴，消费税也进行了调整，如成品油税额增加。虽然提高成品油税额，调税的方式不是很完善；但以税收手段调节消费者和生产者行为，促进节能减排、促进绿色发展、改善空气质量，其动机和目的是公共性的，这是毋庸置疑的。

2015 年财税改革的突破口

2015 年的财税改革可能在哪些方面取得突破呢？刘尚希开宗明义地说，2015 年财税改革很重要的一点就是让预算法落地。这不仅仅是财政部门一家的事情，还涉及各级政府和政府各个部门，难度很大。要让预算法更好地实施，要加快预算法实施条例的出台，对一些具体问题加以明确。预算改革 2015 年还要推动建立中长期财政规划；现在只有年度预算，没有中长期的考虑，会导致决策的短期化。另外，改善民生方面，需要跟财政能力结合起来，充分考虑财政的可持续性。

税改方面，房地产税和环境税已经明确要通过人大立法来推进改革，2015 年能否出台还不确定，这取决于立法进程。个税已经有个税法，如果要调整，需要启动修法程序，比较复杂。资源税和消费税则没有明确规定，可由经人大授权的国务院对具体税制要素进行调整，如税率、征收环节、征收范围等。2015 年，营改增会继续扩围，逐步实现全覆盖，资源税也会进一步扩大改革范围，消费税可能也会进行部分调整。

中央下放部分决策权，上收部分支出责任

我们注意到，财政部部长楼继伟在中共十八届四中全会后曾撰文表示，要推进各级政府事权规范化、法律化，逐步建立现代财政制度。那么，现在各级政府事权是否能划分清楚，能否固定下来呢？刘尚希所长表示，央地关系的调整现在还在研究当中。这需要先划分清楚中央和地方的事权，事权划分清楚后，中央与地方税收划分以及相应的转移支付才有依据；而中央和地方税收划分，需要等税改完成之后。现在关于事权划分，学界有研究，但多是比较研究，就是看看美国、德国、法国等国家怎么划分。

至于我国央地事权划分，目前还没有很清晰的思路和明确的办法。在事权划分方面，西方发达国家普遍按照事权项目来划分，诸如教育、治安、垃圾处理等具体事项，都明确划分到某一级政府，而且大多数事项在不同层级政府里划分得很清楚。某项具体事项归某级政府的话，相应的决策权、支出责任、具体执行等，都归由该级政府说了算。但我国则一直按照事权要素来划分，事权要素分为决策、执行、支出责任、监督这四项。我国事权划分上，整体上表现为中央决策、地方执行。除了国防和外交，总体看完全是中央事权，其他事权多体现为中央决策、地方执行。在这种中央决策、地方执行、多数事权由各级政府共担的情况，要把西方国家事权划分方式照搬到中国，实现事权划分的稳定很困难。目前我国事权调整的特点是，部分决策权下移，部分执行权上移。适合交给地方决策的事情，更多地将决策权下放给地方；通过上收部分事项的执行权，增加中央政府直接的支出责任，以此提高中央政府的支出比重，减轻地方政府的支出负担。

对于我国中央和地方事权演变呈现出的特点，刘尚希所长认为，改革开放以来，尤其是市场化改革之后，我国地方政府的权力实际上是扩大了。地方权力的扩大，主要体现在执行权；决策方面仍主要由中央作出，但一些中央没有作出明确规定的事项，比如属于国家所有的矿山、土地等公共资源，很多时候都是地方在决策，这方面地方权力很大。这些国有的矿山、土地等公共资源，虽然所有权上是国有的，但具体的占有权、使用权、收益权等所有权权能，并未有明确的法律规范，无明确授权。这些公共资源的管理，目前仅经营性国有资产，明确为由地方政府行使出资人的职责；其他多延续了计划经济时期的"国家所有、分级管理"的模式，但"分级管理"实际演变成"分级所有"。像土地虽为国有，但收益主要归地方政府，中央政府只分享了很少部分；地方政府可以利用零地价来招商引资。再比如，很多矿山资源，基本就是"在谁的地盘上，就归谁所有"，由于没有明确的法律规定，主要靠部门发文，而政策又会随着宏观调控变动，比如像稀土这样的战略资源，各地随意开挖，国内开发商彼此杀价，出口量很大，出口价很低，整体看得不偿失。这涉及产权理论和产权制度，在我国公有制条件下，产权理论和产权制度方面如何创新，亟待重视和加强，这事关我国基本经济制度的完善与稳固。

地方债最大风险来自或有债务

目前地方债甄别过程中出现一种现象，地方财政部门发文表示一些债务不属于政府债务，刘尚希所长则认为，这主要由于政府直接负债和或有债务界限模糊，缺乏统一的政府会计准则，各地对于政府直接负债和或有负债认识不一样造成的。基层政府对这两类债务的边界把握不准。当初为了便于发行债券，将这部分纳入直接债务范畴，借此为债券增信；但上级政府在审查时发现这种做法不妥，因为纳入直接债务范畴，增加了政府的风险，于是要求变为政府或有债务，相应市场风险加大。地方政府债务是地方政府负有无条件偿还责任的债务；政府性债务则包括或有债务，城投公司、平台公司的债务也在这个范畴里。

目前我国甄别政府债务的办法，诸如依据项目是否是公益性，是否拥有现金流等标准来分类，这里的公益性、现金流属性都可以通过人为设定来形成。比如一些项目没有任何现金流，是否就不能通过 PPP 模式进行转换？像垃圾处理项目是公益性的，但没法通过市场产生现金流，是否意味着垃圾项目就不能转换成 PPP 模式？其实也可以，因为任何项目的现金流，可以来自于市场，也可以来自于政府补贴；另外，通过技术手段改造，也能产生现金流，如同时进行垃圾焚烧发电，则会产生现金收入。

另外，有些项目没有直接现金流，但跟其他项目搭配起来，就能产生现金流。比如修一条三级公路，这条路修起来后，把道路两边的很多项目带动起来，周围地价也会升值，当把这条路和周边项目组合起来，就能产生现金流。

因此，现在以项目是否有现金流、是否是公益性，来划定存量债务究竟是直接债务还是或有债务，是不太准确的。部门之间没有共同的尺度，就会出现争议，操作中会出现反复博弈，也给市场带来了困惑。这需要尽快建立政府会计准则。

刘尚希强调，地方债务风险化解过程中，肯定需要过渡期。过渡期主要为一些在建项目留下缓冲空间，不能一刀切。一些在建项目还有两年或三年才能完工，很多都是市政工程，若阻断项目进度，易形成半拉子工程。但也需要对在建工程进行清楚界定，以防地方政府将在建项目和新建项目捆绑打包，利用原有融资渠道为新建项目融资；或者将在建项目融资，挪用到其他项目上。

刘尚希指出，目前来看，政府直接负债风险不大，最大的风险来自于政府或有债务。因为或有债务是在一定条件下，由政府承担偿债责任，这个"一定条件下"是不确定的，出现的新情况难以把控：也许政府无须承担任何责任，债务顺利偿还；或许政府要负担连带责任，承担一定偿债责任。

（原载凤凰网 2015 年 1 月 10 日　记者马善记采写）

转移支付的法治化还要再进一步

从中长期角度考虑，应当对转移支付有更加具体的专门立法。因为转移支付的规模越来越大，现在已达到 4 万多亿元，涉及全国各地的利益，也事关区域间公平，没有专门的法律规范难以周全；提高转移支付的透明度也要通过专门立法解决。预算法对透明度作出了要求，但是要形成很规范的程序，需要通过转移支付立法来实现。

"新修订的预算法首次将转移支付制度的内容列入，做了较为明确、细致的规定。2014 年 10 月，国务院审议通过《关于深化预算管理制度改革的决定》，明确了预算改革总体方向和具体任务，转移支付制度改革的具体路径亦在其中。"刘尚希接受记者采访时说。

从践行改革的角度看，贯彻实施新预算法，需要将法律精神吃透，对规定进行细化；从中长期角度考虑，站在大国财政的角度来看，应当对转移支付进一步法治化，有更加具体的专门立法。同时，要提高转移支付的透明度，加强绩效评估及其结果的应用。

转移支付乱象

财政转移支付制度，是分税制财政体制改革中的重要内容，对于我国这样一个发展很不平衡的大国来说，它对缩小地区间财力差距、推进基本公共服务均等化、促进区域协调发展发挥了重要作用。但在实际执行中，也存在一些问题。

这些问题主要有： 设立的专项转移支付过多，资金规模偏大，地方不能提前知道，配套资金压力过大，透明度不高，等等。

专项转移支付资金规模偏大，首先是不利于政府各个部门转变职能。政府转变职能，实际上体现在政府的各个部门，各个部门的职能不转变，政府转变职能就成为空话。设置的专项转移支付过多，导致各部门把精力放在分钱上，放在微观上，而不是真正放在完善相关政策制度、搞好服务、搞好本部门的宏观管理上。中央一些部门批项目都批到乡里、村里，职能发生了错位。

"地方不能提前知道有多少专项转移支付，很难纳入预算，接受人大和社会的监督。"刘尚希说，这种情况下，地方很难作出统一安排，资金在地方很难做到整合使用，导致资金使用效果不好。同时，形成各地"跑部向钱"的不良风气，甚至存在设租寻租的腐败。

过去专项转移支付都要求地方配套，人为加大了地方的压力，不利于地方财政的稳定，搞得地方叫苦连天。地方为了获得专项转移支付，采取各种各样的违规手段甚至作假来应对，不仅影响资金使用效果，而且使风气变坏了。

"整体来看，转移支付透明度不高，尤其是专项转移支付更低。"刘尚希说，提高透明度是个大问题。

预算法规定明确细致

这次预算法修订，在分税制下，对转移支付的设立原则、目标、预算编制方法、下达时限等作出了明确规定，明确提出国家实行财政转移支付制度，主要目标是推进地区间基本公共服务均等化，要求做到规范、公平、公开，内容上包括两个层面，即中央对地方的转移支付和地方上级政府对下级政府的转移支付。

预算法规定，转移支付分为一般性转移支付和专项转移支付两类，整体目标一样，具体目标有所区别，一般性转移支付主要是均衡地区间基本财力，专项转移支付则是办理特定的事项，有特定的目标。对专项转移支付做了限制性规定，即"市场竞争机制能够有效调节的事项不得设立专项转移支付"，可以说是开列了负面清单。

预算法规定："中央预算和有关地方预算中应当安排必要的资金，用于扶助革命老区、民族地区、边疆地区、贫困地区发展经济社会建设事业。"这就要求安排转移支付时，对这些特定地区要优先考虑，作为重点安排，目标是促进地区间基本公共服务均等化。

预算法规定："上级政府在安排专项转移支付时，不得要求下级政府承担配套资金。但是，按照国务院的规定应当由上下级政府共同承担的事项除外。"刘尚希认为，这是一个重大变化，对地方来讲是个很大的解脱。

特别是，预算法规定对专项转移支付建立健全定期评估和退出机制。现在的问题是专项转移支付有起点没有终点，没有退出机制，缺乏绩效评估，导致效果大打折扣。

应该进一步立法

对转移支付，与以前的空白相比，修改后的预算法作出了很多规定，但是从大国财政、从操作角度看还不够，需要细化、具体化。

他认为，从中长期角度考虑，应当对转移支付有更加具体的专门立法。因为转移支付的规模越来越大，现在已达到 4 万多亿元，涉及全国各地的利益，也事关区域间公平，没有专门的法律规范难以周全。预算法为下一步转移支付的立法打下了良好基础，指明了方向。

同时，提高转移支付的透明度也要通过专门立法解决。预算法对透明度作出了要求，但是要形成很规范的程序，需要通过转移支付立法来实现。

提高绩效是个大问题

落实预算法有关转移支付规定的难点在于涉及部门的利益、权力，尤其是专项转移支付与部门的利益、权力紧密联系在一起，减少、规范专项会有一些阻力，这就需要破除部门本位主义。

大力压缩专项转移支付，扩大一般性转移支付，这是已经明确的改革方向，以后一般性转移支付要占到 60% 以上，要对现有的专项转移支付进行清理、整合、规范，该取消的取消，该合并的合并，规模上要减小。

清理、整合、规范首先要在绩效评估的基础上进行，防止部门站在本部门的角度，找各种各样的理由，来强调某项专项转移支付的必要性、重要性和不可替代性。有必要定期评估，达不到预期目的、没有存在必要的，就要提前退出。

"对有必要保留的专项转移支付怎么提高绩效，是当前面临的一个大问题。"他认为，这需要进行绩效评估。绩效评估需要大量的基础性工作，要有目标、具体化，通过事先、事中、事后的评估及时发现问题，提高资金使用效果。

最后，值得强调的是，总的目标是转移支付要法治化，提高透明度，提高绩效，要使这些钱花得让广大老百姓满意。

（原载于中国财经网 2014 年 10 月 14 日　记者李继学采写）

地方政府性债务风险总体可控

现在地方政府性债务风险是可控的。第一，不能绝对孤立地看债务本身，而要看与债务相匹配的偿债能力。第二，各级政府以及社会各界都意识到地方政府性债务的风险，都在完善风险监控的框架，有的地方已经建立了，有的地方没有，中央也高度重视，这两年也出台了一些政策，规范地方政府的融资举债行为。第三，投融资平台本身也在往前走，也在完善，无论从管理架构还是从风险内控机制上来看。同时，政府和企业之间的风险责任在明晰，透明度和监管的建设也在强化。这些都有利于地方政府性债务风险的控制。

国家审计署日前披露称，截至 2010 年年底，中国省市县三级地方政府性债务已高达 10.7 万亿元。如何看待这一数据和地方政府性债务的结构？是否存在失控的风险？如何分析和评价地方政府近年来纷纷大肆搭建的投融资平台？中国的地方政府债务与西方国家有无可比性？等等。就这些问题，本报专访了财政部财政科学研究所研究员刘尚希。

地方政府性债务快速增长的原因

《南方都市报》：这次审计署经过全面调查，中国目前省市县三级地方政府性债务为 10.7 万亿元，约为 2010 年中国 GDP 的 1/4，你怎么看这个数据？

刘尚希： 数据并没有超出预期。实际上，人民银行、银监会之前都有过估算，但都不是太准确，因为统计的口径不同。这次审计署投入 4 万人力，花了几个月的时间，做了一次全面的审计调查，形成的审计报告很有价值。这至少使社会各界对地方政府的债务状况有了一个较为清晰的图景，地方政府债务之前一直是黑洞，看不清楚，说不明白。但审计署的报告公布以后，地方政府性债务的状况就有了一个可供分析的依据。同时应指出，媒体的解读有一个普遍的误区，就是把地方的"政府性债务"等同于"政府债务"。

《南方都市报》： 两者有何差异？一个朴素的理解，这就是政府欠债 10.7 万亿元。

刘尚希： 审计署公布的数据也清楚地做了区分，但媒体往往将"政府性债务"等同于政府的直接负债。"政府性债务"包括了两块，一个是"政府债务"，即政府负有无条件的偿还责任的，还有一块是政府的"或有债务"，就是政府负有有条件的偿还责任。这次公布的数据表明，"政府债务"为 6.7 万亿，占整个政府性债务的 62.6%，其他的都属于地方政府的"或有债务"。顾名思义，"或有债务"，即有可能是政府债务，也有可能不是政府债务，要看具体的条件及其变化，不能直接等同于地方政府债务。

从会计学来讲，"直接债务"和"或有债务"是不能直接相加的，应当分开说。"或有债务"是有条件的，当特定法律实体还不起债务的时候，才成为政府债务。"或有债务"包含三部分。一个是政府担保，担保的对象一旦出现了债务危机，那么偿债的责任就转移到政府身上。第二个是所有权关系，比如说地方的城投公司、投融资平台等，政府与其的关系是所有者和经营者关系。二者是两个不同的法律主体，在民事责任方面是分开的，不能混为一谈，不能说企业的责任就是政府的责任。但因为这些企业是经营者，尽管其具有独立的民事行为能力，独立地承担责任，但如果债务上出了问题，偿还不了，毫无疑问政府作为所有者要替他偿还，除非是有限责任公司或与公共服务无关。

第三个是更广义的"或有债务"，两者没有关系，但另一方引发的债务风险，可能会导致公共风险，造成社会不稳定，这一类债务叫作"隐性或有负债"，也有可能地方政府要买单。像 1999 年农村合作基金会倒闭，它不是地方政府办的，但后来留下一屁股烂账，地方政府不得不来兜底。倒闭后引发农民堵路，甚至打砸乡政府等，成为了一种严重的地方公共风险，这个时候地方政府就不能不去兜。现在各个城市都在竞相兴办的城市商业银行，也属此列。这次审计署的报告没有提到这个。

《南方都市报》：政府性债务近几年增长很快，主要原因是什么？

刘尚希：一个大的背景性因素是国际金融危机后，中央政府在 2008 年出台了一个 4 万元的积极财政政策方案，要求地方政府也要拿出一定的配套资金。在这样的情况下，地方政府就搭建了大量的投融资平台，这个过程刺激了地方政府性债务的急剧增加。

另一个因素就是中国城镇化的快速推进。中国整体的城镇化是滞后于工业化的，这也带来了一系列问题，突出表现就是经济的增长和社会的发展不协调。社会发展除了体现在公路等基建上，也体现在教育、医疗、养老、社会保障等公共服务的提供上。中国 2010 年的城市化率达到近 48%，正处于城市化的加速期，在这个背景下，地方政府有大量的城市基础设施要建设，道路、桥梁、排水、供水、供热等，这些都需要政府来投入。从审计署公布的数据看，在这些债务的支出上看，市政建设、交通运输、土地收储和保障房供给等，占了四大块。毫无疑问，在这个快速城市化的过程中，地方政府靠预算内的钱是不够的，要靠融资来解决。就此而言，地方政府的直接债务以及担保债务近年来的快速增加，是很自然的事情，不奇怪。

地方政府的投融资平台亟待完善

《南方都市报》：这里一个问题是，由于中国预算法规定，地方政府不能发债，在应对城市化快速推进过程中的资金缺口时，就搭建了大量的投融资平台，但这些投融资平台无论与政府的关系，还是内部的治理与风险控制，还是其经营与投入的行业等，都存在种种问题和质疑。于是另一种声音就出现了，既然政府举债不可避免，那干脆修改预算法，赋权地方政府可以直接举债，债务的发行与支出也可以直接纳入政府预算中来，也可以杜绝现在的这种投融资平台出现的种种"黑洞"。

刘尚希：地方债，现在中央每年代发 2000 亿。按照预算法规定，地方政府是不允许直接举债的。现在地方政府以投融资平台名义形成的各种债务，法律主体已经变了，并不是直接以政府之名，主要目的是完成地方政府的政策目标。

现在有一种说法，就是预算法不允许地方政府发债，所以"逼良为娼"，逼迫地方政府不得不搭建像城投公司这样的投融资平台。这种说法是有问题的。这里一个基本的问题是，地方政府直接发债，与搭建投融资平台，哪个更好，不能笼统地一概而论，是要看各种约束条件的。以地方政府的名义发债，要搞清楚发的是什么债，是一般性公债，还是市政债券。如果发一般性地方公债，是以当地的税收为担保，这个要纳入地方财政预算的。从国际惯例看，都不允许地方政府搞经常性的预算赤字，能搞的一般是资本性赤字，即发债用于建设，尤其是公共设施建设。美国通过发行市政债券的方式，以直接融资方式为主。其他国家更多是通过银行借贷方式，以间接融资为主，方式不一样，但都表现为政府的融资行为。

像城投公司这种平台，是我国无意中走出的一条路，是有中国特色的。这种投融资平台与政府有密切关系，但其是独立的经济法律主体，它们发行企业债券，筹资借款，受地方委托达成地方政府的政策目标，比如搞城市公共设施建设、路水电气等。

《南方都市报》：的确如此。地方政府把一些资源、经营性资产、土地等装入这个平台，完成筹资融资投资，最后还债，甚至赚钱等全部流程，虽然是一个企业行为，但由于这里面装有大量的政府资产和资源，而且很多是政府官员在其中兼职主要领导，政企不分的情况一直存在。

刘尚希：这个问题实际上是怎样评价这个投融资平台，要分成两面看。首先它是一种创新。我国的一个重要国情是社会产权结构中公共产权占主导，这点必须承认，地方政府掌有大量的公共资源，政府的各个部门有很多资产，包括一些经营性资产和非经营性资产。通过投融资平台这个工具，地方公共资源得以进行整合。以前是分散的，各个部门各管各的，反而没有效率。现在通过这个平台，整合起来统一利用，来实现政府的政策目标，是件好事。和这个平台本身存在什么问题，是要分开的。不能混为一谈，应不应运用这个工具，与这个工具本身是否完善，是两码事。

这个工具现在已经有了，尽管粗糙，但是有效。政府的一些政策目标，应该借助市场的方式去运作。而不能简单地说以政府名义去发债，然后以拨款的方式去使用这些钱，那样借钱还钱用钱风险更加不可控。现在利用这个工具，无疑促进了政府把分散在各个部门的资源进行整合，也以此把政府一些相关的职能随之进行了整合。以前是分散的，部门各自为政，而现在是把它们都整合到一起，也有利于各个部门的协调。

同时这种整合也有利于风险控制。政府搞建设，做什么，怎么做，以及无论是借钱、发债，还是用钱，和还债都整合在一起，都放在这个投融资平台中来通盘考虑。借得来，用得好，还得起，这三个环节整合将大大有利于风险的控制。实际上很多地方政府在组建投融资平台过程中，就有总体的考虑，有的甚至成立领导小组，下设办公室，对政府委托的政策目标和建设事项进行分析和风险评估，逐渐形成了内在的风险控制机制。这个工具通过这几个层面的整合，实际上已经成为现在城镇化推进过程中，地方政府实现政策目标的一个有力工具。

《南方都市报》：但从各种关系和体制上来看，这个工具本身很多东西都没有理顺。

刘尚希：政府借助于市场的力量完成政策目标，国际上都在做，通行的是一种 PPP 模式，即公私合作，或者说市场与政府的结合。像城投公司以及其他的投融资平台，可以说是中国特定条件下的 PPP 模式，它有很大弹性，可以吸收民间资金，也可以进行股份制改造，实际上政府本身注入的资产和资金也可以退出，与市场对接。如你所言，各地的投融资平台的确存在很多问题，但应该考虑的是怎么完善它，而不是因为它存在问题，还很粗糙，就抛弃掉。就像汽车刚发明时一样，问题很多，安全性也不够，但应该去完善它，而不是就此扔掉。

这其中存在的问题一个是与政府关系不清晰，投融资平台作为独立的经济法律主体，有其自身的一套运行机制，是以市场为基础来运转的，政府不能随意干预，要有界定各自权利与责任的规则，政府今天派这个人当负责人，明天又换一个人来，或者把它当作一个钱袋子或者提款机，领导随意批条子，那样是不行的。同时，还要形成一套良好的治理结构和风险内控机制。组建时是政府搭台，注入了大量资产，但运营起来是要遵循市场规则，按照公司的方式来进行。

与西方国家的政府债务没有可比性

《南方都市报》：再回过头来看这个 10.7 万亿元的地方政府性债务，如何看待其风险？一种声音是担心一旦房价下跌，地方政府卖地收入锐减，很可能会引发危机。

刘尚希：从审计署公布的数据看，至 2010 年年底，地方负有偿还责任的债务余额中，承诺用土地出让收入作为偿债来源的债务余额为 25473.51 亿元，共涉及 12 个省级、307 个市级和 1131 个县级政府。风险肯定有，因为风险无处不在，问题在于将风险控制在可承受的范围内。

现在地方政府性债务风险是可控的。第一，不能绝对孤立地看债务本身，而要看与债务相匹配的偿债能力。从静态来看，除每年的税收外，地方还有很多资源，包括土地储备等，还有地方国有企业的经营性资产和各部门机构拥有的非经营性资产等，加起来规模相当大，据估算有 40 万亿的规模，资产远远大于债务。同时，政府还掌控有很多其他的资源，包括如城市公共空间、特许权等无形资产。第二，各级政府以及社会各界都意识到地方政府性债务的风险，都在完善风险监控的框架，有的地方已经建立了，有的地方没有，中央也高度重视，这两年也出台了一些政策，规范地方政府的融资举债行为。第三，投融资平台本身也在往前走，也在完善，无论从管理架构还是从风险内控机制上来看。同时，政府和企业之间的风险责任在明晰，透明度和监管的建设也在强化。这些都有利于地方政府性债务风险的控制。

《南方都市报》：民众担心这些债务的风险，一个参照系就是西方的一些国家和地方政府现在普遍陷入了债务性危机，像希腊、爱尔兰等国，像美国的多个州，中国当前的地方政府性债务与它们有无可比性？

刘尚希：实际上两者是不可比的。两者的国情和发展阶段不同，它们的地方政府不像中国的地方政府，我国地方政府掌握了大量的资源和资产；同时，它们也早已过了城市大规模建设的阶段。联邦制国家，地方政府实际是指州以下的市镇，它们实际上是自治的，财税来源和支出与中央政府界限分明。像美国的加州出现财政危机，为了偿债，它卖办公楼，甚至办公家具都在卖。而单一制国家，像英国、法国等，地方政府也是如此。它们都是投票选举，政党为了上台，往往许诺要提高公共福利，少加税，这导致它们的公共债务不断增加，民众的福利水平不断提高，但当经济的增长、财政的收入支撑不下去后，就出现了债务危机。

同时，中国的中央政府和地方政府的关系与西方国家也不同。中国是按事权的要素来划分的，决策权是中央政府，执行权在地方政府，像中小学校舍危房的改造、保障房的建设等都能体现这个特点，事权执行在底下。而在西方的联邦制国家，中央政府的决策要自己执行，与地方政府无关。在中国两者是委托代理关系，中央政府提出要求，地方政府贯彻落实，在这个过程中两者的财力和事权，在匹配上存在很多不确定性。

《南方都市报》：很多地方政府在以此为借口，纷纷搭建各种投融资平台。

刘尚希：归结为地方政府钱不够花这个理由显然是站不住脚的。从收入的角度来看，大概是五五开，中央政府收入是占52%，地方政府占48%。但从支出来看，大概是二八开，80%的钱是地方在花，20%的钱是中央在花。只是中央把这些钱先收上来，再通过转移支付的方式给地方政府。当然转移支付存在很多问题，但不能说地方政府只办事，而没有钱花，实际上80%的钱是地方政府花的。匹配与否不能从收入看，而要从实际的支出看才能看清楚。但由于中国处于城市化的加速期，地方政府的钱就显得不够花，融资是可以的，西方国家也经历了这么一个阶段，不借债是不可能的，在城市化快速推进的阶段，借钱是很重要的，等城镇化差不多完成了，这方面的政府借债行为自然就会减少。

《南方都市报》：从政府的支出这块看，主要有三块，一块是为经济发展提供支撑的基建，一块是为民生提供的各种公共产品，还有一块是政府本身运作的行政开支，但这些都存在预算不透明、贪腐等问题，所以民众对政府现在的举债行为和搭建的这种投融资平台质疑是必然的。即使地方政府说这些举债是用在基建和公共产品的提供上。

刘尚希：这是另外一个问题了，与预算民主、透明度建设、政府要降低自身不必要的行政支出等有关。对于地方政府性债务，其关键是控制风险，而控制风险的根本措施是扩大政府性债务的透明度，这包括融资规划、融资规则、融资方式、融资成本、债务的使用、债务的偿还等，实现全过程及其各个环节的透明。其二是明晰各个环节的责任主体，以及相应的风险责任。其三是让社会有序地参与债务资金的筹划和使用方向的讨论，干那些老百姓认为必须干的事情，把老百姓、专家、政府等各方面的意见整合起来，力求使政府性债务与当地的经济、社会发展形成良性循环。这样，民众的质疑就会大大减少。

（原载于《南方都市报》2011年7月3日　记者陈建利采写）

允许地方自主发债不是单边放权

允许地方自主发债,就必须要地方有承担相应责任的能力,这一能力取决于当前体制下中央如何对地方"确权"。地方必须编制自己的资产负债表,这个资产负债表必须公开透明,可让社会进行评价,这也可以为地方政府通过市场发债提供前提。

针对 10 省市地方政府自主发债,分析认为此举表明中央政府正试图扩大地方政府的财政选择权限,以帮助解决一些地方政府可能面临的财政窘况。财政部财政科学研究所研究员刘尚希接受《华夏时报》记者专访时说,空泛地提议放开发债权让地方自主发债,这个主张并未结合当下的中国国情。

凭何借债?

《华夏时报》:允许地方自主发债的法理与政策前提是什么?

刘尚希:允许地方自主发债,实际上是基于国家治理的架构来考虑的,这就意味着赋予地方这种权力的同时,也赋予其相应责任,权责必须对等,而不可单边放权或赋责。因此,如果中央允许地方自主发债,则地方能否承担相应的责任，有无能力承担相应的责任？在这个必须回答的最基本问题还没有搞清楚以前，泛泛地呼吁让地方自主发债，或仅仅从城镇化公共基础设施建设融资需求的角度出发来讨论问题，还远远不够。

《华夏时报》：如何为地方确权？

刘尚希：融资需求是没有止境的，但若没有还款能力，一切都无从谈起。因此，这就与两个问题关联到一起：财政体制与产权制度。

如何为地方确权，使其也成为产权的主体？这在法律制度上必须加以明确。今后地方在编制资产负债表的时候，就必须明确：哪些东西是属于地方的资产？万一出现债务偿还问题，地方哪些资产可以动用、支配或变现？目前法律规定，地方国企资产可由地方政府支配。但对于公共资源、自然资源的权属，尚无很明确的法律规定。名义上的"国家所有，分级管理"，实际上是分级所有，在这种情况下，责权利都不清晰，其结果很可能是中央政府最终兜底，那样就会存在道德风险。所以，这是一种存在先天缺陷的制度安排，肯定难以推行。

因此，允许地方自主发债，就必须要地方有承担相应责任的能力，这一能力取决于当前体制下中央如何对地方确权。地方必须编制自己的资产负债表，这个资产负债表必须公开透明，可让社会进行评价，这也可以为地方政府通过市场发债提供前提。

借债何用？

《华夏时报》：地方自主发债应由谁充当发债法人，官员职务变动是否应影响承担债务责任？

刘尚希：现行预算法中规定，经过国务院批准，地方政府即可自主发债。然而具体事实是，许多官员的职务变动频繁，这就造成大家很难想象当任的地方行政官员未来要为其所借债务负责。而该官员自己可能也未必有还债动机，因为其对自己究竟能在任上干多久并无明确预期，所以其对于如何偿债何以偿债的问题也并无明确预期，也就不会过多考虑。这将导致官员必然不会主动去考虑所借债务的风险究竟有多大，其规避债务风险的动机实际上也就会非常弱。对官员来说，在其任上能借到钱并把事情干了才是最重要的事情，至于未来如何还债则不是他的事情。

《华夏时报》：这一状况应如何避免以及解决？

刘尚希：通过加强地方人大的监督和约束作用来解决，是一个重要的方式。法律在这方面应赋予地方人大相应的权限：不经过地方人大的审批，地方政府就不能随意发债。即便中央政府给予地方政府发债的权力和发债的限额，但未经地方人大批准，地方政府也不能轻易发债。

还可以通过地方债务的透明制度来解决：发债究竟作何用途？偿债来源究竟在哪里？这些内容都必须透明。这也使得社会可以对其加以评价，并产生一定的监督和约束作用。

此外，发债必须要有规划。既要有总体规划，也要有具体规划，要落实到具体项目上去，而且项目必须进行可行性研究，是进入项目库且做了评审的项目。这种约束可以保证发债资金的使用效果，而不至于花的钱打了水漂。

还有一种办法，即未必一定要以地方政府的名义去市场上筹资发债，而是可以采用现代 PPP 的方式（即公私合作的方式，其英文名称为 Public Private Partnership）。对于地方政府的一些公共基础设施建设项目，进行公私合作，利用社会力量，市场和政府共同设立一种特殊的目的公司，全程参与项目的设计、建设、运营和管理，收益共享，风险共担。这不仅仅可以解决地方政府筹资问题，同时还可以提高地方政府的管理水平，改变地方政府以往在基础设施建设方面的管理方式。

何以偿债？

《华夏时报》：地方自主发债如何避免被滥用？

刘尚希：被滥用的根源仍在于透明度不够。一般强调公共预算透明，但地方政府通过银行贷款或投融资平台借的钱，其透明度是很不够的。在国家审计署对地方进行审计以前，各个地方都把地方债务作为最高机密。究竟借了多少钱，用得怎么样，相关数据，各个部门各管一摊，地方政府并非所有部门都知道，即使是财政部门都未必全清楚。所以，必须要整体透明。如果没有这样的制度安排，而是政府各个部门分兵把口，那就谈不上什么公开透明，借来的钱被滥用的可能性就会很大。

另外，借钱做什么用途，事先要想好，要走严格规范的决策程序，要做严格的可行性研究和风险评估，要有明确的和正确的借债意图。

《华夏时报》：如何从体制机制上确保债务被偿还？

刘尚希：如果不偿还就要有责任的追究机制和处罚机制，如果违约，就要看违约的程度如何。违约不一定是坏事。如果发现某些地方政府的某些项目违约了，这等于是对市场发出警告：无论银行或影子银行都不要轻率地借钱给地方政府，事先必须看好，否则就要承担风险。所以，中央政府最终兜底也是有条件的，并非只要地方政府还不起债了就要兜底，而要看其所引发的公共风险究竟有多大。

避免违约风险的发生，涉及监控问题。中央必须严格监控地方发债程序、发债意图、资金用途和使用效果，以及发债期限和债务结构等，而不是事后才去过问和处理。

首先要有政府债务的准则，就要通过政府会计改革，建立政府的债务准则。所以，当务之急是以科学标准确认地方债务的分类，否则，数据统计都成问题。即使统计出来的数据，也是审计出来的结果，而非按照科学的债务标准和分类统计出来的结果。

这些有效监控的前提条件必须具备，它们是地方债务管理的基础设施。

（原载于《华夏时报》2014 年 5 月 22 日　记者商灏采写）

规范地方债要打破风险"大锅饭"

当前利益"大锅饭"已不存在，但仍存在风险"大锅饭"。企业的风险可以转嫁给银行，银行的风险可以转嫁给政府，下一级政府的风险可以转嫁给上一级政府，上一届政府的风险可以转嫁给下一届政府。风险"大锅饭"涉及体制改革，需要划清风险责任。在任何主体借债时，均要明确风险自担。

财政部财政科学研究所研究员刘尚希在接受《中国证券报》记者专访时表示，解决地方债问题必须划清风险责任，对举债主体要明确风险自担。对于省级政府发行地方债不能满足融资需求的部分，可调整政府与市场边界，由PPP（政府与社会资本合作）和企业债予以补充。养老金等追求低风险、对收益要求不高、较有稳定性的长期资金比较适合参与PPP项目，但政府应提供稳定可预期的政策环境，才能使PPP对社会资本产生更大吸引力。

地方债需划清风险责任

《中国证券报》：国家出台多项政策管理和规范地方债，接下来需注意哪些问题？

刘尚希：地方政府债务和地方政府性债务是两个不同的概念。地方政府性债务通常包括四个方面，即确定的债务、不确定的债务、法定的债务和道义上的债务。一旦出现公共风险有可能引发公共危机时，政府就负有道义上的债务。地方政府性债务涵盖道义上的债务，政府要加强财政风险管理，但目前责任主体的界定不清楚。

当前利益"大锅饭"已不存在，但仍存在风险"大锅饭"。企业的风险可以转嫁给银行，银行的风险可以转嫁给政府，下一级政府的风险可以转嫁给上一级政府，上一届政府的风险可以转嫁给下一届政府。风险"大锅饭"涉及体制改革，需要划清风险责任。在任何主体借债时，均要明确风险自担。

加强地方财政风险的管理，要对不同的风险进行甄别。对于地方政府来说，风险有多大，关键要看公共资源有多少，即要看资产负债表。从地方来看，最重要的是事权的划分，中央做什么、地方做什么必须要搞清楚，否则地方支出责任过大，就不得不借贷。治理财政风险需要把地方政府的职能界定清楚，职能有多大，融资需求就有多大。没有这个前提，防范化解地方财政风险很难收到实效，甚至会起反作用，引发其他更大的风险。

发行地方债涉及地方评级问题，但目前我国评级仍处于起步和探索阶段，独立的评估市场尚未形成。此外，目前地方债由政府负责，但如何评估政府偿还能力还没有一套标准。要推进我国信用评估的市场化建设，评估方独立并按照客观公正的原则进行评估。我国的信用评估刚起步，难以与发达国家相对成熟的评估市场进行横向比较，成长还需要一个过程。

投融资平台是中国式 PPP

《中国证券报》：地方融资平台未来的地位和作用将是怎样的？

刘尚希：地方投融资平台就是中国式的 PPP，是政府和市场的一种有机结合。现在的根本问题是不规范，政府与投融资平台，投融资平台与银行、信托机构的风险责任界定不清楚。以城投债为例，城投公司是一个法律主体，有能力独立承担民事责任，但它们通常在政府要求下投资项目并举债，政府在其中毫无疑问应承担风险责任。但问题是，企业和政府分担风险的机制没有建立，各自预期承担多少比例也不清楚，容易出现风险"大锅饭"，双方都没有避险动机，风险就会累积、扩大。既不能把投融资平台的所有债务都归为政府债务，也不能完全撇清和政府的关系。那么，在什么条件下政府应当承担救助责任，在什么情况下不承担风险，必须作出明晰而权威的规定。

政府投融资平台的一个重要作用是有利于控制政府风险，因为它是将风险集中在一个池子里。如果要有效控制地方财政风险，将风险集中起来而不是分散在各个部门和环节是一种有效的技术方法。这种作用没有充分发挥出来。现在投融资平台要改造成为 PPP 的模式，最重要的一点是把风险控制在可以承受的范围内。风险有两种，一种是客观风险，一种是主观构建风险。在金融领域，很多风险是主观构建的风险。如何处理和控制好这种主观构建风险值得深入研究。

新预算法规定，省一级政府可在全国人大授权额度内发行地方债。在全国人大批准额度下达之前，地方融资需求可以从其他方面想办法，如国企可以发行企业债，但不能归入政府债务。此外，可以采取 PPP 方式，社会资本与政府合作。事实上，中央批准的额度是有限的，地方融资不是只有一条路，而应该有多条路。一些城投公司作为具有公益性的国企，可以发行单纯的企业债。

在大力推进城镇化的过程中，城镇基础设施建设的融资需求非常大。具体的融资需求要看各地规划，如果规划合理，将融资需求分摊到各个年份，再考虑到承受能力和融资能力，就可以实现时间上的合理分担。要推进有序、高效率的城镇化，不能仅在速度上下功夫，高质量的城镇化比城镇化速度更重要。

PPP 关键是组织管理

《中国证券报》：应如何看待 PPP 的前景？

刘尚希：省级政府获批发行的地方债肯定不能满足全部融资需求，可以通过 PPP、企业债等予以补充。PPP 是政府融资的重要方式，需要非常高的管理水平，其复杂性不言而喻。PPP 的适用范围很广，关键是如何组织和管理。PPP 的推进需要中长期规划配合，否则很容易出问题。

PPP 管理的复杂性体现在如何实现风险共担。风险共担分为宏观和微观两个层面，宏观层面包括城镇化的规划、城市建设的规划、人口和产业的规划是否科学合理和可持续，微观层面包括项目设计、建设、运营过程中可能出现的变化和风险。在某种意义上，PPP 项目的管理就是风险的揭示过程，要把项目生命周期全过程中不同阶段的风险揭示出来。

与过去相比，现在注重 PPP 立法，但具体如何立法仍然未定，到底是特许经营法还是政府与企业合作法有待深入研究。当然，PPP 要一边发展，一边总结经验，反过来推动立法。立法的核心是解决可预期问题，立法应提供规则和确定性，既规范企业的行为，也规范政府的行为，双方都有约束和保障。双方分担风险、分享利益都有保障，合作才可能顺畅。**PPP** 的发展存在非常复杂的委托代理关系，财政而言也可能带来"或有风险"，可能转变成为政府的财政风险。如何有效鉴别、防控风险，无论是在理论上还是在实际操作上仍有待探索。

（原载《中国证券报》2014 年 12 月 29 日　记者赵静扬采写）

第四编
税收与百姓

　　税改的目标是建立与国家治理相适应的现代税收制度。税收法治是国家法治的基本体现，税收的规范化和法治化是国家治理法治化的基础。

　　税收调节功能取决于税收收入规模，只有收入规模达到一定程度，调节功能才会发挥作用。

　　对于进入"公共服务时代"的我国来说，大幅度地减税是不现实的，只能是做结构性调整，使现有宏观税负水平下的税负分布变得更加合理。

　　"营改增"是税制改革非常重要的切入点，也可以说是整个财税改革的重要切入点。

税收要帮助百姓参与到做大"蛋糕"的过程中

改善民生需要政府、市场、公民自身等多方面共同努力，我们在强调税收重要性的同时，不能盲目放大税收的调节作用。如果对税收赋予过多的功能，就有可能陷入认识的误区，产生税收调节幻觉。税收作为改善民生的重要辅助手段，首先应尽量避免税收的"逆向调节"，在税种选择和税制要素设计方面，将民生作为一个重要目标加以考虑，进而注重各税种相互协调配合，发挥整体调节功能。

税收作为重要的经济调节工具，在保障民生、改善民生方面具有不可替代的作用。针对目前社会热议的焦点问题，本刊记者对财政部财政科学研究所刘尚希进行了专访。

记者：近年来，我国立足科学发展、构建和谐社会，将民生问题摆到了历史前所未有的高度。结合我国现阶段的国情和民情，我们应如何理解"民生"的意义？

刘尚希：民生是一个富有时代气息的"主题词"，它具有现实性、具体性和发展性的特点。每个时代民生的内涵和重点各不相同。现阶段，党和政府把保障和改善民生上升为国家的重要战略目标，并围绕教育、医疗、社会保障、住房和环境保护等问题，推出了一系列改善民生的重大举措。

具体到经济社会层面，我认为，民生问题就是如何实现共同富裕。新一轮改革的方向应以缩小贫富差距作为衡量标准，这有三点理由：一是贫富差距已引发广泛的社会关注；二是贫富差距事关内需的扩大和内生动力的形成，差距越大，有效需求就越小；三是社会主义的本质要求——共同富裕，贫富差距趋小，说明方向对头，否则就是偏了。

记者：税收作为重要的经济调节工具，在改善民生方面的定位是什么？

刘尚希：从政府角度而言，保障和改善民生包括"取与予"两个方面。取，即税收等经济手段；予，即财政支出等形式的财力支持。

税收不仅属于经济范畴，也属于政治范畴和社会范畴。税收不仅是财政收入的主要来源，为国家聚集财力，体现经济发展的成果，它同时也是政府制度和政策体系中的重要组成部分，体现政府的执政理念和价值追求。在社会的发展进程中，社会问题不断变化更新，相应地，对税制的发展改革也提出了更高的要求。税制改革不仅要基于经济方面的考量，还要注重政治和社会方面的考量，体现民生、公平、正义等价值理念，并以民生作为评价税制优劣的重要标准之一。

改善民生需要政府、市场、公民自身等多方面共同努力，我们在强调税收重要性的同时，不能盲目放大税收的调节作用。如果对税收赋予过多的功能，就有可能陷入认识的误区，产生税收调节幻觉。税收作为改善民生的重要辅助手段，首先应尽量避免税收的"逆向调节"，在税种选择和税制要素设计方面，将民生作为一个重要目标加以考虑，进而注重各税种相互协调配合，发挥整体调节功能。

记者：提到税收与民生、税收与收入分配，一般人们最先想到的是个人所得税、房产税、车船税、遗产税等相关税种应在二次分配领域发挥作用，近几年关于这些税种的探讨也始终没有停止，您对此看法如何？

刘尚希：我认为个人所得税、房产税等税种对调节收入、缩小贫富差距有作用，但作用有限。多年来，发达国家公司高管收入与员工收入之间的差距始终没有缩小；金融危机后，美国大公司的高管照样有高额奖金。对"强势"的一方来说，所得税都可以"预转"出去，只有"弱势"的一方，才会真正承担税负。

通过税收手段，把高收入调低，是政府干预分配、缩小贫富差距的思路之一。我认为，更重要的应该是通过社会保障、公共服务等手段，使低收入者增加收入。我国是发展中国家，政府对合理合法、凭借自身努力致富的人群，应该给予鼓励。因此，政府干预分配的重点应放在"补低"方面。

收入分配是非常复杂的事，不是短期内一个文件、几条政策就能解决的，就分配论分配，孤立地谈论分配是很难找到出路的。要从根本上解决贫富差距问题，政府的干预和税收的调节应从"结果"转到"起点"上来。

记者：您认为政府的干预和税收的调节应从"结果"转到"起点"上来，那么"起点"是什么？

刘尚希：参与市场经济的游戏就像体育比赛，起跑线假设是一样的，总是有人跑得快，有人跑得慢，这个差距的大小取决于参与者的能力。在国民能力差距扩大的情况下，尤其是出现群体性的能力鸿沟时，贫富差距不可能缩小。每个人的能力就是"起点"。

"授人以鱼不如授人以渔"，补贴、救济等只能帮助贫困群体解燃眉之急，只有帮助其提高参与经济活动的能力，并给予每个人平等发展的机会，才有可能彻底摆脱贫困。这也是调节分配、追求社会公平的目的所在。

税收的定位不是扶贫，而是完善市场环境。税收要助力"分好蛋糕"，也要助力"做大蛋糕"，更要帮助广大劳动者参与到"做大蛋糕"的过程之中。

记者：具体来说，税收应重点在哪些方面发挥作用？

刘尚希：税收应在提高国民素质、促进就业方面发挥作用。税制的完善和改革、各项政策的出台，应以能否有效促进就业、能否让更多人参与到经济循环过程中为重要考量。

目前，小微企业吸纳了社会中绝大多数就业人口。然而，这些在市场经济中最活跃的分子也恰恰是最脆弱的群体。不同群体对税负的感受各不相同，相对大中型企业，小微企业对税负的敏感度相当高，甚至区区 1 万元资金的缺口，就有可能成为"压死骆驼的最后一根稻草"。2013 年 8 月 1 日起，国家对小微企业中月销售额不超过 2 万元的增值税小规模纳税人和营业税纳税人，暂免征收增值税和营业税。该政策为超过 600 万户的小微企业带来实惠，涉及的就业人数在千万以上。在财政收入增长放缓的当下，坚持继续减税，难能可贵，这说明政府的理念在转向"抓小促大"。我建议，税收优惠政策的力度不妨再大一些，小微企业增值税和营业税的起征点是不是可以进一步提高，甚至对小微企业可以不征税？这样可以进一步降低创业门槛。

我认为，"放水养鱼"可以成为今后一个时期国家税费改革的基本方向。鱼苗多了才有可能长成大鱼，才能让市场经济的海洋更具活力，进而做大经济蛋糕，有更多的就业岗位提供给劳动者。"营改增"的试点和扩围、针对小微企业的免税政策已经开了一个好头。当然，放水应有针对性，从行业看，服务业是重点；从大小看，中小微企业是重点；

从潜力看，创业、创新是重点。

记者：一人创业带动数人甚至数十人就业，这样的社会效应是我们期待看到的。提高创业积极性，扶持小微企业做大做强，还需要哪些配套措施必须跟上呢？

刘尚希：规范税收征管，完善纳税服务，也是促进就业、服务民生的重要环节和保障。依法征税是税收制度设计和税收政策调整目标能够得以实现的保障，不规范的税收执法会造成税收收入的流失，影响保障民生、改善民生的财力，往往也会侵犯纳税人的利益，在纳税人之间产生不公平性。因此，在日常征管中，税务机关应尽量避免因自由裁量权而有可能对纳税人造成的不公平现象，严厉杜绝寻租行为。税务机关要不断提高服务质量，减轻纳税人的办税负担，尽可能为创业者、初创企业在办理涉税事项时提供便捷服务。

记者：在促进就业之外，税收还有哪些方面可以作为？

刘尚希：分配格局的变化隐含在经济循环的过程之中，只有改变了经济循环，才能改变分配格局。同时，分配格局的公平性隐含在社会结构的变化之中，只有改变了社会结构，分配才能趋向公平。在前一层意义上，分配问题隐含在转变经济发展方式之中；在后一层意义上，分配问题隐含在社会发展之中，尤其是人的能力的发展。我认为，要缩小贫富差距，应缩小每个人的能力差距，每个人都能平等发展，人的主体性才能得到彰显。这才是调节分配、追求社会公平的目的之所在。因此，税收还应在提升劳动者的能力，促进社会人力资本积累方面发挥促进作用。

具体来说，个人所得税是否可以考虑将个人进行再教育和培训的支出准予税前扣除？企业招收新员工，对其进行的基本教育和入职培训经费支出，在当年企业所得税税前扣除的比例是否可以进一步提高？现今社会上的培训机构很多，对于为普通劳动者进行基本就业能力培训、为创业者进行企业管理等相关培训、为贫困地区教师和劳动者进行培训等教育培训项目，是否可以采取轻税或免税政策？当然，对于诸如高管培训、MBA等费用高昂的"镀金式"教育，不在政策鼓励的范围之内。这些还需要社会多部门的协调配合，需要税法进一步清晰界定。

经济增长的内生动力，很大程度上决定于人力资本。就业者能力提升了，相应的，就业质量就会提升，创新能力也会提升，转变发展方式的动力也会增强。这样，才能让广大劳动者都参与到做大"蛋糕"的过程中，将"蛋糕"做大了，人们的收入自然也就增加了，生活水平也就提高了。

党的十八届三中全会审议通过了《中共中央关于全面深化改革若干重大问题的决定》，《决定》明确指出，紧紧围绕更好保障和改善民生、促进社会公平正义，深化社会体制改革，改革收入分配制度。

收入分配关系着百姓的"钱袋子"，这就要求既要进一步做大社会财富的蛋糕，为居民收入增长提供基础；也要在社会财富分配中，更加注重向居民收入方面倾斜，尤其是要构建更加合理有序的分配格局，分好社会财富的蛋糕。

（原载于《中国税务》2014年8月 记者陈黛斐、刘嘉怡采写）

税收法治是国家法治的基本体现

税改的目标是建立与国家治理相适应的现代税收制度，不言而喻，建立现代税收制度的逻辑主线是国家治理的现代化。国家治理现代化包括两个方面：治理体系现代化和治理能力现代化，即制度现代化和制度实施能力现代化。其中包含了人民主权、法治、效率与公平等基本要素。税收用之于民，也取之于民，对于落实人民主权原则至关重要。税收法治是国家法治的基本体现，税收的规范化和法治化是国家治理法治化的基础。

10月8日，国务院发布《关于深化预算管理制度改革的决定》，向社会公开了被视为新一轮财税改革"当头炮"的深化预算管理制度改革具体方案。

在不止一个场合，刘尚希曾表示，财政部门一定要做一个规则的制定者，而不是既要做裁判，又要做教练。如果财政部门对自身角色没有明确清晰的定位，这样的结果就是"把自己累死"，还可能会"犯错"。

之所以有这样的感慨，更多来源于改革已经进入深水区，在新的历史起点上，税制改革的逻辑已经不再仅仅局限于经济层面，新时期的税制改革要顺应国家治理现代化这个主线，建立有利于科学发展、社会公平、市场统一的现代税收制度体系。

在他看来，充分发挥税收筹集财政收入、调节分配、促进结构优化的职能作用才是税制改革的本源。

统筹税收收入制度与税收征管制度

《中国经营报》：2014 年 6 月底，中共中央政治局会议审议通过《深化财税体制改革总体方案》后，各界一直期盼能尽早公布总体方案内容。在税制改革领域，你认为应该如何落实？

刘尚希：完整的税收制度包括两个方面：税收收入制度和税收征管制度，二者是相互依存、相互制约的一个有机整体。税收收入制度的复杂程度决定了税收征管的难度，而税收征管能力反过来又限定了税种及其模式的选择。

实际上，税收征管就是税收政策，我国的实践也证明了这一点。一想到税制，往往只注意到税收收入制度，而忽略了税收征管制度，因而导致税制整体功能的下降。在新时期的税制改革中，应统筹谋划税收收入制度和税收征管制度的相互适应、相互协调，避免"单边改革"而降低税制改革的整体有效性。

税收的基本功能是筹集财政收入，其他调节功能是由此衍生出来的，依附于收入功能而存在，无法独立发挥作用。税收具有一定的调节功能，但其调节作用是有限的，即使是能发挥调节作用的地方，也取决于各种条件的匹配性，税收无法孤立地发挥作用，不宜夸大税收的作用。

更为重要的是，税收调节意味着区别对待，既会产生正面效应，也会出现负面影响。就此而言，税收调节具有不确定性，是一把双刃剑，使用时应综合考虑，避免出现得不偿失的后果。

《中国经营报》：现实生活中不可避免的一个问题是，我国人均税负已经过万，如果加强税收征管，是否会提高当前税负水平？

刘尚希：稳定税负是前提。就是要在保持目前实际总体税负基本稳定的前提下，通过税制改革，实现税负的结构性调整，以适应国家治理现代化的需要。

一个基本的衡量指标是财政收入增长与经济增长保持协调同步，两者之间不应差距太大。稳定税负，是在综合考虑当前及今后一个时期纳税人实际负担能力和财政支出需求的情况下作出的科学判断，是对税制改革提出的一个约束性要求。实现税负结构性调整，既需要统筹协调税收与非税收入，实施联动改革，也需要优化税制结构，调整税收政策，实现税负在税种间、产业间以及纳税人之间的优化。

税改逻辑锁定现代税收制度

《中国经营报》：党的十八届三中全会要求，要建立现代税收制度，其总依据是国家治理现代化。在此背景下，新时期的税改如何和国家治理现代化结合？

刘尚希：税改的目标是建立与国家治理相适应的现代税收制度，不言而喻，建立现代税收制度的逻辑主线是国家治理的现代化。

国家治理现代化包括两个方面：治理体系现代化和治理能力现代化，即制度现代化和制度实施能力现代化。其中包含了人民主权、法治、效率与公平等基本要素。税收用之于民，也取之于民，对于落实人民主权原则至关重要。税收法治是国家法治的基本体现，税收的规范化和法治化是国家治理法治化的基础。

税收涉及政府与市场、社会各个层面的利益关系，促进效率与公平的融合是税收的本分，也是国家治理现代化的基本要求。既然财政是国家治理的基础，税收制度的构建就要内嵌于国家治理体系和治理能力之中，作为治理基础而夯实。

《中国经营报》：新时期税制改革的逻辑主线——国家治理的现代化，对于已经实行 20 多年的分税制改革来说，要做哪些调整？

刘尚希：1994 年的税制改革搭建了我国现行税制的基本框架，之后陆陆续续修订补充，形成了构建现代税制的历史基础。今年是我国全面深化改革的头一年，整个改革站在了一个新的历史起点，财税改革也不例外。

税制改革的这个历史起点，是基于过去 20 年的改革积淀而成的。构建现代税收制度，是税制改革汇入全面深化改革大潮之后的首次目标定位，是我们在改革大潮中隐约看到的远处新税制的桅杆。与整个改革一样，税制改革也进入了"深水区"，有更多的不确定性和风险在等着我们。这需要有对税收的新认识，改革的新理念，找准新时期改革的逻辑主线，以保证税制改革不发生方向性偏差。

国家治理现代化对现代税收制度构建至少有以下要求：一是适应性与稳定性。税收制度既要随着经济社会发展的要求而作出适应性的调整和完善，也要保持基本稳定，这是保持经济社会主体预期稳定的基本条件。二是税收法定。这包括制度法定和行为法定，强化制度刚性，减少执行弹性，提高税法遵从的自觉性，维护市场统一和社会公平。三是利益协调。平衡好纳税主体间、政府间利益关系，求得改革的最大共识。同时，也要求税改要协调好与其他各项改革的关系。

税收属性的变革

《中国经营报》：从 1994 年税制体系的建立到如今现代税收制度的提出，税收属性在 20 年的发展中经过多重变化，如何接轨当前改革总体思路？

刘尚希：税收融合了个体与群体，这使税收具有了多层属性，即经济属性、社会属性和政治属性。

1994 年 1 月 1 日起实施新的工商税制，我国税制改革的历史新篇由此开始。从 1994 年起步的 20 年税制改革，是新中国成立以来涉及范围最广泛的一次深刻变革。贯穿于 20 年税制改革的逻辑主线，是推动经济的市场化改革，构建与社会主义市场经济体制相适应的税制，为资源配置的整体转换——从政府计划方式走向市场自主方式奠定税制基础。

经济的市场化改革，本质是资源配置方式的变革，以市场的自组织方式作为全社会资源配置的主导方式。这需要重构整个经济体制，为此而创造条件。

过去 20 年税制改革主要是从税收的经济属性出发的，而税收的社会属性和政治属性并未凸显。国家治理是包括经济、政治、文化、社会、生态等多元的综合系统，作为国家治理基础并渗透于政治、经济、社会方方面面的税收，其多维属性在国家治理框架中同等重要，不可偏废。应超越经济学思维，把税收置于国家治理的新思维、新理念之中。

《中国经营报》：分税制改革对当前税制改革的影响意义在哪里？

刘尚希：自 1994 年以来，按照"统一税法、公平税负、简化税制、合理分权"的改革指导思想，构建了流转税和所得税双主体的复合税制，全面完善流转税制度，实行增值税、营业税并行，内外统一的流转税制度，以及内资企业所得税和个人所得税。同时，分设国税和地税机构，明确划分各自税收管理权限，建立了国家与地方两级征管制度，税收征管更加着重税法遵从度的提升。

2003 年之后，按照党的十六届三中全会确定的"简税制、宽税基、低税率、严征管"的原则，沿着经济市场化这条改革主线不断深化税制改革。例如，增值税转型改革、内外资企业所得税法的合并、农业税的取消、成品油价税费改革、资源税改革以及营业税改征增值税试点改革等，这些改革都拓展了经济市场化的广度与深度。

整体来看，过去 20 年税制改革都是在市场化改革引导之下进行的，围绕的逻辑主线始终是构建适应社会主义市场经济的税制，为经济建设这个中心服务。应当说，过去 20 年的税制改革是经济体制改革历史进程中具有先导性、基础性和保障性的制度改革，是在当时条件下的税制创新，有力地支撑了社会主义市场经济的快速发展。同时也为分税制财政体制奠定了税制基础，调动了中央和地方两个积极性，实现了国家综合实力的不断壮大。

（原载《中国经营报》2014 年 10 月 11 日）

税制不改　减税有限

对于进入"公共服务时代"的我国来说，大幅度地减税是不现实的，只能是做结构性调整，使现有宏观税负水平下的税负分布变得更加合理。

自 2008 年底开始实施结构性减税以来，减税的步伐迈得并不是很大。现在个税调整终于浮出水面，中国的结构性减税会否由此加速？本报为此专访了财政部财政科学研究所研究员刘尚希。

《投资者报》：随着个税即将调整，人们对进一步减税的期盼骤然加大。从税收改革的方向上看，是否会进入减税时代？总体上宏观税负（税收 /GDP）会否由不断走高转向下降？

刘尚希：我国税制改革的方向早就明确了，那就是四个字：简、宽、低、严。四个字对应四句话：简税制、宽税基、低税率、严征管。

近一个时期以来，由于受到社会上种种情绪化、理想化舆论的影响，税制改革大有偏离上述改革方向的趋势，越来越集中于一个"低"字，似乎只要低税，就万事大吉。例如个税改革就很典型，不少人大代表、政协委员，几年来都是谈论那个"起征点"。我们也测算过，如果费用减除标准提高到 3000 元，纳税人数占工薪收入人数的比例从 28%降到 12%；如果提到 5000 元，则这个比例进一步降低到 3%，若是进一步提升，纳税人比例将会降低到百分之零点几。那样，个税就变成了一个针对少数人的"调节税"，而不是普遍征收的国民税。直接税的税基由此进一步变窄。

由所谓"馒头税"引发的讨论，不少观点认为应当大幅度降低间接税（如增值税、消费税、营业税等）的比重，若是这样，直接税的比重就应提高。显然，这是互相矛盾的诉求。对于进入"公共服务时代"的我国来说，大幅度地减税是不现实的，只能是做结构性调整，使现有宏观税负水平下的税负分布变得更加合理。

《投资者报》：2008 年底我们开始施行结构性减税，按官方的说法是 2009 年减少了企业及居民 5000 亿元税收，现在有人评判，结构性减税是方向正确力度不够。您怎么看待？

刘尚希：实行结构性减税，实质上就是对税负实行结构性调整，减轻一些人的税收负担，而同时增加一些人的税收负担，或使一些人的税收负担不变。要改变税收负担的分布，必须通过改革的办法才能实现，在税制结构不变的情况下，仅仅降低税率，或实行减免等优惠措施，结构性减税的力度是十分有限的。

最近公布的个税调整方案就是结构性减税措施，同样，针对企业的结构性减税，也需要通过税制改革的办法，例如之前采用过增值税转型，当前正在讨论的"增值税扩大范围，缩小营业税征收范围"、"提高资源税的征收面，提高其税负水平"、开征环境税，促进外部成本内部化，如此等等，都需要税制改革。

《投资者报》：近年以来，我们的社会消费品零售总额增幅不理想。实施减税，对于惠民生、扩内需（主要指消费）方面，功效究竟如何？

刘尚希：减税的功效首先直接表现在企业、居民个人的可支配收入增加。但可支配收入增加，并不意味着就有利于民生和扩大内需。企业利润增加，如果主要是在大型企业，则对就业影响小，对改善民生并无多大作用。如果是高收入阶层的可支配收入增加，则对扩大内需尤其是消费需求的作用微乎其微。所以不要简单化，以为只要减税就会产生惠及民生、扩大内需的效果。

《投资者报》："十二五"规划中保障民生是很重的一块，在此方面的投入应该会越来越大；同时，政府又要实施结构性减税。财政收支如何平衡呢？

刘尚希：民生是发展的根本出发点和落脚点，很自然，改善和保障民生也离不开政府的投入，尤其是教育、医疗、社保、住房保障等公共服务消费都需要政府加大投入。在人类社会进入风险社会的阶段，公共服务消费或者说公共消费变得越来越重要，而且从总的趋势来看，在社会总消费中，公共消费的比重将呈现上升的趋势。这将面临着政府的钱够不够的问题。

从世界视角来看，不少国家，一方面选择了减税，另一方面选择了扩大债务，例如美国，减税不少，但同时赤字和债务都创历史新高。税、债都是政府的筹资手段，但其风险是不一样的，需要谨慎权衡。一旦选择不当，将造成严重后果。

（原载于《投资者报》2011 年 5 月 3 日）

政府征收过头税的原因与破解

政绩考核除了看经济增长指标，也看财政收入的增长，上级对这两个指标都很看重。如果 GDP 上去了，财政收入没有上去，也会觉得政绩不突出。更进一步的，地方政府的短期化行为，与行政体制、干部的任期制有关系。改革指导在于，首先得稳定地方主政官员的任期，任期五年，就要做满五年，不要随便调动；再一个是政绩观，对下级政府做的事，不仅要有看得见的，还要看他做了哪些看不见的、为子孙后代造福的事。此外，还需注意的是，政绩往往是看得见的，风险往往是看不见的。要做一些风险评估，地方政府的这些做法风险有多大。这样自然会矫正"只做短期的，不做长期的"行为。

临近年底，全国多地爆出了征收"过头税"的消息。收过头税是财政部和国家税务总局三令五申禁止的行为，并且税收行为有明确的法律规范，那么，地方政府为何会"公然违法"？"过头税"问题的深层次原因是什么？《新京报》记者专访了中国最早系统研究财政风险的学者、财政部财政科学研究所刘尚希研究员。

政绩观决定过头税

《新京报》：中央多次强调不能收过头税。税收征管法规定不许提前收税。为什么还会有地方这样做？

刘尚希：按理要依法征税，按照税法规定，能收多少算多少。但在实际操作中，税务人员完全按照法律操作有难度。实际操作是按照税收任务去执行的。任务一旦定下来，就必须尽力去完成。如果经济下行，又不及时调整任务量，有些地方就会收过头税。税收任务实际上也是层层分解，税务系统内部其实也有这样的考核。依法征税没有真正做到位，法制化还有一个过程。

《新京报》：税收任务层层分解，是不是摊派？

刘尚希：和摊派不一样。任务分解，会根据税收任务的实际进度进行比较，看完成了多少，根据这个来考虑收税的情况。比如时间过半，任务未完成过半，就要加大征管力度。这个任务不是直接摊到企业，而是分解到各个征税机关。

《新京报》：如果任务分解到某一个征税点，会不会出现对辖区企业摊派？

刘尚希：一般不会，它也有一个综合考虑，这个企业实在没税源，不可能逼着它去卖资产来交税。榨油的话，也要考虑有油可榨才行。

若是摊派的话，就不管那么多了，交不起也得交。所以分解税收任务不是摊派，而是在依法治税水平还不高的条件下征税的一种辅助方法。

《新京报》：税收征管法规定了处罚措施，也不能阻止收过头税吗？

刘尚希：收过头税，如果是政府行为，处罚谁？处罚一级政府？国外为什么这种现象少？你收企业的过头税，它会告你。我们国内的企业就不敢告，怕政府。其实，国内这些企业平时多多少少都会有偷税漏税，它要告政府的话，没有好果子吃。收过头税的时候，企业的腰杆子也不硬气。

《新京报》：根据调查，即便经济下行，一些地方为了保财政收入增长而收过头税。

刘尚希：这还得从体制环境上分析，政绩考核除了看经济增长指标，也看财政收入的增长，领导对这两个指标都很看重。如果 GDP 上去了，财政收入没上去，就觉得政绩不突出，就会想方设法把任务分给各个市县去完成。

有的地方"空转"甚至"买税"

《新京报》：任务指标是根据预期情况定的，但是今年的经济形势变化了，税收任务可不可以调整？

刘尚希：如果经济情况很糟糕实在完不成，可以调整预算。如果不调整预算，赤字就会扩大，这里面有一定的弹性，但不是很大。

《新京报》：预算调整谁来决定？

刘尚希：政府的预算调整要经过人大。

《新京报》：如果完不成任务的话，政府会去要求调整预算吗？

刘尚希：预算的调整是一个整体的考虑，根据整个宏观经济的预测来确定，它没有办法一个一个企业去考虑具体情况。在这种情况下，如果地方经济没有恶化的话，一般就不会调整预算。

当然，一般预算确定之后，完不成的情况很少，政府会千方百计完成，有的会收过头税，有的地方做"空转"。

《**新京报**》："空转"是什么？

刘尚希：空转就是，比如向企业收500万元的税，企业说我亏损呢，地方政府说没关系，我帮你贷款500万元。然后就以某种支出的名义，支持企业500万元还贷。那么对于地方来说，收入扩大了500万元，支出也扩大了500万元，转了一圈，数值做大了，政府可支配财力没增加。如果上面搞得下面压力太大，一些地方就会采取这种办法。

《**新京报**》：这样做受损的是谁？

刘尚希：对于一些地方来说，一方面它是完成了税收指标，财政任务也完成了，政绩考核也做得不错，收支都上去了。表面上皆大欢喜，但是实际上严重的短期行为会导致以后财政压力更大。这样做，社会成本扩大了，交易成本增加了。

《**新京报**》：还有一些地方"买税"，这是怎么操作的？

刘尚希：比如在一个县里，各个乡镇发展不平衡，甲乡完不成任务，乙乡完成有富余，甲乡就把乙乡的税买过来。入库的时候就说是甲乡收的税，这样甲乡的任务就完成了。但是甲乡要付给乙乡一笔钱，买税也要成本。

《**新京报**》：通过不正当手段完成了，明年上级会不会继续增加任务量？

刘尚希：是啊，它后面的压力就越来越大。不过领导说不定调走了，过一年算一年吧。这是个短期行为。平白无故就损失一笔买税的钱，什么都没增加。

任期短会少考虑全局

《**新京报**》：用GDP考察官员政绩，会提出一些增长要求，地方官员能有其他选择吗？

刘尚希：考核的方式应该更科学。除了 GDP 考核以外，还应该有其他的考核。目前考核体系下，如果你是市长或者书记，你首先会想做点事，而且会做一些看得见的事，而不是做一些前人栽树后人乘凉的事。对于国家整体发展和地方局部发展怎么协调，很少考虑。

《新京报》：出现收过头税的现象，是不是表明地方的财政压力过重了？

刘尚希：这个实际上有多方面的原因，是在复杂的体制背景下所形成的一种行为。政府会尽可能地增加收入，因为没有钱什么事也办不了。地方政府的短期化行为，与行政体制、干部的任期制有关系，有的干不了一届，甚至干不了一两年就调走了，都是刚刚熟悉情况，赶紧做点事，这个积极性挺好，但是如果没有统筹协调，就可能起副作用了。

《新京报》：有观点认为，上次税改国税拿得多，地税少了，现在应该再次进行税改，释放制度上的红利。

刘尚希：这个就要权衡了，中央拿少点的话，转移支付也就少了，像全国基本公共服务这样的目标也得要重新考虑了，可能做起来就要慢很多，标准也要低一点。中央少拿一点，像平衡地区差距、统筹城乡发展这类的事情就做不了了。中央拿的钱越少，区域发展的差距就会越大。从地方个体来看，钱百分之百留在自己这里最好；但是从一个国家整体来看，只考虑本区域利益，是不行的。

《新京报》：你赞成这样改革吗？

刘尚希：中央收入已经降到 50% 了，还要怎么降？没有任何一个国家中央财政收入占全国的比重低于 50% 的，这涉及国家的长治久安和全国的统筹协调发展。财政能力是行政能力的体现。实际上，大多数的钱已经转移给地方去花了，不存在中央花钱太多的问题。现有的中央集中度还是比较合适的，长远看，我还认为应当略有提高，当然，中央的支出责任也相应扩大。

"大跃进"增加财政压力

《新京报》：地方的财政压力主要来自哪些方面，要怎么缓解？

刘尚希：地方的压力实际上是来自两个方面，一方面是自己给自己加压，比如在城镇化建设方面，你追我赶"大跃进"。例如 100 多个城市都提出要建设国际化大都市，搞地铁，标准提得很高。本来十年干的事，要两年就干完，那你多少钱都不够；再有一个，上级各部门都是从自己的角度给地方提出各种各样的要求，搞教育的强调教育重要，搞卫生的强调卫生重要，哪个都重要。这就是说"上面点菜，下面埋单"，点的菜太多了，点的标准太高了，地方就买不起单了。

《新京报》：各地之间竞争不是好事吗？

刘尚希：地方政府的竞争现在有些类似于企业的竞争，都是考虑自己的利益。这么考虑问题是对的，但需要协调，而不是放任不管。在政府内部，县里这么做需要市里来协调，市一级这么做需要省里来协调。实际上都要有上级的协调，全国得有一个综合平衡。上级政府不协调，撒手放开搞，这样就出问题了。都想大干快上，钱是有限的，只能把压力转移到更下一级。

《新京报》：现在这种情况下，怎么避免官员行为短期化？

刘尚希：首先得稳定地方政府主政官员的任期，任期五年，就要做满五年，不要随便调动。再一个就是政绩观，对下级政府做的事，不仅要看看得见的，还要看他做了哪些看不见的、为子孙后代造福的事情。考察地方主政官员，不能只看他 GDP 搞了多少，有多少招商引资，城市建设是不是很靓丽，还要看他是不是借了一屁股债。

　　别看经济增长了，财政增长了，风险说不定哪一天就爆发了。比如说收税收多了，企业不行了，杀鸡取卵，风险就会暴露出来。政绩往往是看得见的，风险往往是看不见的。要做一些风险评估，地方政府的这些做法风险有多大。做风险评估的话，自然会矫正"只做短期的，不做长期的"的行为。

　　　　　　　　（原载于《新京报》2012 年 11 月 29 日　记者宋识径、王磊采写）

"小火慢炖" 式减税

这种减税不是大规模地进行。在经济下行的情况下，如果减税过多，就势必会加大赤字和债务，放大财政风险。当前公共支出刚性化趋势越来越明显，对减税形成一个约束。应该把减税当药吃，不能当饭吃。

一段时间以来，中国的积极财政政策已经由需求面转向供给面，结构性减税是其最重要的措施之一，广受关注。尤其是在当前经济下滑，财政收入增速下降，社会各界对政府性债务普遍担忧的情况下，结构性减税能否彻底执行下去，成为观察中国财政政策方向和执行力的重要切入点。

本刊记者就此采访了财政部财政科学研究所研究员刘尚希，请其解读政府方面主动减税的逻辑。作为接近政策部门的学者，刘尚希对政府的财税政策逻辑有清晰的把握，其重点研究领域包括财政风险控制、收入分配和经济发展方式转变等，对于理解当前中国的财政问题，都有很强的针对性。

把减税当吃药

《南风窗》：结构性减税已成为当前中央财政最重要的措施之一。从政府的角度看，其内在的政策逻辑是什么？

刘尚希：提"结构性减税"，主要是为了区别"全面减税"，进行有针对性的减税。这种政策，既避免一次性大规模减税超出财政的承受能力，同时又给予"小火慢炖"式的税收支持，以增强微观活力，促进相关产业、企业的转型升级。目前中央政府实行的结构性减税，主要包括"营改增"按行业全国推广和小微企业免增值税和营业税等。

从结果来看，减税一般分两种：一是经济性减税，即随着经济下行，税收与之相应地下降；二是从制度上调整降低税率，像目前正在进行的"营改增"和小微企业减税等。

以前有个专门的研究，发现经济增长率9%是个临界点，增长率超过9%，税收增长就会大幅上升。随着经济速度下降，低于9%，税收也会大幅下降。

一般出现经济性减税时，不会进行制度性减税。但中国目前是两者相叠加。从这里可以看出政府宏观政策转向和执行的决心。

以前，中国的积极财政政策主要是从加大需求出发，而现在转向供给一端，其目的是通过调整结构，加大社会活力，来促进经济的发展，结构性减税正是其中最重要的内容之一。

另一方面，这种减税不是大规模地进行。在经济下行的情况下，如果减税过多，就势必会加大赤字和债务，放大财政风险。当前公共支出刚性化趋势越来越明显，对减税形成一个约束。应该把减税当药吃，不能当饭吃。

总体上，减税是最近几年中央财政政策的基调。同时，政府还在削减各种收费，从总体上减轻社会的税费负担。

《南风窗》：您觉得结构性减税措施，还有哪些可以改进的空间？

刘尚希：从当前的实际情况看，应该进一步加大中小微企业的减税力度。这一政策会产生包括稳定和增加就业、调节收入分配、引导社会创新和促进城镇化等多层效益。

中小微企业是就业的主要领域，虽然中国现在的就业形势还可以，但要防止可能出现的经济进一步下滑。从现实看，许多经济社会创新主要也是由中小微企业完成的。创业的人多了，就业的人多，整个经济形势就会活起来。

另一方面，这种减税对总体税收的影响也不会太大。尤其是小微企业，在税收比例中占比不大，很零散，收取成本也高。

国务院对部分小微企业免征增值税和营业税的政策已经开了一个好头，涉及的就业人数达千万以上。放水养鱼，应成为今后一个时期国家税费政策的基本方向。

当然，税收政策的导向总体应该是鼓励市场竞争，对一些没有竞争力的企业和产业，该破产的就应该让它破产，不能通过税收保护的方式对冲市场竞争，保持落后产能。

不能就财论财

《南风窗》：在经济下行和财政减收严重的情形下，目前的减税措施是否能一直执行下去？一段时间以来，已经有不少来自地方收取"过头税"的消息。

刘尚希：从上到下，政府的财政压力都很大。但从整体财政状况来看，中国的财政实力这些年来大大增强，对结构性减税有相当大的承受能力。现在的风险在可承受的范围内，没有到出现财政危机的程度。

目前对中国政府的债务，尤其是对地方债的判断，各方很不一样。社会上的确有不少人认为，中国可能要发生地方债危机了。我认为，地方债仍总体在可控范围内。虽然因为不透明，引发了许多大胆的猜测，但 2011 年审计出来的 10.7 万亿的债务总量是可靠的，近两年来债务总量有所增长，但量并不那么大，还没有到不可控、出现危机的程度。

财政压力也有好处，可以倒逼政府转变职能，多办事，少花钱，促进支出结构调整，提高花钱的效果，减少铺张浪费。财政不承受一些压力，这些压力经济就会承受。财政主动加压，正可以减轻社会的压力。

收过头税、乱收费等短期行为，主要来自地方政府。中央是看得很清楚的，所以才会坚持结构性减税政策。

尽管社会公众的福利性要求也越来越高，财政支出压力也在加大，但当前结构性减税，将来会带来更多的税源和形成更宽的税基，税收增长反而会更快。减税重在形成良好的市场环境，形成向上的预期，激活微观活力。就财论财，仅仅放在财政收入本身来考虑财税政策，会很狭隘，危害长远利益。

（原载《南风窗》2013 年 8 月 28 日　记者覃爱玲采写）

"运用税收改变消费状态"或"税负与公共服务水平相匹配"

税负高并不一定就是"痛苦的",高福利国家的高税收并不一定会引起居民的强烈反感。其原因在于,在高税负的同时,政府为居民提供了较高水平的公共服务。由此可见,老百姓对税负痛苦指数的关注,很重要的一个原因是政府公共服务带来的"快乐"与税收带来的"痛苦"不相匹配。

不久之前,李克强在就任总理后的首个新闻发布会上,曾不下20次提及"改革"一词,而且发誓要打破既得利益,以确保经济转型和保持长期稳定增长。不少分析认为改革的重点将会更多地侧重于促进收入分配和刺激民间消费的财税改革、降低经济增长对投资和出口的依赖,以及推动内需的下一阶段城镇化建设。

如何通过税收改善消费状态,实现消费拉动增长的良性发展,成为财税改革绕不开的话题。近日财政部税收科学研究所出版的《税收和消费报告》一书从学术角度深入解读了税收和消费的关系,以及改善消费状态的税制改革建议。作为该项研究的负责人,财政部财政科学研究所研究员刘尚希接受了《华夏时报》的专访。

税收不会收敛到定向的"靶"上

《华夏时报》：传统的认识中，税收具有很强的针对性，能够通过精准调控达到一些宏观调控目标，此次您站在税收和消费的角度研究，结论好像不尽然？

刘尚希：在对税收作用的流行认识中，通常把税收作用视同一把枪，政策实施者可以像枪手一样进行精确的定向操作。但是税收尽管表面上看有很强的针对性，但其作用的过程具有随机性，实际的作用具有明显的发散性特征，不会收敛到一个定向的"靶"上。

沿着"增加可支配收入——扩大消费需求——提高居民消费率"的路径来发挥税收作用，并非是确定性的。基于扩大内需战略的扩大消费，不只是量的增加，而应是"消费状态"的改善，即最终消费率的提升、消费差距的缩小和消费安全的强化。若只是针对其中的某一点来运用税收政策，都将是无效的。面对"消费状态"，税收的作用对象不是"点"，也不是"线"，而是"面"，是影响消费的各种因素构成的系统。因此，运用税收来改善消费状态，用打靶式的税收调节是无效的。面对影响消费状态的各种因素，需要辩证施治的税收综合调理。

《华夏时报》：怎样理解您刚才所说的"运用税收来改善消费状态"？

刘尚希：消费应被视为一种状态，即"消费状态"，它至少由消费率、消费差距和消费安全三个基本要素组成。而这三者是相互影响的，税收的作用在这相互影响中是不确定的。

举例来说，按照常规的认识，扩大消费就是要提高国民消费率，而要提高国民消费率，离不开增加居民可支配收入，从理论分析，减少个人所得税可以直接增加居民可支配收入，但是收入增加的结果可能是增加储蓄，也可能是消费外流。

在这里，消费的安全性会产生重要的相关性影响。如果消费的安全性下降，即使有钱，居民消费也不会扩大。奶粉是一个典型的例子。由于三聚氰胺的影响，国产奶粉的信任度一落千丈，奶粉的消费不断外流，国内奶粉消费也不断萎缩。在消费安全性整体较差的情况下，用税收刺激消费看似符合逻辑，但无法对消费率的提高产生定向的作用。

目前我国的现实则是，消费状态在恶化，出现了消费率下降、消费差距拉大和消费不安全扩大的现象，并存在消费贫困扩大与奢侈性消费扩大并存、物质消费过度与精神文化消费不足并存、居民消费与政府消费不协调和居民消费结构不协调等消费结构失衡的问题。

税收在"奢侈消费"中的角色

《华夏时报》：您上面提到中国现在奢侈性消费扩大。事实的确如此，如今奢侈品消费外流现象越来越被关注，由此引发的降低奢侈品进口关税还曾经引起过不同观点的交锋，您如何看待税收在这个问题上扮演的角色？

刘尚希：当前对这个问题的认识是有误区的。进口奢侈品中包含税收，如关税和增值税等，但不是造成奢侈品在境内外价格差异较大的原因。针对中国旅游者在国外大量采购奢侈品的现象，有的认为国内消费者与其在国外消费，不如降低进口环节税收，从而降低价格，设法将其留在国内。持有这种想法的人其实很多，以为降低进口环节税收，奢侈品价格就会应声而落。其实，奢侈品价格决定于需求，与税收无关。例如印度的同类奢侈品价格比我国低，但其进口环节的税收却不比我国低。因为印度对奢侈品的迷恋程度远不如我国，需求没有我国这么旺盛。

通过扩大进口来扩大消费，并不是扩大内需，那只是拉动国外的经济。况且奢侈品消费只是整个消费中的一部分，尽管我国的奢侈品消费量在不断地增长，但与整个消费量相比还是只占小部分，扩大国内消费需求还是需要依靠一般消费拉动，而不是奢侈性消费所能支撑的。因此，我国不应大规模地降低奢侈品的进口税收。当前应依据国内生活水平的变化，调整奢侈品的范围和标准。对于任何国家，即使是发达国家，鼓励奢侈性消费都不应是政府所为。

《华夏时报》：除了奢侈品，高房价也越来越成为举国上下共同关注的问题，从财税体制来看，应该如何设置从而调控目前的房地产市场？

刘尚希：房价的过快上涨，是房地产市场不健康的表现。房地产市场与税制相关，但税制无法决定房地产市场的健康状况。税制对房地产市场只产生边际作用。从根本上看，是我国的住房供给模式造成的，如果实行多元化的住房供给模式，房价就不会涨得那么快。当然，房地产税制、房地产税收征管的不完善，也使得税收的调节作用没有充分地、有效地发挥出来。下一步的房地产税制改革，包括房产税在内，应综合考虑，不能单独考虑其中一个税种。在改革的导向上，以激励合理需求为主，抑制投资投机性需求；对开发建设保障性住房，实行减免税，以扩大住房供给。对个人购买普通住房与非普通住房、首次购房与非首次购房，实行差别化税收政策。对于保有环节的房产税，应主要针对多套房以及豪宅，以调节住房资源的合理配置。因此，个人房产税应当定位为住房调节税，而不是普遍征收的国民税。

不匹配的"快乐"与"痛苦"

《华夏时报》：近年来，关于中国综合税负过高的社会声音一直很大，减税呼声不断，您怎么看待中国的总体税负情况？

刘尚希：关于财税政策，当前社会上有三种典型观点：一是大规模减税；二是大规模增加社会性支出；三是减小政府赤字，防范债务危机。财政的三个要素——收入、支出和差（盈余，或赤字）是一个三角关系，无论怎么做，都只可能实现其中一个或两个选项，并都存在风险，不可能同时做到，所以只能是一个风险权衡的结果。

财政政策应该从整体上考虑，综合平衡兼顾，如果减税，就要考虑减少支出，或加大赤字。

财税制度与一个社会的文化高度相关。一个社会实行高税收、高福利，还是低税收、低福利，并不是政府想怎么做就能怎么做的。社会是一个复杂系统，方方面面都要关照，各个方面都要权衡，要维持财政和经济两个可持续，两个不能偏废，最终才可能保障社会的可持续发展。

当前财政政策的主要目标还是考虑化解经济的总体风险。当前中国经济最主要的矛盾是结构失调、不平衡，属于供给端的问题，靠需求刺激解决不了。所以中央政府将政策基调放在减税上，但也会把财政风险控制在可承受范围之内。按重要性排序，应该是先重点解决结构性风险，同时兼顾民生的改善和保障。结构性风险不排除，大规模搞福利政策只能是痛快一时，不可持续。陕西神木县这个案例值得借鉴。任何走极端的行为都是不可行的。

这些年中国的财政政策，我认为从大的方面，基本上与社会需求相吻合。

前几年财政收入高增长，医疗、教育、科技创新、"三农"和环保等各方面的投入增长很快，要求加大投入的呼声至今都很高，而财政的钱是有限的，需要统筹兼顾。对于一个有着 13 亿多人口、且发展不平衡的发展中大国来说，要做到统筹兼顾并不容易。其关键是要做到经济可持续、民生改善可持续和财政可持续。若其中有一个不可持续，对中国而言都是一场灾难。

《华夏时报》：贫富分化加剧，人们对税收调节收入分配的愿望越来越强烈，税收在调节收入分配以及影响消费方面，应扮演什么样的角色？

刘尚希：改革开放尤其是 21 世纪以来却出现了两种趋势，一方面流转税比重下降，所得税比重提高，另一方面国民消费率却一直呈下降趋势，由此看来，流转税对消费是否具有抑制作用，还取决于其他条件，税收负担结构即税负在不同收入阶层之间的分布情况就是一个重要因素。也就是说，税负主要是由高收入群体承担，还是低收入群体承担，除了税类结构外，税收负担结构也会对消费状况产生影响。

由于我国的初次分配差距迅速扩大，既定税制下形成的税收负担分布也由此进一步被扭曲，其对消费的影响也相应被放大。特别是劳动者报酬在国民收入中的比重长期以来不断下降，在税制没有调整的情况下，这会使劳动者承担的税负相对加重，而投资者、资本管理者的税负相对变轻，从而产生税收对消费一定的抑制作用。在改善初次分配格局的基础上，如何平衡劳动和资本之间的税负是今后税制改革的一个重大课题。

《华夏时报》：以间接税为主的税制结构被认为是我国税负偏高，消费率偏低的重要原因，增加直接税减少间接税是不少人呼吁的减税方向，您怎么看？

刘尚希：所得税、财产税和流转税等不同的税类对消费的影响各不相同。一国总是同时课征了多种税收，因此，一国的税制结构中以何者为主体，也就表现出对消费的不同影响。但在一定税制结构下所表现出来的税收收入结构，是通过一定阶段的人均收入水平来实现的。或者说，税收收入结构以何者为主体是随着人均收入水平的变化而变化的。达到高收入阶段，就会以所得税为主体；在此之前，就会是以流转税为主体。我国以流转税为主体，主要是收入水平决定的。在这种情况下，流转税对消费的影响无疑要比所得税大一些。因此，从方向上看，实施以流转税为主的结构性减税，是改善消费状态的一个重要途径。

《华夏时报》：我国的税负痛苦指数一直处于排名靠前位置，是不是与我国直接税比例偏高有关？

刘尚希：普通居民对福布斯税负痛苦指数的关注，实质上是对政府财政收支的关注。税负高并不一定就是"痛苦的"，高福利国家的高税收并不一定会引起居民的强烈反感。其原因在于，在高税负的同时，政府为居民提供了较高水平的公共服务。由此可见，老百姓对税负痛苦指数的关注，很重要的一个原因是政府公共服务带来的"快乐"与税收带来的"痛苦"不相匹配，希望政府将税负水平和公共服务水平匹配起来。虽然发展中国家与发达国家无法在同一个水平上提供公共服务，但我国现有财力水平下提高公共服务的水平和质量仍有较大的余地。

税负痛苦指数的排名在我国引起广泛关注和讨论，这一点也值得我们深思。即使存在一些非理性的，甚至是很情绪化的争议，也需要反思现行税制以及税收政策可能被忽略的缺陷和问题。若能借机推动税制改革，那将是一件好事。

（原载于《华夏时报》2013 年 4 月 13 日　记者吴丽华采写）

税收对贫富差距调节有限

税收调节功能取决于税收收入规模，只有收入规模达到一定程度，调节功能才会发挥作用。而我国个人所得税的比重很低，占财政收入的比重不到6%。个税6%的比重，实际上调节功能很弱小。此外，即使在美国个税占比很高，税收制度体系已经比较完善的情况下，其税收调节功能依然是有限的，甚至也存在逆调节的情况。

财政部财政科学研究所研究员刘尚希认为，财政收支矛盾毫无疑问越来越尖锐了。一方面是支出由于过去的惯性高速增长，刚性的、社会性的支出只能上不能下；另一方面，财政收入增速明显下滑。

不突破3%赤字率是前车之鉴

《新京报》：2014年8月新预算法通过人大审议，您曾表示，新预算法管住政府"闲不住的手"，这句话如何理解？

刘尚希：新预算法开宗明义就是要规范政府收支的行为，政府的行为离不开钱，规范政府的收支行为实际上就是规范政府行为。规范政府行为有利于处理好政府与市场的关系，更好地让市场发挥决定性作用，防止政府乱作为或者不作为。政府与市场关系的理顺主要在于政府的行为如何规范，当前来看，一方面是简政放权，另一方面则是通过预算法来规范政府行为，使政府的"有形之手"更加依法依规地行使职能，避免无序随意地干预市场。

另外，通过预算法规范政府行为，实际上也是规范政府资源的配置，政府资源的配置会影响市场资源的配置，所以新预算法也是利于市场在资源配置中更好地发挥决定性作用。

《新京报》：根据新预算法，未来地方政府融资只能通过政府债券的形式。有观点认为要满足地方政府资金需求，就要扩大赤字规模，不宜死守3%红线，您怎么看？

刘尚希：这是一种误解。我们尽量不突破3%的赤字率也是为了财政安全。世界其他国家已经有前车之鉴，出现债务危机就是因为债务额不断飙升造成的，我们要吸取教训，保证财政的可持续性。

涉及地方政府融资的问题，举债和融资是不相等的，地方政府融资可以有多种方式，举债是其中一种方式，PPP（公私合作模式）也是一种方式。PPP并不形成政府债务。在政府举债规模有限的情况下，有些项目就可以通过PPP的方式解决融资需求。比如在基础设施建设领域，一方面可以通过举债来搞基建，另一方面也可能通过政府与社会资本的合作来搞基建，两者异曲同工。

目前土地收入使用存在乱象

《新京报》：地方政府目前对土地财政的依赖程度怎样？

刘尚希：目前地方政府对土地确实有依赖性，这种依赖性是因为在基础建设过程中的融资使土地成为一个杠杆。土地可以抵押和质押等，地方政府通过这些方式扩大了其融资规模。

问题在于不能过度利用土地杠杆，杠杆率太高风险就会扩大，所以这个度要把握好，这就要求地方政府在城镇化建设中不能贪大求快，深层次来讲就是要改变政绩观。土地财政的关键是风险控制问题。

《新京报》：我国土地财政的风险控制情况如何？

刘尚希：过去的风险控制确实存在制度上的不规范。首先，是过度利用了土地杠杆，没有控制机制，没有风险评估，这就导致了滥用土地杠杆融资。其次，土地出让收入的使用不是很规范和透明，目前土地收入的使用还存在乱象，这些方面都有待改善。

可考虑开征地方性税种

《新京报》："营改增"后，是否有其他税种能够替代营业税成为地方主体税种？

刘尚希：这不是简单的一个主体税种的概念，而是要综合考虑，涉及若干税种，要从整个税制的角度来完善地方税体系。

《新京报》：具体会涉及哪些税种？

刘尚希：资源税改革后，地方收入会增加，但这是不平衡的，主要是资源丰富的地区收入增加；消费税经过改革后也可以按比例分给地方一部分；房产税开征后，地方也会增加一些收入。

还有一种方式就是赋予地方一定的税收的权限，可以考虑地方因地制宜开征地方性税种。比如旅游资源丰富的地方，可以考虑开征旅游税。由于各地区发展条件和产业结构不同，税源结构就不同，地方税体系建设应当有所差异，不能一刀切。

《新京报》：允许开征地方性税种不会造成滥征税的局面吗？

刘尚希：这个不会。开征地方性税种需要人大授权，不是想开征什么税就开征什么税；另外，地方要发展经济也会考虑到地区间的竞争，增加税种不容易招商引资，一般来说，在我国地方政府增加税种的积极性不是很高。

部门本位主义"化掉"了改革动力

《新京报》：财政收入增速在下滑，而未来在社会福利和基建方面的支出会增加。收支矛盾是否会越来越尖锐？

刘尚希：收支矛盾毫无疑问越来越尖锐了。一方面是支出由于过去的惯性高速增长，刚性的、社会性的支出只能上不能下，比如教育、医疗和社保等方面的支出，不像经济性的支出可以是波动的；过去支出的高速增长形成了比较高的基数，这对未来财政支出的压力相当大。另一方面，随着经济增速下了一个台阶，财政收入增速明显下滑。这样收支矛盾就加剧了。

《新京报》：那该如何缓解矛盾？

刘尚希：缓解收支矛盾的办法就是控制支出的整体增长速度，现在已经不能像过去那样维持财政支出的高速增长了，这是不可持续的。要调整支出结构，重点支出要保证，但有的经费需要压缩，还有一些用于支持产业发展的补贴可以考虑调整，比如竞争性市场可以发挥调节作用的，政府就不用花钱补贴这类项目了，这种扶持类支出项目没有必要，反而会阻碍市场资源配置。另外，缓解收支矛盾很重要的方面就是要提高预算和支出的绩效。

《新京报》：您提到财税体制改革进入了"深水区"，有更多的不确定性和风险在等着我们。并且改革要忍痛才能到位。在改革的过程中有哪些阻力和风险?

刘尚希:财税改革涉及政府各个部门的职能、权力和利益。比如专项转移支付的调整就是难度很大的事情,我们现在明确提出要压缩专项转移支付,扩大一般性转移支付,但专项转移支付与各个部门紧密联系在一起,压缩专项转移支付就意味着压缩政府相关部门的权力和利益,这些部门就不同意。

过去像这一类的改革推了很多年都没有效果,就是因为各部门基于部门自身的考虑,部门本位主义无形中"化掉"了改革的动力,克服部门本位主义是推进改革的重要一环。

靠税收调节贫富差距作用不大

《新京报》:您曾表示税收对调节收入和财产差距其实作用不大?

刘尚希:税收调节功能是有限的,我们现在把税收调节的作用想象得过大了。我国个人所得税的比重很低,占财政收入的比重不到6%,税收调节功能取决于税收收入规模,只有收入规模达到一定程度,调节功能才会发挥作用。个税6%的比重,实际上调节功能很弱小。另外,即使在美国个税占比很高,税收制度体系已经比较完善的情况下,其税收调节功能依然是有限的,甚至也存在逆调节的情况。比如巴菲特就曾说他缴的税比他员工缴的税少。

《新京报》:那应当如何调节贫富差距?

刘尚希:调节贫富差距的着力点应当是促进机会公平。我们所面临的贫富差距扩大主要是因为机会不平等,这种机会不平等有多方面的因素,比如城乡差别问题,城乡人口在就业、就学和就医方面存在不平等，这是由于制度原因造成的。政府应当做的是促进机会平等，而不是大家都坐享其成，等着把收入划平，这不利于整个国家的发展。

（原载于《新京报》2014 年 11 月 16 日　记者李蕾采写）

税，怎么收？谁来定？

税法变成良法，很重要的方面，除了税制改革的实践以外，还有就是社会的参与。因为税收是涉及大家的，收税不是关起门来收税，涉及各方的利益，社会不同的阶层、不同的群体、不同的地域，老百姓都应当来发表意见。立法要保证质量很重要的一条就是要开门立法，就是民主立法，这样才可能做到科学立法，才能保证立法的质量。

沈竹：税怎么收，到底谁来定，今天我们特别邀请到了财政部财政科学研究所刘尚希研究员来参与我们的讨论。

应该说，一段时间以来，关于税的讨论特别热闹，不管是加税还是减税，都纷纷成为大家议论的对象。大家心里是有一个预期的，有的税是不希望加的，尤其是不希望立法之前加，有的希望减。所以，预期和政策出台始终是不会同步的。但是，提到燃油消费税，大家就会说，立法法出台之前，会不会像原来那样，继续沿用老办法，继续将消费税根据国际油价的变化去变化，或者根据我们政策的需要去变化？然后，个人所得税会不会根据我们的收入，在这五年之内作相应的调整？包括最关心的房产税，既然立法法相应的法规还没有出台，那么从现在到2020年的调整期，房产税是不是就不会出台了？大家针对燃油消费税、个人所得税和房产税的种种疑问，焦点非常集中，央视财经频道对刘尚希进行了专访。

刘尚希：现在整体来看，税制改革要根据我们国家的实际情况，来逐步地推进。现在的税种，像你刚才提到的个人所得税、房产税、消费税，到底怎么改，其实在国家的财税改革方案里有一个总体框架。税收法定，指的是这些税种以后要变成税法，都要依法收税、依法缴税。这个和税制改革是相互联系在一起的。千万不要以为我们做得是很任性，比如说燃油消费税想调就调。实际上，这也是根据1985年全国人大常委会的授权，国务院去做的，所以，在这个意义上并没有违法。只能说，以前那种授权是不完善的，它是一揽子的授权，或叫打包授权。授权的事项、授权的范围、授权的时间很笼统，不明确。这一次，新的立法法修订通过以后，没有完全否定1985年的授权，而是要等到2020年之后，就是这个过渡期过了之后，才能终止以前1985年的授权。所以，1985年的授权依然有效。显然，现在还可以按照原有的方式推进我们的税制改革，来相应地调整税收政策，比如说对税率、计税依据、征税环节、征税范围作出调整。这恰恰也是税制改革的内容。

沈竹：那按照您的说法，是不是这五年期内，房产税也会按照过去的办法，进行一个推出呢？

刘尚希：房产税改革，很明确就是要通过全国人大立法，叫依法改革。房产税的改革，要等到房产税法出来以后。它一实施就意味着房产税改革就全面启动了。

沈竹：那就意味着房产税税法出台之前不会出台房产税，也不会按老办法进行。那是不是要等到2020年，所谓的房产税才可以正式开征？

刘尚希：这个也不一定，要看人大对房产税立法的进程。如果进程快，那出台就快；如果进程慢，出台就慢。如果立法要立好多年，房产税的立法要到 2020 年才能出来的话，那就要到那时出台。

沈竹：据您了解，房产税的立法处于什么阶段？

刘尚希：具体的情形不是特别清楚。我只知道，人大包括相关的部门，比如说财政部、税务总局，都在紧锣密鼓地推进这项工作。但是，房产税是小税种，但是是大问题，它涉及千家万户，可以说凡是有房子的人，可能都与这个税有关。但是，这个悬着没有落地的时候，你不知道房产税会是怎么样的一个税种，到底是与哪些人相关联。只是说，现在有房子的人都是潜在的利益相关者。那么，你是不是要缴税，要等到房产税出来，你才能知道。

沈竹：大家非常关心，全面落实税收法定之前，五年时间我们会做什么样的工作，节奏如何？我们到底在准备哪些工作？

刘尚希：全面落实税收法定原则，关键要理解"全面"，就是说税收法定原则包括几个环节，一个是税收的立法，再一个是税收执法，再一个是司法，再一个是守法。这几个环节缺一不可。我们不能仅仅看到是立法，立法这个环节，当然是非常重要。但是立出一个什么样的法，是很粗糙的立个法出来，就是形式上的法令，还是说要立成一个良法，全社会认可的，而且是可操作的，能有效执行的一个税法，那么，这就是一个立法的质量问题。我们立法要立良法，所以立法里面，我们推进税收法定落实的进程，同时还有一个质量。就是说我们有速度，比如说时间表，就是说在这个时间内，把 15 个税收条例变成税法，从形式上至少要把它变成税法，但同时，我们还要从质量上保证，变成税法之后它是个良法。

沈竹：您说得非常好。从条例变成法，我们最关心的也是质量。如何保证质量？

刘尚希：保证这个质量，就是要和现在的财税改革结合起来，不是说凭空去立法。税收立法，立出来后是要操作执行的，涉及千家万户的利益。国家的钱袋子和个人的钱袋子是联系在一起的，税法就是一个纽带让它们关联到一起。所以，税法立得怎么样，既关系国家的钱袋子，也关系到老百姓的钱袋子。

沈竹：那用什么样的办法来控制质量？

刘尚希：质量上，就是说税制改革必须要有实践。只有实践，才有可能使税法变得更加完善。

沈竹：怎么实践？

刘尚希：比如说我们的增值税，增值税以前范围小，现在按照"营改增"的改革路径，就是要扩展到所有行业。那么，在改革的过程中，会遇到很多难题。以前没有实践，就不知道营业税变为增值税以后，就是增值税全覆盖以后，这个过程中会发生什么？

现在发现的很多东西，也解决了很多问题。现在要把增值税的条例转换成增值税法，就有了一个实践的基础，因为积累了很多经验。我们不能坐在办公室里去空想税收的立法，也不能简单地把国外的税法搬过来。

沈竹：以此类推，这是"营改增"，那我们关心的房产税会怎样？

刘尚希：其他的也是一样，房产税也是这样。以前我们也有房产税，只是范围窄一点，针对个人和非营利性的房产没有征税，在上海和重庆也搞了试点，也积累了经验，应该说这对房产税的立法提供了很多前沿的东西。

沈竹：如何调整呢？

刘尚希：到底怎么调，就要根据总体情况考虑，一盘棋考虑。不能仅考虑眼前，要考虑以后；不能仅考虑上海或重庆的经验，要考虑到放到其他地方会怎么样。因为房产税是地方税。地方税有很强的地域性特征，因为各个地方的发展水平不一样，它的税源广度、厚度都不一样。在这种情况下，全国统一立法，但是又是一个地方税，要考虑到这种关系，这种复杂性。不能简单地说，只要立出法就可以了，要考虑可操作，而且要和中央、地方的财政关系、财政体制的改革结合起来，不能就税论税。所以，税收立法的问题，不仅仅是税收本身的问题，它还涉及中央与地方的财政关系，也就是我们过去讲的财政体制，涉及各个区域的基本公共服务均等化。基本公共服务均等化首先要有提供基本公共服务的能力。能力在哪儿呢？首先和地方财力有关系，地方财力首先与地方税收有关，所以税收立法的时候必须要跳出税收，要从全国来看，从经济来看，从社会来看，从这种均衡发展来看。

沈竹：刘所长，除了我们说的局部试验以外，从条例到法律，因为一旦成为法了，成为您说的良法了，可能大家内心中是要尊重的，是要守法的。所以，怎么保证它的质量？还有什么其他方法，你们正在使用或者即将使用？

刘尚希：要变成良法，很重要的方面，除了税制改革的实践以外，还有就是社会的参与。因为税收是涉及大家的，收税不是关起门来收税，涉及各方的利益，社会不同的阶层、不同的群体、不同的地域，老百姓都应当来发表意见。

沈竹：您能不能告诉电视机前的亿万观众，大家怎么参与进来？

刘尚希：就是开门立法呀。立法要保证质量很重要的一条就是要开门立法，就是民主立法，这样才可能做到科学立法，才能保证立法的质量。

（原载于央视《财经评论》2015 年 3 月 30 日）

个税征管体系不完善　征税欠公平

　　我们现在在考虑调节公平的时候，想发挥个人所得税调节作用的时候，往往是仅仅考虑了一个个人所得税收制度，而没有考虑这个个人所得税的征管制度是不是能跟得上。个税的推进，在某种意义上是取决于我们的征收体系，而征收体系并非征管制度，征管能力的增强也不是仅仅取决于税务部门，而是需要社会各个部门通力合作。只有这样，才有可能真正对个人收入进行有效的监控。

　　距 2011 年个人所得税起征点上调到 3500 元已经整整三年，在这三年中，关于上调起征点的呼声从未间断过，娃哈哈集团董事长宗庆后就曾公开呼吁个税起征点应该上调至 1 万元，甚至还有人提出应彻底取消征收个人所得税。然而，据 2013 年的全年税收收入数据显示，个人所得税仅占全国税收总收入的 5.8%。那么，寄望于对占比如此之小的个人所得税进行改革，通过上调起征点或者是干脆取消之，就能够真正地降低压在你身上的税负吗？就能够实现对于贫富差距的调节吗？相较于个税起征点我们更应该关注的是什么？《网易财经》专访财政部财政科学研究所所长刘尚希，为您解答。

中国的税负谈不上重

《网易财经》：个税改革一直被认为是"十二五"时期的重头戏，而明年就是"十二五"的最后一年，个税改革并没有取得突破性的进展，这是为什么？

刘尚希：现在大家对税制改革很关注，尤其对个税特别的关注，但财税体制改革的方案里头，针对税制改革的安排，就税种而言，实际上首先是"营改增"然后就是消费税、资源税，像资源税改革现在已经推出来了，已经走了一步，然后就是环境税、房产税，再后来就是个税，是这么一个排序。

《网易财经》：个税被放到了最后。

刘尚希：个税放到了最后，这个原因其实也很简单，因为个税跟房产税一样，改起来最复杂。

《网易财经》：个税改革怎么会那么难，难在哪里？

刘尚希：它涉及的面很宽，涉及每一个人的切身利益，现在缴税的和不缴税的人，都会非常关注，我们怎么样设计一个合理的，大家都能接受的个人所得税制，也还需要时间。

《网易财经》：目前有方向吗？就是怎么样的个税税制是比较合理的呢？

刘尚希：其实税制合理不合理，没有绝对的标准，对一个国家来讲，适合这个国家这个阶段这个时期的税制就是好的税制，一个根本的标准就是老百姓接受不接受，老百姓接受的税制，那就是好的税制，老百姓不接受的税制那就不是好的税制。

《网易财经》：有观点认为中国是一个重税国家，您赞同吗？

刘尚希：我的判断只是基于我个人的判断，我认为全面地考虑，根据我们国家现阶段所需要提供的公共服务来衡量，现在的税负实际上谈不上重，如果说现在重的话，那意味着要大幅度地减税，大幅度地减税的话，公共服务靠什么来提供？是不是说我们相应地公共服务就可以减少？有的人可能会说，降三公消费呀，但是三公消费加起来 100 个亿，你全部给它取消也就 100 个亿，何况三公消费不可能全部取消，必要的成本总是需要存在的。

综合的运行成本高，占的比例偏高，这也是一个事实，但是它降低也是有限度的，其他的就是用于教育、医疗、社会保障，尤其是我们国家现在人口老龄化，尽管有社会保障的缴费，但是这个缺口是要财政去兜的，还有现在的环境治理等等一系列的，都是需要花钱的，天上不会掉馅饼，这些靠什么来支撑？靠税收。

《网易财经》：怎么样去衡量政府提供的公共服务和收上来的税收是否合理，怎么样能做一个平衡呢？

刘尚希：这种平衡是非常复杂的，从老百姓直觉的角度来说，它就是几个基本的问题能不能较好地解决，一个就是上学的问题，一个就是你看病的问题，再一个就是养老的问题，这几个基本的问题如果得到较好的解决，那你税负即使有所上升，老百姓觉得也值。

免征个税也不能真正减轻税负压力

《网易财经》：我这里还有一个数据是 2013 年的数据，全国的税收总收入将近 10 万亿，但是我们看到其中的个人所得税收入只有 6360 亿，仅占总收入的 5.8%，这样看来的话，个税占比是非常低的，但是为什么大家会不约而同把注意力和焦点集中在个税上呢？

刘尚希：实际上这里头有各方面因素的影响，第一个是心理的因素，他有一种社会心理，因为一说个税那就想象到，与个人口袋内的钱相关。

《网易财经》：对，每个月从我的工资里边拿走了。

刘尚希：对呀，看看这里头有什么动向，如果你缴了税，那就从个人口袋里交钱了，你现在没缴税的呢，有的看看，以后我要不要掏钱呀，我收入水平涨了，我原来一个月挣 3000 块钱，现在我挣 5000 了，他可能就要缴税了，在这种情况下他就很关注，这是一种普遍的社会心理，因为是与你个人的口袋紧密地联系在一块的。所以我经常讲一句话，国家的这个钱袋子和个人的钱袋子实际上是有密切的关系的，你看起来好像是不相关的，实际上是通过税收就紧密地联系在一起，在这种情况下，只要涉及个税的时候，实际上社会各个阶层，各个方面，都很关注，也就成了一个焦点。

《网易财经》：其实个税占比很低，即便是全部免了，也免不了多少。

刘尚希：是啊，6000 多亿元的个税，全部减掉实际上也是解决不了多少问题的，并不会说使老百姓的宏观税负大大降低，实际上这个问题要从这种税负的角度来说，实际上不是一个主要的因素。

《网易财经》：所以其实我们看到现在呼吁说将个税的起征额调到 1 万元，其实这样的一些呼吁并没有意义。

刘尚希：有些观点有点走极端，比如说把个税的免征额，俗称起征点调到 1 万元，我认为有些看法也不排除是吸引眼球。

《网易财经》：这就涉及了间接税种和直接税种的问题，个税就是因为它是一个直接税种，所以引起了大家的关注，它占有 5.8%，占有很大比重的间接税种，大家并没有关注到，所以想请您在这儿给大家介绍一下什么是间接税种呢？

刘尚希：一般来说是不大容易转嫁的，针对所得的这种征税，个人所得税，企业所得税，这都是直接税，不是这种所得征收的，比如说营业税，你只要有销售额就能征收，增值税，你只要有增值额你就得缴税，这样来说叫间接税，相对来说这个税负是比较容易转嫁的。

现在我们国家的情况来看，按照这么一个大体的这种分类，就是直接税和间接税是三七开，大概30%是属于直接税，像个人所得税、企业所得税，其他的是属于所谓的间接税，间接税事实上就是对企业来征收的，当然也包括个人，但是这种都是与你的经营行为有关，与你的所得没有关系，这种间接税就和价格联系在一起。

价内税和价外税大同小异无实质区别

《网易财经》：我看到国外现在他们的产品都会标两个价，一个是产品价格，一个是税收价格，你买任何，包括一瓶汽水，都会告诉你这瓶汽水的税收是多少。

刘尚希：是啊，实际上这是一个形式问题，所谓的价内税和价外税，价外税是很公开透明的，价内税好像是隐藏的、隐蔽的、看不见的，购买者不能察觉的，其实这只是形式。跟我刚才讲的，并非说你价外税这种方式就是百分之百消费者负担的，你即使加了这个税，对老百姓购买者来说，他是看整体的价格，不是看你企业定的这个价。我买一个产品，预期是10块钱，如果说你再加一个税，要达到12块了，那就不买了，这个时候怎么办呢？对销售者来说，他可能考虑的我就要降价，我降价，原来卖10块，加上税卖12块，现在我降到8块，再加上税10块，这个时候我就卖出去了。

那你说这个时候这个税，从形式上看是消费者好像负担了，你看加了一个两块钱的税，但实际上他不降这个价，可能消费者不接受这个价格，你就卖不出去，所以在这种情况下实际上就变成了你是商家自己承担，企业来承担的，所以价内税和价外税是个形式问题，实际上没有太多的区别。

所以有的人主张说要搞成价外税，有的人说要搞成价内税，形式的这种区分不能当成一种实质的区分，但有的人在这个问题上给它混淆了。

个税调节不了贫富差距与收入不均

《网易财经》：您刚才多次提到了贫富差距还有收入不均等，其实这个问题每年都是一个大家比较关注的话题，引发了很多的讨论，您个人认为，贫富差距以及收入不平等，是一个比较严重的问题吗？

刘尚希：这是一个非常大的问题，这种贫富差距的解决，实际上对我们国家来说，是现在面临一个大坎，搞市场经济的时候，邓小平说，让一部分人先富起来，然后是先富带后富。

《网易财经》：对，一部分人已经先富起来了。

刘尚希：他已经富起来了，而且富得差距现在明显地大了，下一步怎么样走向先富带动后富，走向共同富裕呢？这又是一个难题，这就是我们现在改革开放发展中面临的一个最大的问题，我们国家要从中等收入国家实现跨越，变成高收入国家，也必须要跨过这道坎。现在的经济降速，实际上不仅仅是经济本身所带来的，这里头还蕴含着一个社会问题，就是这种贫富差距到达一定的程度的时候，反过来会影响经济，使经济发展的效率降低，使经济增长速度下台阶。

如果说贫富差距越来越大，那经济增长速度就会越来越低。

《网易财经》：个税其实是被寄予厚望的，个税被认为是一个调节贫富差距、调节收入不公的工具，您认为个税能起到这样的作用吗？

刘尚希：在解决贫富差距的问题时，毫无疑问要发挥财政的作用。说到具体的像个人所得税，在调节贫富差距问题时是可以发挥一定的作用的。

《网易财经》：但是我觉得作用应该不会太大。

刘尚希：税收有一定的作用，但是这个作用不是现在像一些人所想象的那么大，比如说美国的个人所得税制，你从其他国与国之间比较来说，美国的个人所得税制相对来说是比较完善的，它对分配的调节力度也是比较大的。但也会出现这种现象，比如说巴菲特这个股神公开在报纸上发表言论，说他缴的税，他所承担的税负和他的员工比起来还要轻。这是为啥？他是大老板挣的钱多，为什么他的税负比他的员工还要轻呢？这只能说明美国的税制有问题，所以美国的税制看似很完善，实际在调节分配方面也不是像一些人所想象的那样那么大。

在我们国家呢？你个人所得税能发挥多大的调节作用呢？你征来的个税一共才 6000 多亿，它在税收收入里头所占的比重也就是六点几，在整个 GDP 里头占的比重就更低了，在这种情况下你指望它能发挥多少的作用呢？所以税收的这种调节的作用，就是看你税收收入的功能，如果说个人所得税在税收里头所占比重比较大的时候，那你调节的功能才可能相应地增大。

中国的个税症结在于征税不公

刘尚希：我们现在应当尽可能做到公平地征税。什么叫公平地征税？按照现代理论来讲，就是横向的公平和纵向的公平。什么叫横向的公平？就是我们两个收入能力是一样的，那我们缴的税应当一样，这叫横向公平；什么叫纵向公平？收入高的人应当缴更多的税，收入低的人应当少缴税，与能力相匹配，这叫纵向公平。

但是我们现有的个人所得税收制度，说实在话，现在还很难做到公平地征税，这里头一个原因在哪儿？原因是在我们的征管能力跟不上。而征管能力跟不上，个人所得税收制度就没办法真正地去落实。

但是我们现在在考虑调节公平的时候，想发挥个人所得税调节作用的时候，往往是仅仅考虑了一个个人所得税收制度，而没有考虑这个个人所得税的征管制度是不是能跟得上。这就出现了一个盲区，认为只要调整完善个人所得税的制度，甚至把美国的个人所得税收制度搬过来就行了，根本就不考虑我们这种税收征管制度能不能做得到，你设计得很好，但是你做不到，那不等于白搭嘛。

我们现在之所以在公平征税方面做得不够，很重要的原因就是有的人善于隐藏自己的收入。哪些人善于隐藏收入？往往是收入水平越高的人能力越强，收入水平越低的人能力越低，比如说高收入的人可以雇请税务师专门进行筹划，那么他就可以怎么样避税，甚至逃税、偷漏税，那你说普通老百姓呢？一般你请不起人，再一个你的收入来源又很少，很单一，那你逃什么税？你也逃不了，所以在这种情况下，往往就容易出现这种征税的不公平。

你征税都做不到公平，还谈什么把个人所得税当作一个杠杆，调节什么社会公平呢？那在这种情况下就很难，所以我们首先做到第一步，然后再说第二步，我们做到公平地征税，真正实现横向公平、纵向公平，在这个基础上然后再去考虑，怎么样发挥税收的调节作用，促进这个社会的公平。

《网易财经》：您认为个税改革在多久能够真正地推进，有没有一个时间表？

刘尚希：个税的这种推进，在某种意义上是取决于我们的征收体系，而我们这个征收体系又不是征管制度，征管能力的增强又不是仅仅取决于税务部门，它需要社会的各个部门的合作，你像税务局、银行，现在你收入还有跨国流动，还有涉及海关，各个方面都要通力合作，才有可能真正地对个人收入进行有效的监控，要不然的话是做不到的。

利用现代的信息技术，形成一个完善的个人收入，包括个人的房产信息的这种有效的监控，能做到这一点，那么你对个人的这种征税，包括征房产税才有基础，在这个基础上，我们就可以考虑设计一个什么样的个人所得税制度，然后再来讨论。

《网易财经》：此前，王小鲁教授曾经做过一个报告，他测算出2008年我国城镇居民被统计遗漏的"隐性收入"高达9.26万亿元，其中5.4万亿元是"灰色收入"。如果的确存在这么一个大数额的灰色收入，那无疑是进一步增大了贫富差距与收入不均。

刘尚希：是啊，所以你在讲灰色收入，王小鲁教授他做的测算，那实际上占的比率是相当的高，当然这个大家可能有不同的看法，但是一个事实是存在的。就是灰色收入它是存在的，怎么让这些灰色收入变成透明？这些灰色收入跟黑色收入还不一样，黑色收入可能完全就是违法，就反腐败，反腐败是解决黑色收入的问题。灰色收入的问题恐怕要靠制度建设，不是通过反腐能解决的问题，这就说明我们的一些制度还不完善，或者说处于一些制度的空白地带，没有对它作出这种规定，导致了它就变成灰色的了。你到底是合法还是不合法？说不清楚了，这就说通过我们制度的完善，解决这些灰色收入，让它变成白色的收入，透明的收入。

　　或者有的确实不合法的，通过制度的完善，那它就是黑色的，那就要予以取缔，你犯了哪一条，该怎么判怎么判，变成了白色收入，纳入白色收入，那就该怎么缴税就怎么缴税。如果这个问题都解决不了的话，你说还要靠个人所得税去调节收入分配，那就是一个良好的愿望而已。

（原载《网易财经》2014 年 10 月 29 日　记者倪惠采写）

综合所得税实行条件复杂，操作成本高

征收综合所得税首先需要把家里的情况摸得非常透彻，那才可能有比较合理的抵扣标准，要不然就是不合理，反而带来不公平。然而，要把这些情况摸清楚确实非常复杂。

央广网财经 3 月 6 日消息据《经济之声》报道，十二届全国人大三次会议，今天上午 10 点举行记者会。财政部部长楼继伟，副部长刘昆就财政工作和财税改革相关问题，回答中外记者提问。在上午的记者会中，个人所得税改革话题跟大家的关系密切，也是这几年两会期间的热点。楼继伟部长举了一个例子说，一个人一个月挣 5000 块钱不多，但是自己生活就会还不错，但是一个人挣 5000 块钱的同时还要养一个孩子的话就很艰难了。而实行综合所得税的时候，就不是这样了，要把所有的收入支出综合计算，就是说有没有赡养、抚养方面的负担，有没有再教育的需求，有没有住房贷款按揭这些都是可以抵扣的，当然三套房子可能不给抵扣了，自己基本需求的那一套可以抵扣，这样的话，就不是一个简单的起征点的问题了。

那么，什么是综合所得税制？怎么算这些抵扣？财政部财政科学研究所研究员刘尚希对此解读。

《经济之声》：从个人和家庭的选择不同来看只是一个纳税单位的变化，但是如果从个人所得税而向这个综合所得税制改变的话，更多是一种征收方式的变化，那么我们看到楼部长还谈到再教育的需求，和住房贷款按揭这些，可能以后都可以在综合所得税中进行抵扣，那么这种抵扣一般会怎么计算呢？如果说这些支出很大的时候，和收入都快持平的时候，我们能理解成缴的税就很少吗？

刘尚希：对，如果是按楼部长所说的像住房贷款、按揭，还有孩子的教育等这些要抵扣的话，那很显然要按家庭来征收。按个人征收很难算这个账，因为孩子不是一个人，是两个人的，当然住房可以分开了。也就是说实行家庭核算那才能践行这个抵扣。所以，纳税单位也是一个重要的问题，在实现综合征收的时候，要实行各种各样的抵扣，必经转向以家庭为纳税单位。

《经济之声》：听起来让大家觉得挺有希望，而且感觉挺好的，我们支出很大的时候和收入快持平的时候，那么就可以进行很大一部分抵扣，听起来非常公平，实行这种综合所得税提出来好几年了，但是好像大家感觉距离真正实行的时候还挺远的，那目前面临这个最大的问题是什么？有没有出台的时间表呢？

刘尚希：这是非常复杂的一件事，因为每个人的情况，每个家庭的情况它都是不一样的。如果实行这种分项抵扣的话，那必须把每个人的情况，每个家庭的情况摸得非常清楚，那才可能做到公平。要不然的话，一些人就在这里头浑水摸鱼了。比如说，一个家庭有孩子，那多大的孩子，是刚刚出生是儿童还是少年。比如说抚养老人，那这个老人还有各种情况，有的老人还可以帮助带孩子，做一些家务，有些老人失去劳动能力了，甚至病至卧床了。

这样一来，就是要把所有家庭的情况摸得非常透彻，那才可能比较合理，要不然就是不合理的抵扣，反而带来不公平。然而，要把这些情况摸清楚确实非常复杂，首先涉及怎么样定义一个家庭。那么家庭在流动的情况下，有可能在农村有一个家，也在城市里面落户了。有很多人就是从农村里面出来的，在城市里面工作了，那么这个家怎么算呢，是一个大家还是一个小家呢？那有的一个家庭有几个孩子，有的一个家就一个孩子，那么这个父母让哪个孩子来养，父母的赡养归哪个孩子，怎么去分割呢，这些问题都很复杂，这些问题如果说都要考虑到抵扣的话，就不是轻而易举就能够解决的。

《经济之声》：那么出台的时间表，现在有没有呢，既然面临这么多问题？

刘尚希：首先，也要修改个人所得税法，让个人所得税法变得可操作。如果操作起来非常复杂，操作的成本极其高，要许多许多人干这个事的话，那么恐怕这个操作成本太高了以后，可能适得其反。这里头有一个成本和所运用方法与达到社会公平之间的一种权衡。

（原载于央广网 2015 年 3 月 6 日）

奢侈品税该降吗？

降进口环节的税奢侈品不一定降价，但对中档商品来说，如果取消或降低进口环节的关税、增值税和消费税，就会形成倾销，因为出口国对于出口商品一般是零税率，而国内的同类商品却含有增值税和消费税，这样就造成税收上的不平等待遇，会导致大量的国内企业倒闭。降低关税是趋势，但不等于放弃保护。作为发展中国家，放弃保护等于自杀。

《新京报》：您认为是否由于进口环节的税收过高导致进口奢侈品国内外价格倒挂，从而导致大量的包括代购在内的海外购买？

刘尚希：一般而言，出产地价格要低于销售地价格。国外商品卖到中国，在中国的价格通常要高于国外价格，这其中有经销成本、财务成本、运输成本、储藏成本等等。此外还有供求关系，例如有些国外品牌，在国外认知度不高，是中档货，而在国内的认知度却很高，变成高档品，国内购买者竞相追逐，价格就抬升了。对于奢侈品的追求，国内远远胜于国外，这也是导致国内同样品牌的进口奢侈品价格高于国外，因为国内的需求更大，价格也就更高了。还有一点，中国居民到国外购物，还可以获得出口退税，这使得国外价格较之于国内更低。至于进口环节的税收，那是一个边际因素，自然也会抬升价格。但只要国内对国外奢侈品的追逐热情不减，即使是降税，甚至取消了，国内奢侈品价格也难以降下来，也就是说，降税未必降价，倒是奢侈品经营者的利润空间由此也扩大了。

《新京报》：对于此次分歧，商务部强调是中高档商品进口环节的税，财政部网站则使用的是奢侈品税，如何界定奢侈品和中高档商品?

刘尚希：中高档消费品跟奢侈品在表达上有些差异，奢侈品是高档商品，中档商品是一个含混的说法，实际上中高档商品跟奢侈品还是有区别的。奢侈品的一个属性就是非必需品，既然是非必需品就超出一定时期和阶段人们生存、发展的实际需要这个范围。其象征意义、心里感觉远远超出其实用功能。

比如富豪非常有钱，他们可以花钱买私人飞机，花十几万元买一个 LV 包，这种行为在一个社会中是允许的，但却不能倡导大家去攀比这样的生活，有的人没有这样的财力也要向这方面靠齐，省吃俭用去买一个几万元的品牌包，这是一种盲目的攀比消费，这种奢侈消费是很不健康的，不应当鼓励这类消费。奢侈品中有些东西无益于人的身体健康，像烟酒等。

《新京报》：您认为是否应该取消或降低奢侈品税?

刘尚希：讨论奢侈品进口环节的税的问题，先要搞清奢侈品的内涵，在社会消费当中处于怎样的位置。不能简单说很多人到国外买奢侈品，与其这样还不如降点进口环节的税，把奢侈品引到国内让大家在国内买。实际上这是从表面现象看问题，有点偏颇。

当前对奢侈品消费的判断和认识存在误区。既然是奢侈品，绝不会因为降低进口环节的税就降价，它一定会保持同类商品中的价格高位。也许价格略有降低，但绝不会降到一般水平自贬身价，以此保持其顶级的品牌身份，让普通消费者可望而不可即。品牌认知上很普遍、很流行，但只有高收入阶层才能买得起，以此变为财富、身份地位的一种象征。这就是奢侈品的一个内在属性。所以奢侈品的市场定位是高端人群，而不是普通消费者，价格昂贵是其标志性的特点。现在有种说法，应该降低进口环节的税让更多的人买得起，这是一种认识上的误区，是把奢侈品当作普通商品来看待了。

此外，对奢侈品消费行为的认识也存在误区。我们允许奢侈品消费行为的存在，但对奢侈品的消费并非越多越好。中国作为一个发展中国家，其 GDP 仅占全球 GDP 的 9.5%，奢侈品消费却占到全球的 1/4，我觉得这并非是一个好现象，而是应当反思我们的消费是否理性，是否正在向一种不健康的方向发展。

目前国家政策提倡扩大消费，有人就认为只要是消费就要鼓励，包括奢侈品消费，但其实这种认识存在误区。在贫富差距很大的背景下，为奢侈品消费大开绿灯是有负面效应的。这种盲目攀比的消费形式不仅会给年轻人带来压力，也不利于良好社会风气的形成。

《新京报》：有观点认为奢侈品是动态的概念，很多以往被定义为奢侈品的商品现在已经转变为大众消费品，而这部分消费品应该取消或者降低进口环节的税。

刘尚希：奢侈品是一个相对的概念，现在有些商品确实由奢侈品变成了中档商品甚至普通商品。对于这类商品是否应该降低进口环节的税促进进口，以便老百姓消费，这就要考虑到国内的经济问题。

任何一个国家都在保护本国经济，如果打开大门把这些商品都放进来的话，对国内企业造成的影响和风险还需要谨慎评估。不能因为国外产品的质量好，就全部放进来。以奶粉为例，如果把国外的奶粉统统放进来，国内的奶业就会全盘崩溃。这看起来是在为老百姓做好事，但从长远看，中国人喝牛奶以后可能就要长久依赖国外，那么国内的这些企业就不要了？尽管现在中国奶业存在问题，确实需要改进和整顿，但不能以此作为理由把外国的东西大量放进来，满足短期的利益。

《新京报》：一种观点认为放开或部分放开进口环节的税对国内企业的冲击不一定很大，也可能带来"鲶鱼效应"和"技术外溢效应"。

刘尚希：竞争是要适度的，要考虑国内企业的承受能力。中国不是发达国家，无论在管理水平和技术方面，跟国外企业相比都有很大差距。不能抽象地去谈"鲶鱼效应"，得看具体情况。

《新京报》：您的意思是调降或取消中档商品进口环节的税必然会严重冲击国内企业？

刘尚希：风险很大。降进口环节的税奢侈品不一定降价，但对中档商品来说，如果取消或降低进口环节的关税、增值税和消费税，就会形成倾销，因为出口国对于出口商品一般是零税率，而国内的同类商品却含有增值税和消费税，这样就造成税收上的不平等待遇，会导致大量的国内企业倒闭。降低关税是趋势，但不等于放弃保护。作为发展中国家，放弃保护等于自杀。

更重要的是，这会导致扩大内需的政策落空。国内很多企业已经形成很大产能，一边是生产出来的产品卖不出去，另一边则放进来大量进口商品跟国内同类商品展开不平等竞争。现在社会上崇尚洋货的多，更多人去买外国品牌，使本来就不足的国内购买力和内需市场更加不足。这样，国内企业、国内产品只有两条路：要么寻求更多出口，出口到世界的低端市场，要么就是死掉。如此一来，我国经济的对外依存度不是降低，而是进一步提高，使我国在国际市场分工中进一步被锁定在低端产品市场，使我国经济更加脆弱。

所以，所谓降低或者放开中档商品的进口环节的税无异于饮鸩解渴，与扩大内需战略、转变经济发展方式是背道而驰的。

《新京报》：这么来看保护国内企业跟改善人们的生活水平是一对矛盾？

刘尚希：这不是矛盾的问题，是一个短期利益和长期利益的问题。任何国家都会保护本国经济，如果因为国外的东西便宜、品质好就打开大门，那么本国企业永远也发展不起来。我们要关注民生的长期改善，不是眼前改善一次就完了。

我们不能仅仅看到眼前的利益。不能说挡不住就干脆打开它。挡不住的原因是什么？中国很多人在消费方式上崇尚洋货，在这种情况下国内的企业、中高档品牌还要不要继续发展了？现在如果敞开了，国内企业就更弱了，品牌也建立不起来，中国货永远成了低档货，整个国家的竞争力怎么能上来？

目前中国还没到敞开进口消费品的时候，国内消费品生产能力相对增强了。能够满足人们的日常生活需要，同样的东西国产质量也不错。目前中国的品牌虽然仍有缺陷，但已经有了很大的进步，在政策上我们应该继续给予支持。但有些人迷信洋货，不能在公共政策上鼓励这种消费心理。如果因为一部分人喜欢洋货就降低进口环节的税，转变经济发展方式，扩大内需的目标就会成泡影。

不能因为外汇储备多就乱买，我们应当买外国的资产和关键的技术，然后消化吸收创新增强中国的竞争力，而不是先过眼前的好日子，这不是某一部分阶层的利益受损的问题，而是国家战略。

《新京报》：有观点认为放开或取消一部分消费品关税能够将海外购买力转移到国内，从而繁荣国内市场扩大内需。

刘尚希：认为通过降低进口环节的税扩大内需就大错特错了。进口商品是来自国外品牌，由境外企业生产的。中国人无论在国内，还是在国外购买国外商品，从经济上来说是一样的，拉动的都是国外商品的生产和外国的经济，对本国经济基本没有正面效应。

有人说把进口商品引进来，需要经销人员，这样就增加了就业，并且在经营进口商品过程中也会产生税收，这对中国经济也有一定的刺激作用。但这部分税收已经被减免的进口环节税抵消了，扩大的就业也会被增加的失业所抵消。从这个角度上来说没有任何意义。同时通过经营进口商品扩大就业的办法也不是正途。

有人说因为进口环节的税导致进口商品在国内的价格高于国外，取消这部分税后，大家就不到外国去买了，把钱花在国内，这就扩大了内需，这是不对的。钱在哪个地方花出去无关紧要，关键在于买的是哪国的商品。

扩大内需的含义是通过国内市场的扩大，消费者消费需求的扩大，使国内的产品减少对外需的依存度，也就是说国内生产的产品在国内市场上能够更多地消化，而不要更多地依赖外需。

如果降低进口环节的税对国内市场会产生冲击，将国内更多的需求引向国外产品，对外依存度反而提高。

《新京报》：如果取消或降低进口消费品进口环节的税，对财政收入有怎样影响？

刘尚希：2010 年进口环节的三种税 12518.47 亿元，这些税都属于中央税，是中央本级支出的主要来源，2010 年中央本级支出 15989.73亿元，从中不难看出，进口环节税收的分量。如果取消或者调降都会对财政收入产生大的影响。如果降低进口税，进口商品经营环节的税收可能增加，但这部分增加的税收远远补不上降低或取消进口税带来的财政收入减少。

经济全球化背景下，任何一个国家都有进出口，但既不是为出口而出口，也不是为进口而进口，而是希望通过国际贸易来增进本国利益。

若是相反，进出口都要限制。若是有利于增进我国利益，哪怕减少再多的税收也是值得的。2010 年 7300 多亿元的出口退税主要就是基于这样的考虑。若是不能增进我国利益，那为什么要降低甚至取消进口环节的税收呢？

《新京报》：您认为目前各方对中高档商品消费税是否调降有分歧的原因是什么？

刘尚希：有分歧的原因是各自站的角度不同，立场不一样，考虑的方面也不一样。以我的理解，商务部提出降低或者取消进口环节的税主要是从进出口贸易的角度，商务部是管贸易的，降税后，贸易规模就扩大了，也许还有其他的依据。

我认为不能打着民生的名义大肆进口，短期和特殊情况是可以的，比如国内某一种商品比较短缺通过进口弥补等，但不能敞开大门。

（原载于《新京报》2011 年 7 月 5 日）

"营改增"与中国经济转型

> "营改增"是税制改革非常重要的切入点，也可以说是整个财税改革的重要切入点。"营改增"只能往前走，不能后退，往前走就会带动整个税制改革。目前在"营改增"以后，试点地区采取的是将新征的增值税部分由中央全部返还给地方，而不是按比例分成。未来应由一个新的更有利于经济结构调整、促进经济发展转变的税种替代地方营业税。

主持人：各位网友，大家好，欢迎收看新华访谈。4 月 10 日，李克强总理主持召开的国务院常务会议，决定了营业税改增值税扩容的问题。今天我们就此问题请来专家和大家探讨。今天来到我们演播室的是财政部财政科学研究所刘尚希研究员。

刘尚希：网友们，大家好。

主持人：这次新一轮的"营改增"是很多网友和市民非常关心的话题，因为这牵扯到我们日常生活中常接触到的交通运输、服务业，请您先给我们解释一下为什么推行"营改增"？

刘尚希："营改增"从 2012 年开始试点，大家已经有概念了，就是营业税被增值税替代。反过来讲，营业税有种种弊端，我们要用增值税来替代营业税。营业税是 20 世纪 90 年代税制改革留下来的一个尾巴，这些年来越来越显示出它的负面效应，它的弊端原来显现不明显，主要是因为过去服务业、第三产业发展比较慢，规模也比较小，所以弊端没有显现出来。但随着产业结构的调整，服务业发展在提速，服务业与制造业的关联也越来越紧密，随着第三产业比重的上升，营业税的重复征税弊端越来越明显。在这种情况下，有必要改掉这个尾巴，彻底让增值税全覆盖。

主持人：在"营改增"试点过程中，有些公司，或者有些人觉得并没有从其中得到好处，相反可能税负还增加了，为什么还要进行全国的推广？

刘尚希：在 2012 年试点过程中，有少部分企业，特别是交通运输企业税负有所上升，但是所占比例相当低，大概就是百分之几，不到 10％。刚开始试点时，可能达到了 10％，后来随着试点时间的延长，这种情况在减少，目前来看已不到 10％。这是一个少数的情况，对大多数企业而言税负都是减轻的。所以不能以偏概全，不能因为少数企业税负上升了就否定"营改增"的必要性。再者，部分企业税负上升有一些具体原因：一个原因是，可能在"营改增"实施过程中，企业经营方式与增值税的征收可能不太匹配。比如交通运输行业，它采取挂靠经营的模式，一个交通运输公司下面有很多车，但是这些车都是个人的，买车、车辆维修都是要个人来负责的。对公司来说，它就不体现有购进，这样抵扣就少，税负就上升了。挂靠经营的交通运输公司，毫无疑问税负是要上升的，但是这种经营方式迟早是要改掉和淘汰的。这是一个原因——经营方式与增值税不十分吻合。第二，在"营改增"过程中，有些企业对增值税怎么缴不太熟悉、怎么抵扣不太熟悉，也会导致这方面的企业税负上升。还有就是存在季节性的因素，因为抵扣对不同企业是一样的，你购进的东西多就抵扣得多，购进的东西少就抵扣得少。"营改增"之前交通运输企业购买了大量的设备、车辆等，试点之后就不需要购进了，这就导致抵扣少了，进而导致税负上升。最后还有一个更加重要的原因，就是地区性试点导致的。比如交通运输企业，它是全国性的，不是局限在某一个地区。

主持人：试点地区抵扣了，但是其他地区不抵扣。

刘尚希：对。它承接的业务和非试点地区有关联，而非试点地区开的依然是营业税发票，不是增值税发票，这就导致其税负上升。如果全国推开，税负上升情况就会大大减少，因为区域性试点导致的税负上升可以消除了。

主持人：这就是为什么"营改增"试点的推广从部分地区、部分行业到某些行业的全国范围，再到全国所有行业这样一个层级递增，可能跟您刚才讲的理由有很大关系。

刘尚希：对，它们是紧密关联在一起的。在原来试点 1+6 的基础上改成全行业实施。这意味着一个重大变化，就是原来的"营改增"试点是区域性的地区试点，现在从地区性的试点按照行业在全国逐步推开。"营改增"的路径、方式方法做了大的调整，也可以说是做了一个优化。这种地区性的试点以后不再搞了，现在要搞就是行业性的，而且这个行业性是全国推开实施，这跟过去的地区性试点相比，好处明显要多得多。所以说"营改增"在路径、方式方法上有了提升。同时也可以看出来，这是在"营改增"上的提速。过去地区试点是一个地区一个地区扩，从上海开始，再到江苏、浙江，按照地区来试点速度是比较慢的。如果按照行业来说，在全国推开，改革速度就快了。从这个角度来看，也可以看出"营改增"新政思路发生了很大变化。

主持人：这次扩容具体涉及哪些行业？

刘尚希："营改增"最初试点是 1+6，1 就是交通运输——除铁道运输之外的海陆空交通运输，再加上部分现代服务业——简称是 6，这里包括研发、信息技术、文化创意、鉴证咨询、物流辅助等现代服务业的 6 个小行业，简称 1+6。在原来地区试点的基础上现在扩展到全国行业。再有就是把广电这一块拉进来了。现在准备要拉进来的就是铁道和邮电通讯，这个已经有预案了。随后，2013 年 8 月 1 日要正式实施的就是刚才的 6+1，交通运输和部分现代服务业。再有就是广电。下一步，2013 年底或者 2014 年初，要把铁道运输、邮电通讯拉进来。再往后，可能就要扩展到建筑业、金融业及整个第三产业全覆盖，让营业税彻底退出历史舞台。

主持人：您几次提到邮政通讯，包括铁路运输，这些是跟普通百姓生活息息相关的。如果在这几个行业实施了"营改增"，老百姓在购买服务上的花费会不会提高？

刘尚希：应该说有影响，实行"营改增"以后，对于铁道运输以及邮电通讯，税负都会相应减轻，也就使其成本相应降低了，利润空间扩大了。这意味着铁道运输、邮电通讯这两个行业就有能力在价格上做适当的调整。关于铁路票价，包括邮电通讯的资费，只能说有了这种条件和这种能力作出调整，但是会不会调整？调整多少？这里有不确定性，还取决于两行业的具体条件。

主持人：您刚才已经给我们百姓吃了一颗定心丸，起码对于这两个行业来说，税负会降低，成本会降低。至于到底会不会调整、怎样调整，那就是凭良心办事了。

刘尚希：作为企业，税减了的情况下应该让利于民，也让百姓享受到"营改增"的好处。

主持人：昨天《新闻联播》播出一条新闻，谈到关于第三产业就业促进的因素，从"营改增"的角度您怎么看？

刘尚希："营改增"对就业促进的作用是非常明显的。从试点来看，就业效应非常明显，特别是中小微企业的税负大大减轻了。比如小微企业，税负减轻的程度达到 40%，即相当于税减了一半，那这个效应是非常明显的。从企业角度来说，成本大大降低，创业空间大了，有了创业就能直接带动就业。这对老百姓来说，毫无疑问是一个利好。从这个角度来说，"营改增"和民生是紧密联系在一起的。因为现在就业主要是靠中小微企业，任何一个国家都是这样，所以从就业角度来说，对服务业实行"营改增"大大有利于扩大就业，同时也有利于稳定就业，再有就是可以提升就业质量。就业稳定了，就业质量提升了，同时也有利于就业人员收入的稳定提高，这些与老百姓是紧密联系在一起的。

主持人：无论是在上海还是后来推广到的几个省份，包括现在准备推广到一些行业的全国范围，每次试点可能都会有一些问题暴露出来。暴露出来是好事，为了更好地推进，把暴露出来的问题总结出来，在下一步试点中进一步改进，最后真正把增值税推广到全国所有行业。那么请您介绍一下，在之前的试点中暴露出来的问题有哪些？包括现在新一轮扩容之后，您预计会有哪些问题暴露出来？

刘尚希：大家可能最关心的一个问题就是自己的税负到底是不变，是减轻，还是上升。

主持人：其实还是看站在什么样的角度看待这个问题。

刘尚希：对企业来讲，它们更多是站在这个角度。企业税负要减轻，至少税负不能增加，如果税负要增加的话，对老百姓来说利益也受损，肯定对改革形成一种阻力。所以这个问题是要关注的头号问题。否则出现税负上升的情况或者这种情况比较严重的话，那就意味着这项改革的阻力会增大，对后续改革就会产生影响，这是需要密切跟踪关注的。在"营改增"操作过程中要精细化，对每个企业"营改增"后税负的变化情况都要有精细化的了解，不能大而化之，必须对每一个参与"营改增"企业的税负变化有一个跟踪和分析，看是什么原因引起的，进而要解决这些原因，看看这些原因是短期的还是长期的，是制度性的还是操作性的，要对这些问题有一个很好的研究。在公正调查研究的基础上解决问题，这是最重要的。

在试点过程中还有两个要关注的问题，一个是有的行业搞"营改增"了，有的行业没有，以至于既有增值税发票，又有营业税发票，在这个过程中就会有假开增值税的问题，要打击这种现象。另一个是，在改革过程中，营业税原来是地税征收的，增值税是国税征收的，在监管上可能有一些空挡或者漏洞，要防止有些人利用改革的空挡和存在的漏洞套取利益。

主持人：很多财务人员比较关心：原来这个税是地方收，现在改中央收，然后还要返回给地方，这具体是怎样操作的？

刘尚希：这涉及财政体制。这是税务征管方面的一个问题，与企业有关联，但更多是与税务征管部门关联。增值税是中央与地方按 75：25 分成的，营业税是地方的。"营改增"以后，财政体制要进行相应的调整。为了不影响地方收入，原来属于营业税、现在改成增值税的这部分，还返还给地方，这个没有比例的概念。原来的增值税范围比例是 75：25，这个范围是不变的。在全面推开之前，财政体制要拿出一个方案。

主要是两个思路，第一，地方增值税比例提高以后，可能从地方税收角度考虑，上工业项目的积极性就更高了，因为现在地方的投资积极性，除了为促进经济增长以外，就是为了财政收入。增值税占到一半，地方搞工业性积极性就更大了，在这种情况下，不利于结构调整和节能减排。第二个思路，对所有的税种在中央和地方有一个通盘的考虑，重新调整。可以把增值税全部归中央，把其他一些税种或者设立相应税种给地方，替代营业税。因为营业税是地方税收的一个主体，现在这个主体没了，地方需要新的支撑。因此，要么在现有的税种里面把一些税再变为地方税，要么就是设立新的税种，成为地方的主体税种。就增加新的税种而言，比如学术界有专家提议叫零售环节的销售税，假如用这个税种来替代营业税，其他税率可能就要降低，这样才不会导致整体上税收上升。"营改增"全面推开以后减税大概是 3000 多亿元，应该有一个新的更有利于经济结构调整、促进经济发展转变的税种替代地方营业税。

主持人：成熟方案我们什么时候能见到？

刘尚希：这个方案我估计到 2014 年。因为 2013 年 8 月 1 日推出试点的 6+1，到年底铁道和邮电通讯再纳进来，第三步就是全覆盖了。等到整个服务业、第三产业都纳入"营改增"框架里面的时候，这个方案就得有了。

主持人：现在距离 8 月 1 日还有三个多月，为什么给三个多月的缓冲期？

刘尚希：2012 年试点是九个省、市，其他地方没有试点，要给它们一个准备时间。原来叫营业税大家很熟悉，现在突然改增值税，那么税怎么缴、人员要进行哪些培训、相应的票证准备以及怎么抵扣，这些都需要时间。主管方税务部门也要了解企业的情况，对企业来说需要准备的时间。还有就是，要让大家了解熟悉政策，这也需要时间。所以今天发文件、明天就实施，这做不到，有一个时间上的缓冲。

"营改增"是整个财税改革的重要切入点

在"营改增"试点扩容问题上，刘尚希表示，"营改增"是税制改革非常重要的切入点，也可以说是整个财税改革的重要切入点。"营改增"只能往前走，不能后退，往前走就会带动整个税制改革。

刘尚希在介绍未来财税体制改革的方向和路径时表示，现在整个税制改革实际上还有很多方面需要完善。比如消费税，这也是大家比较关心的，消费税范围要进行调整，怎么调整？依据什么调整？要达到什么目标？这可能是消费税改革要深入研究和考虑的问题。

还有就是资源税，我们国家资源总量很多，但是人均资源稀缺，资源税对节能减排有促进作用。资源税现在看来是不合理的，不合理的重要方面是存量剧增，不是随着价格浮动的。比如有些石油、天然气在新疆已经改了，但是整体来说，如头号能源——煤炭现在还没有改。资源税要进行改革。资源税的税负从长期趋势来看毫无疑问是要上升的，过去长期靠资源低成本投入来维持经济快速增长，现在已经不可持续了。我们的资源有限，资源开采所带来的成本即附带外部性是非常大的，开采资源导致治理环境等所付出的钱，可能比开采资源获得的还要多，这就得不偿失了，就不能大力开发这些资源。

比如铁矿石，我们国家铁矿石总量在世界上也是排在前五位，但是我们国家的铁矿石品位低、质量不行，开采起来成本很高，对环境影响也很大。在这种情况下，我觉得就没有必要大规模开采，应该"走出去"，眼光向外看。比如澳大利亚、巴西等国家的铁矿石品位都很高，我们是需求大户，全世界的铁矿石我们占了 60% 的需求量，我们应该在价格上有主导权，但事实上我们没有这个主导权，这是个机制的问题。如果能够"走出去"，在资源类产品上形成价格主导权，就不会把注意力放到国内来开采资源。因此，资源税从某种情况下要抬高门槛，同时把开采资源过程中造成的大量社会成本通过税收的办法收回来一点，这是资源税改革的方向，也符合我们现在环境治理、节能减排的大方向和要求。

（原载于新华网 2013 年 4 月 18 日）

第五编
财政与宏观调控

宏观调控属于间接性的、总量性的、随机性的、短期性的和应急性的调控手段，不能把属于宏观管理的事情用"宏观调控"的方式去解决。

我们当前经济趋缓的性质定义为经济"结构性收缩"。在经济"结构性收缩"的背景下，应以就业形势来判断经济形势，而不是相反。

在经济"结构性收缩"背景下，财政政策也不再是一个总量性的扩张政策，而是转变为以结构为导向的财政政策。要通过调整支出结构、公共收入等，推动结构调整和产业转型升级。

宏观调控的目标应有助于遏制消费率的下降

宏观调控从"定点调控"转向"区间调控"势在必行，是防止政府干预妨碍市场经济自我调节功能发挥的基本条件。

中国长期低消费率使人力资本积累停滞；长期的高投资加剧了资源、环境的压力，可持续风险加大；长期的出口导向形成了发展路径依赖，出口规模不断扩大与外贸发展质量长期低下的巨大反差，加大了对外部门经济的脆弱性。

这些脆弱性和风险相互放大，最终使整个宏观经济变得脆弱。当前宏观调控目标的实现，应建立在有利于发展方式转换的基础之上。"无论是保经济增长，还是抑通胀，都应有助于遏制消费率下滑，这是衡量宏观调控是否恰当的一条基本准则。"

在 2009 年 11 月 27 日召开的中央政治局会议中，已经传递出本次中央经济工作会议和 2010 年经济政策的"风向标"信号——保持宏观经济政策的连续性和稳定性，继续实施积极的财政政策和适度宽松的货币政策；"调结构"确定四大方向，促进消费需求、鼓励民间投资、推动战略性新兴产业发展、积极应对气候变化。

"在看到复苏同时，我们还必须要高度关注中国经济存在的脆弱性问题。尽快转变经济发展方式是化解经济风险的根本保证。"11 月 30 日，财政部财政科学研究所研究员刘尚希在接受《21世纪经济报道》（以下简称《21世纪》）专访时给出这样的政策建议，并对本次经济工作会议进行了前瞻。

中国经济脆弱性隐忧

《21世纪》：中央经济工作会议在即，人们都在纷纷评估当前中国经济形势及未来的走势、政策如何应对。您怎么看？

刘尚希：按照不变价格初步估算，我国2009年前三季度同比增长了7.7%，并呈逐季递增态势。按照这种趋势，2009年经济增长达到8%无任何问题。单纯从经济增长指标来看，我国经济已经在全球率先复苏了。

但看到复苏迹象的同时，我们还必须要高度关注中国经济存在的脆弱性问题。尽快转换发展方式是化解经济风险、避免经济因自身原因而下滑的根本保证。

《21世纪》：经济的脆弱性主要表现在哪些方面？

刘尚希：中国经济的脆弱性及其风险，从三个方面在时间维度上同时加大。

一方面，长期的低消费率使人力资本积累停滞。另一方面，长期的高投资加剧了资源、环境的压力，可持续风险加大，同时促使分配差距拉大，并相互推进，形成生产系统的自我循环和消费的不断萎缩，发展动力不足。而且，高投资形成的巨大产能和现实需求构成了能源、资源和投资品价格的上涨压力。与此同时，长期的出口导向形成了发展路径依赖，出口规模不断扩大与外贸发展质量长期低下的巨大反差，加大了对外部门经济的脆弱性。

出口、增长与就业构成的"外向型三角关系"使宏观经济政策越来越失去自主性，越来越被动。薄利多销带来的巨大出口维持了脆弱的增长和脆弱的就业，但付出了高昂的代价。

越来越高的对外依存度，也许其本身不是问题，而是高成本、低收益的这种外贸发展方式削弱了自己，从而使得过高的对外依存度转换成为高脆弱性，加大了风险。

《21世纪》：这种脆弱性的相互叠加，将怎样影响危机后的宏观经济走势？

刘尚希：最终会使整个宏观经济变得脆弱。这种脆弱实际上就是我国经济的慢性病，国民经济"体质"下降，抗拒外部风险的能力下降，稍感风寒就会生病。危机后的宏观经济走势可以从中得到解释。

若按照不确定性程度来排序，就会产生如下序列：出口＞投资＞消费。若经济增长愈是依赖于出口和投资，则增长就越不稳定，波动性大。而对于任何一个经济体来说，消费是实现平稳发展的"定海神针"。我国的消费率是不断走低的，这使经济增长的动力自然减弱。

在以低消费、高投资和大出口为特征的发展方式没有调整以前，我国经济增长的波动性和不稳定性都会加大。近期看，通过政府的强力投资刺激，增长似乎不是问题。但政府的这种强力投资刺激能维持多久呢？

显然，现在要考虑的不是保增长，而是政府强力投资刺激逐步减弱后的增长动力问题，也就是内生性增长如何形成的问题。

提高消费率是关键

《21世纪》：中国下一步的宏观调控应该如何作为？如何促使经济实现内生性增长？

刘尚希：我的基本建议是，总量政策保持现状，结构政策加大力度。

总量政策不宜力度过大，其变化也不宜过于频繁。总量政策往往直接影响总需求，而对供给的直接影响小，如货币政策对总需求有明显效果，但无法刺激供给结构和供给能力的增强。

在这种情况下，应更多地使用结构性政策，有针对性地改善供给结构和供给能力，如适度放松基础产品的价格管制，改组垄断性企业和行业，等等。

总之，所有政策措施的实施不仅要有利于缓解眼前的问题，更要有助于转换发展方式，只有这样，才能避免问题后移而导致风险累积。

《21世纪》："转变经济发展方式"早已耳熟能详，但其进展一直不尽如人意。

刘尚希：应当说，转换发展方式的必要性已经成为政府的一种明确认识。但认识到了，并不等于能够做到。

迫于资源、环境的压力，中国在节能、减排等方面取得了一些进展，不过从当前发展方式的基本特征来看，消费率、投资率和净出口率这些年来甚至在逆转。这表明，转换发展方式不但没有取得实质性进展，原有的发展方式反而被进一步强化。

我们的经济政策偏重于短期经济指标，如经济增长、物价、就业等指标，以为这些指标达到了预期就万事大吉。这些指标无法显示出发展方式的变化及其进展。这使得我们的注意力被引导到短期宏观经济状况方面，以至于在不知不觉中得了经济慢性病而不知道。

三十年来经济增长堪称"奇迹"，可发展方式的变化与此形成了鲜明反差。要使经济增长率的变化与发展方式的变化同方向，就当前来看，其要满足的条件是消费、投资和净出口增长率的变化应当有助于提高消费率，而同时降低投资率和净出口率。

因此，当前宏观调控目标的实现应建立在有利于发展方式转换的基础之上。无论是保经济增长，还是抑制通胀，都应有助于遏制消费率下滑，这是衡量宏观调控是否恰当的一条基本准则。

《21世纪》：该如何有效提高消费率？

刘尚希：就当前情况来说，一方面可以从改善收入分配入手，提高新的"两个比重"（居民收入占国民收入比重、劳动报酬占初次分配的比重）。这可通过提升人力资本积累、提高广大劳动者尤其是农民工的就业能力、加大劳动者权益的保护力度、完善税制结构等手段来逐渐改善。

另一方面，要加大保障和改善民生的力度，通过扩大公共服务来扩增公共消费，如基础教育、职业教育、就业技能培训、公共卫生与基本医疗、低保、失业救济和养老保障等等。这是降低私人消费预期不确定性和加快全社会人力资本积累的根本途径。

应有一个明确的提高消费率的规划，如五年规划，把各项政策都放到这个规划中来。只有这样，扩大内需、转换发展方式才不会变成"相机抉择"，时而重视，时而忽视。

一年一度的中央经济工作会议正步入"倒计时"。而此刻的中国经济，也正步入微妙而关键的时期。

单纯从经济增长指标看，中国经济已经摆脱国际金融危机带来的严重影响，率先在全球复苏。然而，这种复苏的基础是否稳固是否可持续？政府强力投资刺激逐步减弱后增长动力从何而来？内生性增长如何形成？这一切，正成为政府、市场越来越关注的话题。

（原载于《21世纪经济报道》2009年12月2日　记者马晖、孙雷采写）

宏观管理缺位，宏观调控"小马拉大车"

宏观调控属于间接性的、总量性的、随机性的、短期性的和应急性的调控手段，把属于宏观管理的事情用"宏观调控"的方式去解决，这就使得许多带有全局性、长期性、基础性、战略性的问题，也随着宏观调控的节奏而变得时而重要、时而次要，时而刹车、时而给力。不只是宏观管理的事情变成了宏观调控，整个行政管理也被纳入了宏观调控之中，政府职能转换变异为以加强宏观调控体系建设为主。

近年来，国内外经济形势复杂，经济深层次问题与新情况新矛盾交织，风险和挑战严峻，我国宏观经济面临的复杂性、特殊性和艰巨性前所未有。宏观经济政策一直处于加快经济增长、抑制通货膨胀、降低房价、稳定物价之间徘徊。而宏观经济政策主要是基于宏观调控的需要不断地调整变化。然而，宏观调控的本质是相机抉择，有明显的时段性和非常规性。要引导国民经济健康地发展，从根本上解决经济全局性问题，使国家战略部署切实落实，还要在建立常规的宏观管理体系上做文章。就此，国研网专访了财政部财政科学研究所研究员、博士生导师刘尚希。

国研网：近段时间，我们看到猪肉价格的波动带动消费价格指数（CPI）波动，老百姓戏言：猪在决定物价。蔬菜产地与终端价格悬殊，农民丰收却卖不出去蔬菜。以及房地产市场价格远远高于实际价值。对于这些现象和声音，您如何看待？

刘尚希：目前的这种猪肉价格上涨的形势，使我们不得不把物价调控再一次摆到宏观调控的首位。反思这几年农副产品价格的波动变化，其实是对农业的宏观管理缺位所致，单靠宏观调控只能是缓解一时。房价的问题实际上也是如此，缺乏对房地产业的宏观管理，从全国来看，我国房地产业的发展实际上处于自由放任的状态，等到房价成为"政治问题"才不得不去采取强硬措施。再如国民收入的分配问题，几乎都交给市场了。还有农民工的流动，长期处于自发状态，彻底交给了劳动力市场来自发调节。诸如此类，都反映出国家宏观管理的缺失。

对微观主体即企业来说，管理变得越来越重要。而对于复杂程度超过企业千万倍的国民经济来说，如何管理更加重要。企业管理变成了专门的一门学问——管理学，而国民经济的宏观管理，却缺乏理论的支撑。计划经济体制下遗留下来的国民经济管理学，无法为市场经济基础上的国民经济宏观管理提供理论依据。而从西方舶来的行政学或公共管理学（MPA）却难以包容国民经济宏观管理的复杂内容，尤其是在中国。

因此，无论是理论，还是实践，我国的国民经济宏观管理都处于缺位状态。

国研网：改革开放以来，我国一直在推进各项改革，其中也包括政府职能的转变，但目前来看，国民经济宏观管理仍然处于缺位状态，您认为问题出现在哪里？

刘尚希：2008年3月，启动了第六次政府机构改革，旨在推动行政管理体制改革，加快政府职能转变。应当说，这次改革的出发点非常好，其中也涉及了关于国民经济宏观管理的一些内容，但并没有形成对宏观管理的整体认识，相反地却把宏观调控提到了史无前例的高度，在认识上实际上已经用"宏观调控"取代了"宏观管理"。2008 年底国际金融危机带来的冲击，更是进一步强化了上述认识，宏观调控变成了社会主义市场经济中至高无上的东西。

宏观调控是在改革我国传统的国民经济管理体制，实行市场化改革的过程中逐渐形成的一种认识。20 世纪 80 年代中，就提出过"政府调控市场，市场调控企业"的经济管理体制改革设想。这其中就已经有了"间接调控"的思想。随着市场化改革全面推进，宏观调控越来越清晰地定位于"间接调控"。随着西方经济理论和西方市场经济实践不断地被介绍到我国，宏观调控的目标被定位为熨平宏观经济波动，保持宏观经济稳定，包括物价、就业、国际收支等内容。

显然，宏观调控的对象就是社会总供给与总需求，通过对总需求的影响，来防范经济过热（总需求过大）和经济过冷（总需求过小），缩小经济起伏程度，减轻给社会造成的危害。宏观调控的手段，不言而喻就是财政政策和货币政策这两大总量手段。总体来看，宏观调控的理论基础就是主张政府干预的凯恩斯主义。

从宏观调控的内在属性来看，具有时紧时松的总体特征，具有明显的时段性。具体分析有以下特征：一是间接性，不能直接干预，否则就不是宏观调控，属于政府管制。二是总量性，即通过影响社会总供需来改变宏观经济环境，进而影响微观主体行为，也就是通过改变环境来改变个体行为。三是随机性，即宏观调控的决策属于相机抉择，俗话说的，见机行事，到哪个山上唱哪个歌。相机抉择属于随机决策，不属于战略决策，也不属于常规决策。四是短期性，宏观调控着眼于短期目标，如通货膨胀或通货紧缩，一旦达到常态，即宣告这次宏观调控的任务结束。五是应急性，引发宏观调控决策的事件都不是常态事件，典型的如经济危机、金融危机、物价急剧上涨等。

国研网：从目前来看，我国的宏观调控涉及面很宽泛，您认为这是否与宏观管理的缺位有关?

刘尚希：作为市场化改革的产物，宏观调控的功能是有限的。但由于宏观管理缺位，不得不把属于宏观管理的任务归到宏观调控的身上，迫使宏观调控"小马拉大车"，包揽了许多不该干也干不了的事情。因为对宏观调控的认识不清，其定位、功能不明，使宏观调控变成了一个"框"，什么都往里装。可以说，凡是与经济有关的问题，都归结到宏观调控上，如土地问题、资源与环境问题、农业问题、产业结构问题、投机与泡沫化问题、资本流动问题、市场监管问题、金融监管问题、投资问题、消费问题、分配问题、就业问题，如此等等。宏观调控本来就具有"一时一议"、"随时随议"的性质，把属于宏观管理的事情用"宏观调控"的方式去解决，这就使得许多重大问题，带有全局性、长期性、基础性、战略性问题，也随着宏观调控的节奏而变化，变得时而重要、时而次要，时而刹车、时而给力。如电价、油价、猪肉、棉花价格调控，都是一会儿多了，又一会儿少了；其政策是时而限制，时而鼓励。电价是政府直接控制的，而猪肉、棉花是彻底放开的，都出现波动起伏的这种情况，这实际上都与宏观管理的缺位有关。最典型的莫过于扩大内需（主要是消费）的战略，1998 年就提出来了，但却当成了宏观调控的任务，2002 年之后，随着当时那一轮"保增长"的宏观调控任务结束，扩大内需也随之丢在一边了，直到 10 年之后的 2008 年底的国际金融危机冲击，才使我们再一次想起了扩大内需的战略。结构调整更是如此，一旦纳入宏观调控的范畴，时而紧，时而松，结构调整难见成效，等到结构问题到了十分严重的程度，就动用行政手段强制性解决。

宏观管理缺位导致国民经济中的各种矛盾和问题此起彼伏，按下葫芦浮起瓢。问题越多，宏观调控就越发显得重要，就越是要强化；宏观调控越是强化，越是更多地替代宏观管理，宏观管理越是缺位，问题就越多，由此形成恶性循环。更重要的是，错位地强化宏观调控，不但不能解决问题，相反地还会引发新的问题，旧病未去添新病。

正因为宏观调控的"负担"过重，需要解决的问题层出不穷，目标多、任务重，而解决问题的手段明显不够用，于是把行政手段、法律手段也都归结为宏观调控的手段。这样一来，不只是把宏观管理的事情变成了宏观调控的内容，也把整个行政管理纳入了宏观调控之中，把政府职能转换，变异为主要就是加强宏观调控体系建设。在 2008 年的政府机构改革思路中，宏观调控被置于行政体制改革的首位。社会主义市场经济体制的完善主要变成了宏观调控体系的完善，随着计划经济时期的国民经济管理体制一同被抛弃，宏观管理体制不存在了，化整为零般变成各个部门的体制问题，在"条条专政"下，市场经济基础上的国民经济宏观管理被肢解了，降格为各个部门的事情。而各个部门并非"无缝衔接"，导致有些属于宏观管理的重大事项游离在现行"体制外"。例如规模达到几十万亿的国有金融资产管理，就处于这种模糊状态，相关部门都在"管"，但都没有具体的责任，且各自的目标都不相同。

国研网：长期来看，您认为宏观管理缺失，宏观调控"越俎代庖"会给国民经济发展带来怎样的后果？

刘尚希：按照"三定"方案，宏观调控属于国家发展改革委员会（以下简称发改委）的职责，而市场经济条件下宏观调控的主要手段，即财政政策、货币政策分属于财政部和中国人民银行。财政、银行拥有手段，却在职责分工中，并不具有宏观调控的职能，其任务只是完善公共财政体系和货币政策体系，也就是完善这两个手段，至于宏观调控的这两个手段如何用、何时用，似乎是归发改委，然后才是国务院。而发改委又无权直接指挥这两个部门，只能是协商，其协调的难度是可想而知的。在这种磨合状态下，其衍生物已经渐渐地成形，并浮出水面：一是强化行政手段。在财政货币手段难以直接运用的情况下，作为宏观调控的职责部门，就会不由自主地更多利用行政手段来履行其职责。二是以各种方式提升部门地位。例如通过国务院来提升宏观调控的地位，进而提高发改委的权威性，以便更好地运用宏观调控的各种手段，"小国务院"之称谓就是一个形象的描述。如果把这种现象简单化地称之为部门之间的争权，那就只是看到了表面，失之偏颇。

把宏观调控在社会主义市场经济体制中的位置提到至高无上，替代宏观管理，而又把这种至高无上的职责赋予一个无常规手段的部门来实施，这显然是行政治理结构上的错位配置。在这种条件下，宏观调控体系的健全实际上是难以企及的。

由此产生的后果是不言而喻的：

一是宏观调控行政化。这是一种内生的结果。宏观调控负重前行，超越了自身的功能范围，就不得不动用越来越多的行政手段来解决眼前的问题。加上有计划经济的传统思维，在挑战面前，退回到熟悉的老路上去成为一种本能。再加上部门职责与手段不匹配，以及部门之间缺乏协调的机制，动用行政手段也是更省力的方式，而且在治标方面见效快。行政化的宏观调控日渐受到社会的批评，为应对这种批评，就只好在概念上兜圈子，改变宏观调控的内涵和外延，把属于宏观管理的东西硬塞进来。这使宏观调控的定位越来越模糊，在实际操作中也越来越难以把握。这也使市场对政府发出的信号难以准确理解，增大了市场的不确定性，因而易导致更多的新的问题。

二是战略问题战术化。宏观调控主要是解决短期问题，但短期问题的解决不应妨碍长期问题的解决。但当宏观管理被取代之后，长期问题很容易当成短期问题来处理，这使重大战略问题迟迟难有进展，从而扩大国民经济风险。转换发展方式，过去叫做转变经济增长方式，说了多年，但进展不大，相反在逆转。外部拉动变成内生增长，在全球不景气情况下，现在变成主要是政府投资拉动，民间投资越来越游资化、热钱化，而消费更是裹足不前，国民消费率不升反降。假如全球经济状况好转，外需旺盛了，扩大内需的战略可能又会抛到脑后。分配问题也是一个战略性的问题，这根本就不是通过宏观调控在短期内能解决的问题，但在宏观调控无所不在、无所不能的社会氛围中，社会对分配问题的容忍度越来越小，要求政府加大对分配的宏观调控力度，要求马上见到效果。这种社会压力，有可能使政府越来越战术化地解决问题，导致矛盾后延，风险累积。

国研网：您认为从我国目前的实际情况出发，如何使"越位"的宏观调控"归位"，"缺位"的宏观管理"到位"呢？

刘尚希：这首先要回到老生常谈的政府与市场的关系问题。凯恩斯主义为政府干预经济，也就是宏观调控提供了理论依据，认识到市场会出现失衡，导致经济波动，而通过宏观调控，有可能使这种波动缩小，避免大的危机发生。但这并没有为国民经济的宏观管理提供理论依据。如果说，宏观调控是弥补市场失灵，那么，宏观管理是市场正常运行的条件。可以这样说，没有宏观管理，市场运行就不会正常，尤其是在我国这样的发展中大国。

2008 年国际金融危机之后，国际社会在从金融的视角反思宏观管理的缺位，提出了宏观审慎监管的理念和架构。巴塞尔 III 与之前的巴塞尔 I、巴塞尔 II 的不同之处，就在于从过去的微观审慎监管转变为宏观审慎监管，以防范宏观金融风险（即系统性风险）。在老牌市场经济国家，运用财政政策、货币政策来干预经济运行可以说驾轻就熟，为什么还要提出宏观审慎监管呢？这只能说明，在金融危机之后，西方国家也发现宏观调控与宏观管理不是一码事，宏观经济离不开宏观管理。

以凯恩斯理论为指导的宏观调控只能解决社会总供给与总需求脱节的问题，而无法解决经济运行中信息不对称以及各种不确定性问题，而这些问题更有可能使经济风险扩散，而引发宏观风险，导致系统性危机。显然，这通过市场主体的微观管理是无法解决的，唯一的途径就是政府为主体的宏观管理。这不只是政府的宏观监管，而是包括更多的其他内容。面对风险集成、风险复合、风险累积、风险扩散等风险社会的这些特征，政府与市场的关系不再是传统的政府弥补市场失灵的二元概念了，而是互为条件、互为表里的一体化关系，就像企业运营与企业管理的关系一样。面对微观风险，如市场风险、违约风险、汇率风险等等，那是企业管理的任务；而面对宏观风险，如经济失衡、金融失稳、结构失衡、内外失衡、分配失衡等系统性风险，则是微观管理无法解决的问题，需要宏观管理来应对。而这些宏观风险问题也不是着眼于短期和相机抉择的宏观调控所能化解的。

从宏观调控和宏观管理的关系来看，前者无法替代后者，而后者却包含了前者。相对于宏观管理来说，宏观调控是宏观管理的手段之一或者说方式之一，实施宏观管理也离不开这个手段，如财政政策和货币政策，也是不可或缺的。对于短期问题毕竟需要用宏观调控的方式来解决，不过宏观调控要服从于宏观管理，而不是相反。二者的这种关系和地位，是由其功能决定的。宏观管理的功能是防范和化解信息不对称以及不确定性引发的宏观风险，即系统性风险；而宏观调控作为宏观管理方式之一，其功能是防范和化解宏观风险之一，即社会总供需脱节的风险，对于结构失衡、分配失衡等宏观风险，则不是宏观调控所能应对的。

从我国实际情况出发，构建宏观管理框架已经势在必行，是科学发展观能否落地的关键。沿着现有宏观调控思路走下去，可能导致科学发展观悬空而无法落地，甚至因宏观调控自身使财政风险、金融风险扩散。西方国家的债务危机，实际上就是政府宏观调控的一个严重后果。

国研网：您认为中国式的宏观管理框架，至少应包括哪些方面呢？

刘尚希：一是明确目标。宏观管理的目标不是传统教科书讲的促进经济增长、保持物价稳定、维持充分就业和国际收支平衡，而是宏观风险的防范和化解，尤其是长期性的和战略性的风险。具体到我国的现阶段，那就是科学发展能否逐步实现的风险，发展方式能否尽快转变的风险。传统的目标都是基于宏观经济短期分析框架而提出的短期性目标，缺乏战略视野和长期考虑，那实际上是基于成熟市场经济国家而提出的。

二是确立宏观管理的治理结构。宏观管理是一个复杂的系统，治理结构关系宏观管理的成败。其一是经济分权背景下的中央与地方的管理分权与责任分担，其二是政府各个部门之间的职责、权限及手段的匹配。这不是一个简单的"三定"方案能包含的。显然，这与行政管理体制的改革是紧密地联系在一起的。

三是建立全覆盖的宏观管理制度。这包括国家规划的制定和实施、国家公共资源和资产的管理、国内外资本流动的管理、国内外劳动力流动的管理、资源与环境的管理、竞争与垄断的管理等等。这些管理制度最好以法律的形式颁布。

四是建立宏观管理的程序。这包括规划管理、改革管理、政策管理、规章管理，即它们的制定、发布、实施、评估等等都需要一套严格的管理程序。

五是建构宏观管理的监督和监测指标，形成反馈和判断，为短期、中期和长期目标的偏离度提供风险预警。

（原载于国研网 2011 年 11 月 17 日　记者萨日娜采写）

经济"结构性收缩"与宏观政策应对

放在全球时空坐标来观察当前的经济下行,其性质不是"水"和"面"的关系,不是总需求不足导致的,而是国际金融危机之后全球结构性调整与我国结构性调整相互影响叠加而产生的一种结构性收缩效应。这与总需求不足导致的经济下行在性质上是不同的,也很难用经济周期理论来解释。

国内外宏观经济形势的不确定性和复杂性在不断加大,经济增长趋缓的态势是否明朗?当前令人担心的是,增长趋缓会不会演变为快速下滑?如何才能防止这种情况的出现?如何才能实现"稳增长"?稳增长与调结构如何统筹协调避免相互妨碍?如何把短期目标与长期目标有机结合起来?政策的着力点如何选择?政策力度如何拿捏?在 2008 年经济刺激措施的基础上,当前的政策措施如何创新?新的政策空间多大?条件是否具备?就此,国研网专访了财政部财政科学研究所研究员、博士生导师刘尚希。

一、当前经济形势的基本特征

国研网:您对当前的经济形势如何判断?

刘尚希：当前国内外经济形势具有以下几个基本特征：

（1）全球经济低迷仍将延续，外需乏力将是常态

欧债危机反复发作，欧元区经济仍处于衰退之中，西班牙、葡萄牙、希腊、意大利诸国至今已连续三个季度负增长，欧元区一季度经济增长只有0.5%，经济萎缩；欧元区就业状况也异常严峻，4月、5月失业率均高居创纪录的11%。欧洲主权债务危机短期内无望解决并存在进一步恶化的可能，将拖累欧洲乃至全球经济复苏。美国经济仍处于低谷，从2011年6月以来，美国的失业率从9.2%下降至2012年7月的8.3%，仍居于高位；实际GDP增长从2011年二季度的1.3%勉强爬行到2012年二季度的1.7%，整体看仍相当脆弱。尤其是美国迈向"财政悬崖"的风险加剧，货币政策再次宽松有可能导致全球流动性泛滥，全球经济陷入滞涨的风险加大。就我国来说，意味着外需乏力，并将成为未来一个时期的常态。

（2）我国经济增长趋缓，短期内难以反转

在全球经济萎靡不振的同时，我国经济增长趋缓态势明显。自2010年第四季度至2012年第一季度，我国经济的增速分别为9.8%、9.7%、9.5%、9.1%、8.9%、8.1%，已经连续五个季度放缓下行。从刚刚发布的2012年7月份经济数据来看，经济下行的态势仍将延续。

从需求方面来观察，投资需求、消费需求和外需都在下行。2011年以来固定资产投资缓慢下降，2012年1—7月份，我国固定资产投资同比名义增长20.4%，与1—6月份名义增幅持平；1—7月份房地产开发投资同比增长15.4%，比1—6月份下降了1.2个百分点。在2011年的经济增长中，投资贡献率达到54.2%，经济增长的这一首要拉动力量今年明显趋弱。尤其是房地产调控不放松的条件下，房地产投资不能指望成为今年经济增长的拉动力量。从消费来看，消费需求趋向下行。

2012 年 7 月份社会消费品零售总额同比名义增长 13.14%，扣除价格因素实际增长 12.2%，增速比 5 月份回落 0.6 个百分点。受全球需求萎缩的影响，加之国际贸易摩擦明显增加，外贸大幅度下降，我国 2011 年全年出口总额保持在 20% 以上的增速，2012 年 1—7 月份出口总值增长陡降到 7.8%。国际贸易保护主义明显抬头，国际贸易纠纷大约一半是针对我国的，国际贸易条件趋向恶化。

显然，从需求方面分析，经济增长的动力只能转向依靠国内的投资和消费，外需难以指望，甚至可能成为增长的拖曳因素。

国研网：2012 年中国制造业经理人指数 PMI 一路下滑，并于 8 月份跌破 50 的荣枯临界点为 49.2，低于上月的 50.1，显示中国制造业继续处于下滑趋势中。经济在结构性收缩，会不会出现"经济悬崖"？

刘尚希：当前经济趋缓是结构性收缩的结果，不会出现"经济悬崖"，也不会导致经济紧缩。2012 年 7 月份我国大陆地区制造业采购经理指数（PMI）下降到 50.1，经济进一步收缩。但总体看，该指数连续八个月保持在 50% 以上，反映出经济增长势头并没有改变。此外，从 PMI 分类指标来看，当前第三产业发展好于第二产业，在第二产业当中，制造业发展势头好于采掘业，这说明经济结构在调整变化。从从业人员来看，制造业从业人员指数自 2012 年 3 月份以来，曾连续三个月在 50% 以上，6 月份、7 月份分别为 49.7%、49.54%，有小幅下降态势；非制造业从业人员指数自年初以来稳定地保持在 50% 以上，两组数据均显示出就业保持稳定状态。

再从价格指数来看，今年 7 月份 CPI 指数为 1.78%，较之 6 月份的 2.15% 进一步放缓，是 2010 年 6 月 2.9% 之后的新低；工业生产者出厂价格指数（PPI）同比下降 2.87%，环比下降 0.8%。物价指数回落，这正是我们所希望的，不应视为通货紧缩的标志。

在经济结构调整过程中，经济增长速度从高位适当回落是正常现象，是一种结构性收缩效应，与处于低增长状态的经济萎缩有根本性质的区别。

国研网：那么，我国经济是否偏离了预期的增长区间？

刘尚希：总体来看，我国经济增长未偏离预期区间。

从预期增长目标来看，2012 年的年度预期目标是 7.5%，"十二五"期间的预期增长目标是 7%。就此而论，当前经济增长趋缓仍在预期的合理区间之内。当前还没有足够的证据能够证明，我国经济增长将会进一步下滑到 7% 以下。既然如此，当前宏观经济政策应"稳中求进"，静观其变，不宜转向财政政策的总量扩张。货币政策下调准存率和基准利率，属于回归常态。之前单纯依据物价指数（主要是农产品因素导致）来判断通胀形势而采取的紧缩政策实际上是不恰当的，而现在的下调属于回调，性质上不属于货币政策的扩张。

二、我国当前经济趋缓的性质："结构性收缩"

国研网：据您认为，当前经济增速下滑仅仅是速度的回调，还是经济结构本身发生了变化，还是二者兼而有之？

刘尚希：受凯恩斯理论的影响，对我国当前经济趋缓，多数人归结为总需求不足，特别是把全球经济低迷导致的外需不足视为重要原因。这种判断是从经济学一般性原理和表面现象出发的，忽略了当前的具体情况和深层因素。

要准确判断当前经济趋缓的性质，至少要关注三点：一是当前的经济趋缓是从接近于两位数增长的"高位"开始的，与从"低位"开始的经济下行有质的区别。二是在经济结构长期不合理的基础上出现的，尤其是实体经济结构，不仅表现在附加价值低的行业和产品占比大，而且反映在超出了资源、环境的承载能力。三是我国经济体量已经居于世界第二位，中国因素与全球因素的作用力与反作用力已经产生了"质变"，全球市场、全球资源、全球环境、全球流动、全球军事、全球政治等等都会对我国产生深度影响，并从我国反射到全球，这不仅仅是一个"外需"的概念所能涵盖的。因此，放在全球时空坐标来观察当前的经济下行，其性质不是"水"和"面"的关系，不是总需求不足导致的，而是国际金融危机之后全球结构性调整与我国结构性调整相互影响叠加而产生的一种结构性收缩效应。这与总需求不足导致的经济下行在性质上是不同的，也很难用经济周期理论来解释。我们当前经济趋缓的性质定义为经济"结构性收缩"。

国研网：您所指的经济"结构性收缩"具体有哪些表现？

刘尚希：我们可以从产业结构、区域结构两个角度理解这个概念。

首先，从产业结构来观察。

市场经济下，产能过剩是常态，但有相对过剩与绝对过剩之分。市场竞争总是会导致各个行业产能在某个时期存在相对过剩，但在平均利润率规则下，要素流动，资源配置重组，某个行业某个时期的过剩只是暂时现象。倘若是非市场因素导致某些行业产能长期过剩，则是绝对过剩。产业结构的扭曲，往往是指后面这种情况下出现的结构不合理。

（1）在产能绝对过剩情况下，任何刺激政策都会失效

在经济全球化条件下，国内的过剩产能往往可以通过全球市场来消化，在全球市场高涨的情况下，绝对过剩的产能往往被掩盖了。一旦全球市场陷入低迷状态，"水落石出"，就会使产能过剩问题暴露出来。问题的严重程度，取决于对全球市场的依赖程度。我国市场经济现阶段还是政府主导型的，产能过剩既有市场因素，也有政府因素，但后者的作

用更显著。而且，作为低端产品生产的世界工厂，我国对全球市场的依赖程度很高，无论是产品市场，还是原材料市场都是如此。这使我国的产能过剩很容易从相对过剩演变为绝对过剩。而过剩产能的淘汰，又在很大程度上与政府的政策紧密地联系在一起。尤其在经济下行时期，政府的经济刺激政策往往会留下"病灶"，使绝对过剩的产能难以通过市场的力量来彻底淘汰。这样，产能过剩就会在"下一次"变得更加严重。累积到一定程度，无论政府采取什么样的刺激政策，经济增长都会收缩。我国当前的情况大致就是如此。

以钢铁为例，作为全球最大的钢铁生产国，2011 年中国粗钢产量为 6.955 亿吨，同比增长 8.9%，占全球粗钢总产量的比例为 45.5%。据相关部门预测，2012 年我国粗钢产能仍在扩张，将达到 8.4 亿吨，粗钢消费量将在 6.88 亿吨左右，产能过剩 22%，有将近四分之一的粗钢产能需要通过全球市场予以消化。然而，外需并不能消化国内过剩产能。2011 年 12 月份世界粗钢产能利用率仅 71.7%，为全年最低点，全球有近 30% 的粗钢产能过剩闲置。若考虑中小钢铁企业在建产能统计不全，我国实际粗钢产能可能更大。产能绝对过剩，使钢铁企业的盈利能力进一步被削弱。据中钢协数据显示，2011 年，我国重点大中型钢铁企业销售利润率仅为 2.42%，同比下降 0.58 个百分点，远低于同期全国规模以上工业企业 6.47% 的平均水平；2012 年第一季度出现了新世纪以来的首次全行业亏损。但这并没有使钢铁行业扩张放缓，今年 1—6 月份，钢铁行业固定资产累计投资 2911 亿元，同比增长 12.05%，但增速比去年同期下降 4.8 个百分点。

从产量看，我国钢铁、水泥、煤炭、有色金属等工业品产量都已经接近或超过全球产量的一半，在 22 个工业大类行业中，我们有七个行业（钢铁、纺织、水泥等）产量是世界第一，有 220 多种工业品产量居世界第一。基于固定资产投资减速和节能减排压力加大等因素，诸多行业低端产能已经绝对过剩，面临着先进产能替代落后产能的问题。2011年，我国水泥产能利用率为73%，焦煤产能利用率为85%；另据中国汽车产业协会估计，中国乘用车领域2012年产能利用率仅能达到66.39%。

放到全球视野来考察，全球供需失衡的深层次矛盾还未解决。2012年5月份美国制造业产能利用率为77.6%，2012年一季度欧元区制造业产能利用率为79.9%。培育新能源、新材料、新医药、信息化等新兴产业，在新一轮全球经济结构调整中成为各国激烈竞争的领域。占领制造业高点已成为世界主要经济体提高经济增长质量的重要途径。主要市场经济国家都在思考如何提升生产技术水平、降低成本，并淘汰过剩产能中的落后产能和低附加值部分。如美国自次贷危机以来，就先后实施了汽车产业救助政策和新能源战略，以确保了实体经济不受过度冲击。如法国近两年陆续通过"大额国债计划"来加大对高教科研、生物技术、绿色工业、文化等产业的投入，以从根本上调整法国工业结构，实施再工业化战略。这次经济危机在推动全球结构调整，极有可能引发以数字与信息化产业为代表的第三次产业革命提前到来。

而我国制造业面临的问题不仅仅是产能绝对过剩，而且是"大"而不"强"、升级困难，在国际分工中，被长期锁定在价值链的低端。从量上来看，我国制造业产值已经跟美国差不多平起平坐了，但附加值却相距甚远。我国工业增加值率只有26.5%，而全球平均水平在35%以上，美国、德国都达到40%以上。我国在自主研发、高端技术专利、标准制定和自主品牌、自主销售渠道等高附加值环节都十分薄弱。我国钢铁、电解铝、水泥等行业一方面产能绝对过剩，而另一方面，高附加值产品的产能却普遍不足。面对这种格局，靠扩大总需求来稳增长显然是难以收到效果的。

（2）从过去的经验看，扩大总需求之路现在已经走不通

21 世纪以来，我国在消化过剩产能问题上的两大法宝就是出口推动和以"铁公基"、房地产为重点的投资拉动。然而，经过几轮房地产的快速扩张和城市基础设施投资快速推进，特别是 2008 年以来"四万亿"刺激计划的实施，要消化当前这些高耗能产业的过剩产能，这两条老路都已经走不通了。

首先，全球需求低迷，使产能过剩愈发显得严重。根据 IMF 4 月发布的全球经济最新展望，2012 年与 2013 年全球经济增速分别为 3.5% 与 4.1%，低于 2010 年的 5.3% 以及 2011 年的 3.9%。以美国为中心的西方发达国家总需求不断萎缩，欧债危机的复杂化和长期化将会带来世界经济格局的新变化。新兴市场国家也面临资本外流、货币贬值和经济增速放缓的挑战，印度、巴西 2012 年第一季度经济同比增长分别只有 5.3% 和 0.8%。总的来看，全球范围内的"去杠杆化"和经济再平衡将是一个漫长的过程，全球需求低迷将不是一个短期现象。

其次，国内房地产调控当前难以放松。房地产业一头连着投资，一头连着消费；一头连着财政，一头连着居民，是我国国民经济中最为敏感的产业。目前，我国房地产正处于胶着状态，房地产价格既不能大涨，也不能下跌过快，需要在挤压部分地区房地产泡沫和防范房地产风险中找到平衡点。从长远来看，房地产业不应成为我国国民经济和财政增收的支柱，各种由于经济困难而放松房地产调控的政策理由都是不成立的，否则只会使前期调控前功尽弃。

一般来讲，投资中最主要的是制造业投资、房地产投资、基础设施建设投资三类。毋庸置疑，当前我国经济增长仍需要一定的投资支撑，应坚持把制造业的产业结构调整当作"稳增长"的重心，政府对房地产

的调控政策决不能放松，基础设施投资特别是农田水利、数字化管网等基础设施应作为短期需求管理政策预调微调的主要内容。

最后，一些战略性新兴产业也出现了产能过剩。如以光伏产业为代表的一些战略性新兴产业，行业规模和市场准入受政策影响很大，在大干快上的各地政府政策推动下，也出现了低附加值产能过剩的问题，缺少自己的核心技术，规模上得快，而"刀把子"却拿在别人手里。

由此可见，就现有的产能而言，过剩已经不是局部现象，再依靠政府来大规模拉动投资已不现实。因此，依靠实体经济和民间投资，推进供给端的结构转型升级，鼓励创新、创业应成为当前宏观经济政策的主要着力点。

其次，从区域结构来分析。

近年来，我国区域经济发展格局正在发生深刻调整。从经济增长格局看，我国历史上长期呈现着"东高、中次、西低"的态势；2000年西部大开发战略实施以后，这一格局变成了"东高、西次、中低"；2008年次贷危机爆发后则又变成了"西高、中次、东低"。据央行数据显示，2011年中西部和东北地区主要经济指标增速高于全国平均水平，全年东部、中部、西部地区生产总值加权平均增长率分别为10.5%、12.8%、14.1%。投资增速也呈现东西分化的局面，2012年1—5月东部地区、中部地区、西部地区的民间固定资产投资同比增速分别为24.3%、27.4%和32.6%，中西部地区的投资下滑幅度要小于东部地区。投资空间结构不断优化，表明中央区域发展政策效果不断显现，区域产业转移更趋活跃，区域结构在快速调整。

按各省市数据加权汇总计算，2008—2010年东部地区GDP增幅分别比东北、中部和西部要低1.6、1.2和2.2个百分点。与2008年相比，2010年东部地区GDP占比下降了1个百分点，工业总产值占比下降了

2.6个百分点。珠三角、长三角地区产业转型升级不断推进，如上海等地已呈现出消费领先投资、三产领先二产、外贸结构不断优化等积极变化，但这种调整还未完成，东部地区结构转换和发展方式转变中增速趋缓将不是一个短期现象。在全球金融危机之下，一些发达国家积极推进产业回归和制造业再造，这势必影响东部沿海地区的产品出口和发展速度。因此东部地区实现经济转型的任务还十分艰巨，不能以周期性波动的视角看待当前东部经济态势，也不应走产业回头路与中西部地区竞争国内市场，而是应瞄准世界上最先进最前沿的领域，积极抢占现代制造业和服务业发展的制高点，进一步提升东部地区产业附加值和核心竞争力。

中西部地区面临"赶超"与"转型"的双重压力。一方面，部分产业由东部向中西部转移呈加快态势，对促进中西部发展和增加投资需求发挥了积极作用，中西部地区正在步入增长的快车道。另一方面，随着"人口红利"逐渐消失，中西部地区的劳动密集型产业也面临着资本外流、资源环境瓶颈等压力因素，中西部地区的经济发展无法复制东部曾经走过的路，要获得高质量的快速增长并非易事。而东部在我国GDP中的占比达70%，东部经济趋缓势必带来全国经济趋缓，即使有中西部的当下快速增长也无法填补东部趋缓导致的缺口。区域结构的这种变化无疑也会引发整个国民经济产生"结构性收缩"，经济增速趋缓下行。

进一步分析中西部的产业特点，发现区域产业结构严重趋同，这也会使中西部的增长难以持续。如近两年地方政府在中央政策的指引下发展战略性新兴产业热情很高，据统计，已有上百个城市把物联网作为发展重点，20多个省、市在搞航空产业园。一些西部地区在承接产业转移中竞争激烈，甚至陷入分工体系中的"路径依赖"和"低端锁定"。

这种"强拉硬拽"式的招商误区不利于中西部地区的长期可持续发展，一些低水平、小规模重复建设的项目也会产生新的产能过剩。其实国际分工正在由产业间向产业内再到产品内不断细化，中西部地区承接产业转移，应更多考虑附加值、产业集群等内在特性，进而在国内价值链甚至全球价值链中找准自身的定位。

总之，当前经济下滑是国际国内结构性收缩叠加作用的结果，表面上看是增长速度的回落，实质上则是市场力量在推动经济结构调整和发展方式转变。

三、判断宏观经济形势的一个新视角：就业

国研网：您提出了"结构性收缩"的概念。那么，面对这样一种新的经济形势，传统的以经济增长率论好坏的分析框架是否也显得不足？

刘尚希：确实是这样的，结构性收缩不可避免地会导致经济趋缓下行，这对习惯于仅以经济增长速度来判断经济形势的传统思维来说，意味着经济形势在变"坏"。在流行的经济形势分析思维中，增长曲线上行，经济形势被判断为"好"；增长曲线下行，往往就被判断为"坏"，特别是当增长曲线下行有可能穿透8%这个所谓的经验临界值时，对经济形势的担心就会与日俱增。当2012年一季度、二季度我国经济趋缓下行至8.1%、7.6%时，认为经济形势在变"坏"的这种担忧情绪在全社会蔓延，甚至已有人开始呼吁政府采取类似于2008年那样的经济干预措施。

国研网：那您认为在经济"结构性收缩"的背景下，哪些经济指标才是研判经济运行状态的恰当标准？

刘尚希：我认为，判断经济形势好坏的临界值指标是就业的状态。

只要劳动力趋向充分就业状态，即使经济增长趋缓下行，也说明经济形势良好。就业状态指标比国内生产总值指标更具有综合性，包含了经济增长、社会状况和收入分配等方面的信息，比增长曲线变化更全面地反映了经济、社会的趋势，为政府政策选择提供了更科学的依据。

尤其是我国经济发展进入一个新阶段，在经济体量更大的条件下，经济增长曲线已不是过去的延伸，而是形成了新的增长曲线，因为生产函数已经不一样了。从世界经济发展史来看，随着工业化和城镇化程度的不断提高，经济增速会随之自然放缓，很难延续工业化初期那样的快速增长。我国经济已经经历了 30 多年近 10% 的快速增长，今后很难再保持过去那样的增速。再以老眼光来看待新阶段的经济增速就很容易导致判断失误，误认为经济增速趋缓下行是经济形势在变坏。经济增速在 8% 左右可能成为今后一个时期的常态。经济增速的参考系该是改变的时候了。

应以就业形势来判断经济形势，而不是相反。

从我国当前的就业状态看，尽管经济趋缓下行，但就业状态良好，说明当前经济形势没有变坏，宏观调控无须做大的调整。

根据中国就业研究所公布的中国就业竞争指数走势变化情况，CIER 指数连续三个季度在 1 以下运行之后，2012 年第一季度重新回到 1 以上。就业形势总体稳定，新增就业岗位继续增加，2012 年第一季度外出农民工人数比上年末增加 508 多万人，同比增长 3.4%。2012 年上半年全国城镇新增就业岗位 694 万个，完成全年 900 万人目标的 77%，创下历年同期最好水平。尽管青壮年劳动力占人口比重下降，我国 20—39 岁青壮年劳动力 2011 年比 2002 年下降了 7%，减少到 4.2 亿人，劳动力供应下降，从一定程度上抵消了经济趋缓下行带来的劳动力需求缺口，但从另一方面也恰恰说明了劳动力供应对经济增长的制约。

随着青壮年劳动力比重下行，自然也会使依靠廉价劳动力的经济增长趋缓下行。这也意味着以廉价劳动力为基础的经济结构已经无法支撑过去的那种经济增速。因此，从劳动力的角度观察，经济趋缓下行也是我国经济发展到现阶段的一种自然的结果。

劳动力是关键生产要素，也是人力资本的载体，其就业状态决定了经济增速的上限。就此而论，从就业来观察宏观经济形势，比经济增速本身更具有逻辑的自洽性。

从就业来看，当前宏观经济形势仍处于正常状态。

一方面经济增长趋缓下行，而另一方面就业却在增加，甚至出现了局部的招工难，这似乎与经济学原理相悖。按照一般经济学原理，增长与就业是同方向变化的，而现实却是反方向变化。这并非现实错了，而是现实情况发生了不曾有的新变化，即就业状态不同了，不仅劳动力供求关系在逆转，就业能力、就业方式、就业观念、就业区域都已经与过去有了明显的不同。不仅如此，产能过剩的行业主要是那些 GDP 效应明显，而就业效应不明显的行业，因此，从 GDP 来看增长慢了，但对就业的影响却不大，从而出现了增长下行，而就业并未同时下降。这也说明，这种无失业增加的增长下行，并不值得担忧。

国研网：您认为应对当前的国内外经济形势应当采取什么样的政策？

刘尚希：我认为，当前宏观经济政策应该着重关注以下几个方面：

（1）当前宏观经济政策应以结构性政策为主

以工业转型升级和构建现代服务业体系为抓手，有保有压地推进供给端的结构转型升级，把创新、创业作为当前宏观经济政策的主要着力点。结构性政策在制定、实施等环节比总量性政策的难度、复杂性都要大。在政策上也需要创新，没有现成的政策措施可以搬用。结构调整的过程，不是一个简单的产业比例关系问题，而本质上是一个创新的过程，包括组织创新、技术创新、产品创新、工艺创新、企业创新、个人创新等等。结构升级、产业转型都意味着质的变化，而绝非只是数量关系的调整。

因此，结构性政策的重心应放在创新、创业上。政府可从两方面发挥作用：一是营造一个良好的创新环境，包括体制环境和政策环境，在创新激励和创新风险分担方面发挥市场无可替代的作用。二是加快强化创新要素的培育，如科研、教育、职业训练、劳动力培训等。创新创业人才、技师、技王、熟练工人等，仅仅靠市场是不够的，政府应在这方面提供更多的服务。不言而喻的是，实施结构性政策与体制机制改革的深化紧密地联系在一起，没有改革的相应推进，结构性政策的效果将会大打折扣。

（2）在"稳中求进"的政策框架下专注于有效增长与就业状态

当前宏观经济政策要顺势而为，要着力防止走老路，避免政策路径依赖，通过总量放松来追求以"量"取胜，改变过分注重增长速度的倾向。"稳增长"是必要的，其内涵是避免"停车检修"，以使结构调整在相对平稳的轨道上运行，以使经济发展方式转变取得实质性进展。在这个意义上，"稳增长"是为推进结构调整服务的，即"稳中求进"。要坚决防止为增长而牺牲结构调整的倾向。经济发展要从以"量"取胜转到以"质"取胜，实现有效增长，唯一的路径是结构转型升级，改变发展方式。因此，"稳增长"要从促进结构调整的角度着眼，只有与此相符才是经济政策预调、微调的内容，任何偏离结构调整的稳增长都是要不得的。

那么，在经济趋缓下行到什么程度才需要"稳增长"呢？关键看就业。只要就业指标在合理区间内，对短期经济增长的回落就没有必要草木皆兵。当然,失业就业指标在统计上有一定的滞后性,但更具有长期意义的导向作用。正如前面所说的,就业状态具有综合性特点,关注就业,同时也就自然而然地关注了增长,关注了社会公平,也关注了分配格局。从关注增长,转到关注就业上来,并把改善就业状态作为宏观经济政策的第一目标,也是促进结构调整的要求,因为劳动力的就业能力和就业环境从根本上决定了结构调整的有效性。

(3)实行以结构性减税为重点的积极财政政策,并与有差别的信贷政策相结合,形成政策合力

当前的积极财政政策也应当是结构性的,主要从结构方面发力。一是结构性减税,二是支出的结构性调整,瞄准经济结构调整的需要给予定向支持。面对财政收入增长大幅度回落的压力,结构性减税有打折扣的危险,尤其在地方,已经出现了地方税收收入逆向增长的现象,值得关注。作为积极财政政策的主要内容,结构性减税与税制完善结合起来,应当尽快推进。例如"营改增"、针对高端住宅和多套房的个人房产税,应当尽快全国推开实行。税制改革试点有副作用,会扭曲市场信号,而且时间越长,其副作用越大,不宜长期搞试点。同时,实行低税率、严征管,从扩大税基上做文章。这应成为长期的税收政策取向。针对小微企业,要进一步提高小微企业的标准,并降低增值税和营业税的起征点、加大所得税的税收优惠、放宽费用列支标准,可以对初创小型微型企业实行免税。加快物流信息化建设,提高物流效率,并减轻物流企业和农产品生产流通环节税收负担。

货币政策应从紧回到稳健的正确轨道上来,并适时适度回调,同时积极推进利率市场化和完善人民币汇率形成机制。对于结构而言,比总量的货币政策更重要的是信贷政策。把信贷政策和财政政策结合起来,实行差别化的信贷政策,如差别化的住房信贷政策、差别化的行业贷款

政策、差别化的企业贷款政策等,尽可能地使资金市场上的资金供应与资金需求相吻合。尤其是对中微小企业、农村、创新创业企业和个人,都应当给予特殊的融资政策支持。

(4)进一步提高对小微企业的政策倾斜度

在政策取向上,我们长期注重"做大",而忽略"扶小",小微企业的生存环境相当艰难。尤其在地方的招商引资,更是关注"大",忽略"小",在当地的小微企业基本上在政府视野之外。在当前形势下,迫切需要政府转变对小微企业的认识。

小微企业是创新的源泉,是结构调整的动力。世界上当今的许多大企业、跨国公司,都是从小企业的创新创业开始的。例如我国的联想、百度、比亚迪等新兴企业无一不是从小微企业发展而来。支持创新创业,在政策上不应锦上添花,而是要雪中送炭。扶持小微企业创新创业,其政策的边际效益通常是最高的。

不仅在效率上具有优势,扶持小微企业也具有促进社会公平的作用。从就业分布来看,小微企业在任何社会、任何发展阶段都是就业的主要吸纳者。促进小微企业发展,也就是促进就业状态的改善。这不只是有利于社会稳定,更是有利于改善市场分配格局。尤其在当前经济趋缓下行的情况下,积极扶持小微企业,也具有防范经济风险和稳增长的作用。

小微企业的发展,在我国比在任何时候都变得更加重要了,需要给予更多的政策扶持和提供更好的发展环境。

（原载于国研网 2012 年 9 月）

走出宏观调控的误区

宏观调控不等于干预市场，要让市场在资源配置中发挥决定性作用，就需要政府"归位"，有效治理宏观经济风险，这样才能真正稳定市场预期，让市场机制发挥决定性作用；宏观调控不等于权力调控，而是政府的一种责任。

宏观调控不等于干预市场

刘尚希说，宏观调控的目的是防范区域性、系统性风险，即治理宏观风险，或者说经济领域的公共风险。经济运行总是会产生不确定性，进而带来风险。但风险有两种：微观风险和宏观风险。前者是交由市场来处理，微观主体企业自己来化解，例如市场风险、财务风险、信用风险、操作性风险等，在市场竞争过程中总是存在，不需要政府去干预。而宏观风险，则往往需要政府来防范与化解，例如通货膨胀、经济波动、金融海啸、外来冲击等等，这类风险要靠政府采取措施来应对。对于这两类性质不同的风险，长期以来混为一谈，以至于出现各种"干预市场"的观点。把宏观经济风险的存在视为"市场失灵"的表现，同样是因为混淆了这两类风险所致。政府与市场是经济系统中不可或缺的两个基本要素，二者是分工合作的关系，而不是相互替代。所谓"市场失灵"需要"政府干预"的流行看法，是导致政府"缺位"、"越位"和"错位"的重要原因。要让市场在资源配置中发挥决定性作用，就需要政府"归位"，有效治理宏观经济风险，这样才能真正稳定市场预期，让市场机制发挥决定性作用。例如，对某种产品价格的干预、对微观金融风险的兜底、对企业产能的裁定等等做法，都是在干预市场，妨碍市场决定性作用的发挥，而不是宏观调控。

宏观调控不等于权力调控

刘尚希认为，由于宏观经济内生的不确定性及其公共风险的存在，政府宏观调控不可或缺。但宏观调控首先是政府的一种责任，而不是权力。可长期以来把这个问题给颠倒了，不是当作一种责任来履行，而是仅仅当作一种权力来行使，宏观调控一旦变为一种权力、权威，就不再是宏观调控，而是行政干预市场运行。宏观调控必须在"宏观领域"，实施调控的主要手段是财政货币政策，即通过对经济参数（通胀率、利率、投资率、消费率等）的影响来发挥作用，从而防范化解宏观经济风险。如果宏观调控变为微观干预，经济调控变为行政命令，宏观风险治理变为微观风险兜底，将会扭曲政府与市场分工合作的关系。

宏观调控的作用是减少经济波动。但当宏观调控从一种责任变异为一种威权时，经济不想波动都难。只有让宏观调控从一种权力回归到一种责任，才能真正达到治理宏观风险的目的。

宏观调控不等于包医百病

在刘尚希看来，宏观调控的作用对象是社会总需求，即通过财政货币政策影响社会总需求，促进社会总供需平衡，减缓经济波动。由于对宏观调控的认识出现偏差，在我国过去的实际操作中，有一种倾向，凡是与经济有关的问题，都归结到宏观调控上，如过去有"银根"一说，意指货币的松紧；后来出来"地根"的说法，把土地供应也归结到宏观调控。粮食安全问题、农产品价格、房价、产能过剩等等，都纳入宏观调控的范围。这使得宏观经济只有"调控"而无"管理"，导致许多重大问题，事关全局性、长期性、基础性、战略性的问题，也随着宏观调控的节奏变得时而重要、时而次要，时而刹车、时而加油。如电力、猪肉、棉花，过去都是一会儿多了，一会儿又少了；其政策是时而限制，时而鼓励。这实质上是在实施行政调控。宏观调控的扩大化，不但不能解决问题，反而掩盖了风险，导致风险累积、后移。这方面的教训不少，值得总结深思。

宏观调控不等于治理长期风险

刘尚希指出，宏观调控带有应急的性质，应对的是短期宏观风险。与短期风险相比，当前面临的长期风险——中长期不可持续的风险凸显，转方式、调结构，是治理长期宏观风险的基本路径。宏观调控让位于转方式、调结构，也就在情理之中。政府工作报告明确提出了"底线思维"，经济运行只要不突破底线，宏观调控就不需要出手。不难看出，宏观调控优先的短期操作思维有所淡化，长期风险治理摆到了越来越重要的位置。

　　而长期风险治理依赖于宏观管理体系的健全和完善。对此，一直认识不足，过去都是以宏观调控代行了宏观管理的任务，宏观管理长期缺位。宏观管理缺位，宏观经济中的各种深层次矛盾和问题长期得不到解决，以宏观调控的方式去解决，能缓解一时，治标不治本。深层风险不断积累，导致各种矛盾和问题此起彼伏，如发展方式问题、产业结构问题。问题越多，宏观调控就越是要强化；宏观调控越是强化，越是替代宏观管理，问题就越多，由此形成恶性循环。要破解这个循环，必须让宏观调控"归位"，让宏观管理"到位"，形成短、长结合的宏观风险治理机制。唯如此，更好地发挥政府的作用才能实现，市场发挥决定性作用也才有可能。

　　　　　　　　　　（原载于《新财苑》2014 年 10 月　记者马善记采写）

积极财政政策应更侧重调结构

过去积极财政政策就是扩张性财政政策，就是涉及赤字和债务的问题。但是，如果财政政策不再是一个总量性的扩张政策，不是说要简单地放水，而是转变为以结构为导向的财政政策，则要通过调整支出结构、公共收入等，推动结构调整和产业转型升级。当前扩大赤字、扩张总需求没有多大效果，没有必要主要采取这种方式。总体上，还是表现为结构导向的一种财政政策，顺势调整支出结构，提高资金使用效果。

2014 年三季度中国 GDP 增长 7.3%。数据发布当天，国务院总理李克强在会见来京参加第 21 届亚太经合组织（APEC）财长会的代表团团长时称，中国前三季度经济运行仍处在合理区间，并出现了一些积极、深刻的趋势性变化。

高速增长十几年后，中国经济目前正处于结构调整、转型升级的关键期，传统驱动力衰减，而新动力尚不够强劲。一方面，经济下行压力不减，另一方面，支持其平稳运行的潜力仍较大。正是如此，对于明年的经济增速，来自中国的政府智囊机构以及海内外专家的判断略微有分歧。

在复杂的经济形势下，宏观政策如何协调发挥作用？中国财政政策从 2009 年开始由稳健转向积极，财政赤字绝对额逐年增加。由中央代理发行和地方自发自还的地方政府债券，也从 2009 年的 2000 亿元增至 2014 年的 4000 亿元，未来是否应继续扩大？在减税增支压力下，对调结构应该发挥更大作用的财政政策，下一步应如何发力？带着这些问题，近日财新记者专访了财政部财政科学研究所刘尚希研究员。

维持赤字率稳定

财新记者：中国经济三季度增长 7.3%，低于二季度的 7.5%。市场预期 2015 年中国经济依然面临较大压力，很多人希望财政政策发挥更大的作用稳增长。对明年的财政政策，您有什么建议？

刘尚希：首先要解决一个问题，就是未来实施积极的财政政策，是中央和地方都积极，还是只有一家积极。1998 年应对亚洲金融危机，财政政策是中央积极、地方不能积极；2008 年国际金融危机以来的积极财政政策，是中央和地方共同在"扛"。中央和地方共担的模式，带来了现在很棘手的地方政府性债务问题。

我认为，实施积极的财政政策，主要还是中央政府的职责，地方政府应该踏踏实实充当配角。

财新记者：那么，中央主导的积极财政政策有什么特点？

刘尚希：在当前的条件下，这涉及怎么理解积极财政政策的内涵。过去积极财政政策就是扩张性财政政策，就是涉及赤字和债务的问题。但是，如果财政政策不再是一个总量性的扩张政策，不是说要简单地放水，而是转变为以结构为导向的财政政策，则要通过调整支出结构、公共收入等，推动结构调整和产业转型升级。

因此，应当考虑现在要选择什么样的政策。有人说还是应采取扩大赤字的办法，理由是现在赤字率还很低，还有空间。

其实，扩大赤字和债务就像吃药。首先，应该考虑要不要吃药，不需要吃药，却给吃药，就会带来问题；其次，要看吃这个药有没有用。感冒了去吃降压药，有什么用呢？但是，现在很多出主意的人，不管三七二十一，就是建议吃药，不考虑是不是有效，这是个问题。

财新记者：您建议明年财政赤字怎么安排？是否有必要继续扩大？

刘尚希：问题是继续扩大赤字，有没有必要。现在看起来，我认为扩大赤字、扩张总需求没有多大效果，没有必要主要采取这种方式。

当然，目前的情况下，减少财政赤字绝对额还是有困难。因为一是要体现积极财政政策的稳定性，二是考虑到国内外经济的实际情况。但是，要控制赤字率不上升太快。如果保持赤字率的基本稳定，财政赤字绝对额还会增加，因为经济总量在增加。

此外，考虑到减税的效果，在赤字率基本稳定的前提下扩大财政赤字绝对额，是比较可取的。明年"营改增"全部推开以及扶持小微企业，都是要减税的。一方面在减税，另一方面支出难以一下子压缩，回旋余地就很小。

总体上看，还是表现为结构导向的一种财政政策，顺势调整支出结构，提高资金使用效果。

财新记者：根据 10 月初发布的《国务院关于加强地方政府性债务管理的意见》，将剥离融资平台的政府融资职能，今后地方政府举债只能发行政府债券，且存量地方政府债务也可以通过发债来置换。这样的话，2015 年是否需要增加地方财政赤字的规模？

刘尚希：2014 年全国财政赤字 1.35 万亿元，其中，中央财政赤字9500 亿元，比上年增加了 1000 亿元；由中央代地方发债 4000 亿元，比上年增加 500 亿元。2014 年中央赤字增加多，一是因为减税，二是中央赤字增加很多是用于一般性支出中的教育、医疗和社保等。现在这种情况下，财政政策的着眼点不是扩大社会的需求总量，而是怎么有效促进结构调整。

2015 年的地方政府赤字在 2014 年 4000 亿元的基础上，可能会有所扩大，增加千亿元左右也说不定，但还是要控制赤字率。

增长底限保就业

财新记者：目前一些国际国内研究机构和学者，对 2015 年中国经济增速的预测较为悲观，您对 2015 年的经济增长有什么样的预测？

刘尚希：对于 2015 年中国经济的增速定多少，不能根据想象、拍脑袋。而应该从可能性的角度，能增长多少就定多少。从底限的角度考虑，我认为底限就是就业。判断经济形势，关键是看就业，而不是看其他。只要能保证就业有所增长，就没必要去追求经济高增长。至于上限，就没有天花板，关键是考虑底限。

从这个角度看，现在经济增长 7.4%、7.3%，对就业没有太大影响。在这样的情况下，经济增长没有必要定到 7.5%，定到 7.3% 也可以，有意识地再降低一点没有关系。

财新记者：有学者建议，明年的经济增速定一个区间，比如 7%—7.5%？

刘尚希：应该不会定这样的区间。定区间就没有弹性了，就明确了上限下限。比如，如果跌破区间底限怎么办？超过怎么办？如果不在确定的区间里，就得给出说法，政策反而没有弹性了。

我认为，其实经济增长定一个底限指标就可以了，不用考虑上限，也不用搞什么"左右"。经济增长的底限，可以通过模型进行测算，根据适龄劳动率，测算明年、后年需要增加多少就业，根据就业的需要来确定经济增长率。

把能保证就业的经济增长，作为政府要确保的一个目标，这是一个底限。如果滑出这个底限，导致大量的失业，政府就要"出手"。当然，这不是说要保证一个很高的就业率，能保证基本的充分就业就可以了。

财政政策兼顾经济和社会功能

财新记者：您刚才提到现在扩张总需求没有多大效果，那么，应当怎么扩大内需？

刘尚希：现在扩大内需，重点是扩大消费。但消费难以扩大是什么原因？一个重要原因是没有有效的供给。比如，苹果的 iPhone6 刚开始不在中国大陆市场卖，很多人就去美国、香港排队买，这涉及供给问题。有人认为关税高，大家都跑到国外去买，导致消费外流，主张降关税等进口环节税收，这对国外奢侈品生产商是好事，但对中国经济的意义在哪里？当然，消费者的确是从中获得了一点利益。但希望通过降税来降价让消费者在国内买，这是一厢情愿。

要反思为什么国内的品牌发展不起来。这都涉及供给的问题。许多消费者不是没钱，而是没有好东西可买，很多服务也不够。这主要是因为创新没有跟上，包括技术创新、产品创新和商业模式的创新。这些方面没有跟上，许多需求只能说是潜在的，没法变成有效的需求。

财新记者：财政政策在促进经济转型升级方面能发挥什么作用？

刘尚希：现在结构性的财政政策要兼顾经济和社会两个方面。应对1998 年和 2008 年两次外部危机冲击的积极财政政策，是纯粹的经济政策，而且是扩张性的经济政策。现在的财政政策应该是把经济政策、社会政策结合起来考虑，不是单纯地把财政政策当作经济政策使用。

实际上，这两三年来，财政政策更多偏向社会政策的功能。财政社会性支出所占的比重明显提高，包括教育、医疗、社保都在提高，这类支出上升后，就有刚性，不能减少了。

财政政策要考虑如何促进社会公平，从公共消费的角度来促进社会公平，因为公共消费涉及代际传递的问题。贫穷在代际之间传递，实际上就是公共消费没有有效发挥作用造成的。比如教育，既是私人消费，也可说是公共消费，这有一个比例。对穷人来说，没有充分的公共消费来支持，可能导致贫困的代际传递。公共消费可起到促进起点公平的作用。

财新记者：促进社会公平，是不是也要考虑收入分配的改革？

刘尚希：分配的公平要从收入、财富、消费这三个层面去考虑，只考虑收入是不够的。从政府的角度，应该更多考虑消费。消费对个人和家庭来说与起点公平紧密联系在一起，很多方面涉及社会政策的问题，同时又是一个经济政策，大力促进产业转型升级。

现在，政府花不少钱支持战略性新兴产业，这类财政支出并没多大效果。政府支持企业科技创新、支持新兴产业，拿钱补贴给企业，这种方式效果非常小，而且还带来很多腐败。政府如何支持企业转型升级，在支出方式上要完善。

在美国，通过政府采购支持企业创新是一种方式，可以借鉴。我国现在采取了一种基金的方式，即政府不是把钱白送给企业，而是以风投的方式支持企业，如果民间风投不够，政府的风投就补充。有些方面，政府还可以用补贴的方式，比如补贴新能源，但是要有一个退出期限，让企业有明确的预期，不能无期限地补下去。

（原载于财新网 2014 年 10 月 24 日   记者王长勇、邢昀、霍侃采写）

财政政策应从强调增量到盘活存量

过去存在的一些钱，可能在睡觉，没有发挥作用，怎么把这些睡觉的钱唤醒，让它真正发挥作用？这是现在积极财政政策和以往不同的地方。以往财政政策更多强调的是在增量上做文章，现在既要在增量上做文章，同时要盘活存量，这两者结合起来，这也是增效的一个重要措施。

3月5日上午，财政部财政科学研究所刘尚希研究员接受了凤凰网的专访，针对李克强总理做的政府工作报告中提到的若干经济问题进行了解读。

现在没必要追求太高的经济增速

凤凰网：2015年两会有一个亮点就是经济减速，客观讲，减速的话，原则上公众会失望的，因为本身我国GDP总量很大。如何看待现在的降速？

刘尚希：经济增速放缓要从两方面看。

第一，我们现在发展到当前这个阶段，是不是还能保持过去那样的增长速度？过去的增长速度在10%左右。再继续保持10%这样一个高速增长，从国内的条件或者是全球的条件来看，实际上都不太可能。因为保持高速增长是需要资源的。我们现在不论是看国内的资源还是国外的资源，国内的市场以及国际的市场，都已经无法去容纳，或者说保证那么高的一个增速。所以从这点来看，我们发展到这个阶段，经济增速自然而然地就会要下来。

刚才讲的是可能性，第二个方面是经济增长的"必要性"，我们现在有没有必要再保持这么高速的增长？一般来讲，我们说经济增速是越快越好。但我们现在所说的经济增速，一方面是看速度，另一方面，更多的是看质量。过去俗话说"萝卜快了不洗泥"，过分地追求这种高速增长，质量就会打折扣。现在要提高发展的质量，就得适当地降速。所以从这点来看，我们也没必要追求太高的增长速度。

另外，要实现"两个一百年"的宏伟蓝图，"2020 年全面建成小康社会"，我们现在没必要保持 10% 左右的高速增长。我们做了一个测算，我们现在是处于建党 100 周年的前 10 年，现在开始，这个 10 年如果我们能保持每年 7% 的增长速度，或者至少每年能达到 6% 的增速，到 2020 年，至迟到 2030 年，中国经济的整体规模将超越美国。从这点来看，我们要想达到新中国成立 100 周年，也就是 2049 年的时候的目标，不必追求 10% 的速度。

我们现在增长的 1%，跟 10 年前增长 1% 实际上是不一样的。所以现在增长 7%，实际上已经相当于以前的 10% 的增长速度，既要看相对数，也要看这个绝对数，这样才更加全面。

全面深化改革是经济增长的动力来源

凤凰网：与经济增长相关的问题是增长的动力来源，关于这个动力可能会有哪些措施?

刘尚希:你刚才讲发展的动力,其实还是要靠改革来提供这个动力。现在讲"四个全面",其中一个叫全面深化改革,还有全面依法治国、全面从严治党,这些方面都为经济增长提供动力。因为经济是在一定的环境下成长的,动力实际上是来自于这个良好的环境。所谓的良好的环境,就是体制的环境,包括社会体制、政治体制、法律制度等等,综合构成经济发展的环境。所以现在经济有没有活力,取决于这个环境。那么这个环境怎么去改善?取决于"四个全面"的实施,尤其是全面深化改革。除了全面小康是一个目标,其他三个全面,应当说都是实现全面小康的手段。

这个良好环境,聚焦来看,就是简政放权。只有简政放权,加快政府自身改革,才有可能真正发挥市场配置资源的决定性作用,更好地发挥政府的作用。

"一带一路"建设需要投融资机制创新

凤凰网:"一带一路"是过去一年来中国的外交亮点,也是经济亮点,"一带一路"策略和过去的对外开放和"走出去"有什么不一样?与"一带一路"策略相关的经济创新是不是也倒逼出来?

刘尚希:"一带一路",实现基础设施的互通互联,实际上把中国的经济和全球的经济,更加紧密地联系在了一起。过去更多的是引进外资、出口、加工贸易等等这样一些联系,现在要更多地扩大这种联系,使这种联系变得更加紧密更加有质量。所以我认为,"一带一路"的战略,就是要增强中国领头羊的作用。你不能老是自己发展自己,过去老讲自己发展自己。这已经不够了。

"一带一路"涉及很多融资的问题，这不是一个国内问题，要站在全球的角度考虑，要用国际视野看融资。

怎么样创新融资方式？这不仅是当前我们地方政府面临的问题，也是我们国家在实现全球战略的过程中要考虑的一个问题。全球的资本实际上是相当充裕的，国内的资本也是相当充裕的。现在国内资本很多都走出去了，国外的资本也走到中国来，怎么样通过政府发力，形成一种新的投融资机制，这里头还有大量的文章要做。其中一个重要的方面，就是现在的政府与社会资本的合作，一般叫PPP，实际上就是政府这只手和市场这只手怎么发挥协同作用。社会资本毫无疑问属于市场这只手，政府是一只有形的手，这两只手要合作起来。

至于说中国的资本，到了国外以后，也是市场这只手发挥作用，怎么和国外，外国政府的有形的手结合起来？这个也是一个结合的问题。外国的资金到中国来，怎么通过中国政府有形的手，引导外面进来的资金，这两者其实也有一个结合的问题。具体的项目可以选择性创新。

决定竞争力的是附加值，而非产业的比重

凤凰网：近年来经济结构调整一直在提，合理的结构如何判定？

刘尚希：首先一个问题是如何衡量经济结构是不是变得更合理了？我们过去衡量经济结构是否合理，常用第一、二、三产业比重来衡量。比如第一产业比重下降了，第二产业上升了，第三产业比重上升了，从这个角度来说，就是经济结构变得更合理了。从这个角度看问题，有它合理的成分，也可以说是经济结构变化的一个重要的标志。

但是不能满足于用第一、二、三产业比重的变化，来衡量经济结构的合理化。如果把它绝对化，可能在结构调整的过程中，出现认识上的

偏差。因为经济结构合理不合理，其实不是看第一、二、三产业的比重，而是看综合竞争力，看各个产业产品的附加值，这个才是最重要的。

如果换一个角度看，经济结构更加合理，就意味着高附加值的产业，高附加值的产品，占比要更高了。如果说低附加值的产业、产品占比很高，意味着这样的产业结构是不合理的，而且是缺乏竞争力的。

反过来，高附加值产业，高附加值产品多了，在全球价值链，在全球的分工中，占据了一个更高位置，那么这样的产业结构，我认为它有竞争力才算更合理了。决定实际竞争力的是附加值，而不是某些产业比重的高低。

地方政府不该主导产业规划

凤凰网：再一个问题就是如何进行经济结构调整？市场和政府的角色如何分配，边界在哪？

刘尚希：这就是常说的"两只手"的问题，我觉得现在对两只手发挥作用应有一个基本认识，就是不能错位。该市场这只手发挥作用的时候，政府这只手要去发挥作用，就可能起反作用。该你政府做的事情，政府缺位让市场发挥了作用，也会起反作用。

调整结构这个问题上，政府怎么样发挥作用，市场的决定性作用到底怎么去发挥？理论上还没有真正解决，认识还得进一步深化。

现在调整结构方面，在动力上更多的还是要靠市场。过去讲的规划、产业政策、功能区的规划要有，但是产业政策的规划，怎么去做是一个需要研究的问题。是不是什么样的产业、占多大比重由政府来定呢？哪个产业占多大的比重政府未必能规划出来、规划好，我觉得这个应当更多地交给市场。

政府的产业规划、产业政策更多的是要提供一个好的环境，提供一些引导和信息。比如新的产业革命、新的技术革命，这种趋势性的东西，政府应当去提供。因为这些方面政府有更多的优势。

现在地方政府最喜欢做的一个事情，就是主导产业。政府的规划，把某个产业确定为主导产业，政府采取各种措施去扶持它。结果有时候事与愿违，做了半天没有形成主导。有些产业有心栽花花不开，无心插柳柳成荫。说明政府在做产业规划、产业政策的时候，不能过细，不能过分地微观化，应当更加宏观一点。

在产业发展上，比如在环境方面的标准，可以要求更严；在产品的质量方面，你可以提供相应的技术标准；在企业的研发方面，你可以提供一些公共服务的平台。政府在这些方面的工作做到位了，市场自然就会去调整产业结构，不需要政府手把手去教。

财政政策调整：从强调增量到盘活存量

凤凰网：在政府工作报告中财政政策调整的方向上，反映了怎样的新特点和新趋势？

刘尚希：今年的财政政策，更有力度，更有效果，应当说是要"加力增效"。

具体体现在两方面，一个是加力，具体体现在赤字率适当提高，赤字率规模适当扩大，除了这个以外，还有结构性减税，全面的降费，这实际上都是积极财政政策"加力"的表现。

再一个就是要有效，怎么样才能使积极财政政策更有效果？从财政的投入上看，要和引导结合起来，不能仅仅强调政府的投入，政府的投入要产生放大效应。这就要看政府在投入的时候，怎么样在这种机制上面去完善，让政府的一块钱，能引导这个社会更多的钱，发挥它的放大效应。

一方面我们考虑现在要增加投入，比如说扩大赤字，增加债务，这都是要变成投入的。扩大投入是增量，同时也要考虑存量。过去累积形成的资金，资产可能在睡觉，没有发挥作用，怎么把这些睡觉的存量唤醒，让它真正发挥作用？这也是现在积极财政政策和以往不同的地方。以往财政政策更多强调的是在增量上做文章，现在既要在增量上做文章，同时要盘活存量，这两者结合起来，这也是增效的一个重要措施。

从整体看，财政政策除了赤字、债务，税收方面也有文章可做，这就是要通过完善税制、税收政策促进结构性调整优化。税收减负、全面降费、创新、创业、研发、投资，让市场变得更有活力，这和过去相比，也是不同的地方。这种政策，更多着力在解决结构性的问题，而不是简单扩张需求。

现在的财政政策，既在社会总需求方面发挥它的影响力，同时也在社会总供给方面发挥它的影响力，这也是跟过去不同的地方。

（原载于凤凰网 2015 年 3 月 5 日　记者孔德继采写）

从预算报告看财政如何"积极"

透过预算报告所述的各项财税体制改革措施与成果，我们可以发现，过去一年，财政工作的宏观视野扩大，系统性思维增强，发挥出了财政的耦合功能。

"今年的预算报告与以往一个重要不同之处在于，往年更注重让数字说话，而今年则适当加大了对财税改革、财政政策解读的力度。"在仔细研读预算报告之后，财政部财政科学研究所所长刘尚希表示，2015年是"十二五"的收官之年，在经济下行压力较大的情况下，预算报告展现出的一系列"积极"信号，为2015年的经济社会发展带来了新的期待。

发挥好财政耦合"正能量"

财税体制改革是全面深化改革的突破口和先行军。2014年，新一轮财税体制改革开局良好。"透过预算报告所述的各项财税体制改革措施与成果，我们可以发现，过去一年，财政工作的宏观视野扩大，系统性思维增强，发挥出了财政的耦合功能。"在刘尚希看来，这些"正能量"对进一步做好财政工作有着积极的意义。

一是经济和社会的耦合。近几年来，尤其是 2014 年，在有效实施积极财政政策稳定经济增长的同时，财政对社会建设的支撑作用得到了进一步强化，经济和社会发展的协调性随之增强。

二是效率与公平的耦合。2014 年各项预算支出中，涉及促进社会公平的公共服务支出的增长率普遍较高，如医疗卫生与计划生育增长了 11%、教育支出增长了 8.2%、住房保障支出增长了 9% 等。此外，财政支出在引导和促进创新、支持创业等方面也有所倾斜，为微观经济主体营造了良好环境，促进了经济转型升级，提高了效率。可以说，财政既在促进社会公平、起点公平、机会公平方面起到了积极作用，也在促进技术进步、提高经济效率方面发挥出了不可替代的作用。

三是预算与政策的耦合。预算收支数字的背后是政策，政策是预算的灵魂，预算过程的各个环节都要体现政策导向。党的十八届三中全会通过的《中共中央关于全面深化改革若干重大问题的决定》提出，预算审查的重心要转向支出与政策。从 2015 年的预算报告看，预算作为资金分配与管理的工具，其内容更充分地反映了政策要点与政策执行，预算与政策实现了更大程度上的相互融合。

四是改革与管理的耦合。改革是制度构建，而管理是制度运行，深化改革需要同时完善管理。2014 年财税体制改革进展明显，如预算管理制度改革，在建立全口径预算体系、优化转移支付结构、试编中期财政规划、完善政府债务管理等多方面完成了顶层设计并迅速推开；与此同时，财政管理力度也大为强化，特别是在预算支出的标准化、地方债务甄别与统计、财政业务的流程化、操作性风险的显性化等方面效果非常明显。制度运行的透明度也加大了，除涉密信息外，中央财政预决算、中央部门预决算全部公开到功能支出分类最底层的"项"级科目，中央专项转移支付预算公开到了具体项目。

积极财政政策"升级版"

2015 年是全面深化改革的关键之年，编制好 2015 年的预算，对进一步发挥好财政职能作用至关重要。刘尚希认为，从 2015 年的预算安排看，财政将继续在稳增长、调结构、促改革和防风险等方面发挥关键作用。

一是积极财政政策加力与增效并举。刘尚希表示，2014 年将继续实施积极的财政政策，这是中央定下的宏观政策基调。从 2015 年的预算安排中可以看出，积极财政政策在发力的同时，还增强了发力的针对性和有效性，实现了力度与效果的结合。

例如，2015 年，在增加赤字规模的基础上，将实行结构性减税和普遍性降费，以加强对实体经济的支持。刘尚希认为，这说明，积极财政政策已经从过去主要考虑如何扩大总需求进一步转向如何创新供给的角度，以新的供给带动需求。这比仅仅从外部扩张需求更具有内生性和可持续性，其效应更好。

二是预算安排上优化存量和用好增量并行。刘尚希表示，以往财政部门更注重财政资源的增量，将财政安排重点放在增量分配方面。如今，在全球经济步入"新常态"的背景下，我国更加注重盘活财政资源存量。预算报告明确提出，2015 年将加大盘活财政存量资金力度，提高财政资金的使用效益。

同样值得一提的是，预算报告中还提出，要加快权责发生制政府综合财务报告制度建设，制定出台政府综合财务报告编制办法和操作指南、政府会计基本准则等。对此，刘尚希表示，权责发生制政府综合财务报告是将财政资源存量与增量直接进行结合的工具，若不编制资产负债表，就不清楚存量到底是什么情况，增量与存量也就没办法去挂钩。因此，编制政府综合财务报告将使财政资源的配置和使用绩效进一步得到提升。

三是预算资金使用方式上更注重投入与引导结合。以往强调更多的是财政要扩大投入，现在更强调如何让财政资金产生扩大效应、乘数效应、杠杆效应，引导社会资本等投入公共领域。例如，2015 年的预算报告明确提出，要推动投融资体制改革，创新投融资方式，加快推进在城市基础设施建设、公共租赁住房领域及地方融资平台公司项目转型中开展 PPP 示范项目建设，有效释放社会投资潜力。

（原载于《中国财经报》2015 年 3 月 18 日　记者张瑶瑶采写）

中国宽松非 QE

所谓"中国版 QE"是没有根据的，我国政府一直以来强调全面深化改革，调结构、稳增长，当前我国所面临的经济、金融问题要靠改革来解决，而不是靠量化宽松来解决，以 QE 手段来投放基础货币也解决不了问题。

近日，一条关于"中国版 QE 将出"的消息可谓沸沸扬扬，据称，"中国央行将出台 10 万亿 QE，实施美国第一任财长汉密尔顿式旋转门计划，用国家授权的低息地方债置换银行体系和市场内高息地方债务。"虽然财政部副部长朱光耀明确表示：中国版 QE 是"不实之词"，但仍有众多外国媒体认为中国将成为"全球 QE 俱乐部"的新成员。

对此，《中国经济时报》记者 5 月 7 日对财政部财政科学研究所刘尚希研究员进行了专访。

量化宽松这一概念是从货币总量上作出的判断，而没有从货币的存量结构角度作出分析，确切来说，形式上符合量化宽松，但因货币存量结构不一样，量化宽松不能看形式而要看实质。扩大货币供应量，货币增长速度加快，形成更加宽松的货币环境，这是形式上的量化宽松；实质上的量化宽松要看货币、资金供求关系及其表现出来的利率，不同国家有不同国家的实际情况，以我国当前的实际利率来衡量，说量化宽松没有根据。

中国解决经济和金融问题要靠改革而非 QE

《中国经济时报》：此前，多家外媒认为，中国将很快宣布新一轮量化宽松政策（QE），以此撬动信用投放、拉低全社会的长期融资成本、减缓通缩压力并推动经济增长，中国会出现全面债务货币化。您对此持怎样的看法？

刘尚希：我认为地方政府的债务没有货币化，只要和中央银行没有直接关联，就不会带来货币化效应。

首先，这与我国领导人的执政思路和我国的基本货币、财政政策不符；其次，《中国人民银行法》第 29 条规定，"中国人民银行不得对政府财政透支，不得直接认购、包销国债和其他政府债券"，央行将政府债务货币化不具有法理依据；再次，实际上，央行手中还有定向再贷款、利率等各种流动性调节工具，足以维持合理的流动性，保持货币和信贷的平稳增长，没有必要以直接购买新发地方债的 QE 手段来投放基础货币。

《中国经济时报》：市场上也有传言认为中国当前面临的经济下行压力很大，实施 QE 在所难免，且实质上货币政策已经变相量化宽松，货币流动量很大。对此，您的观点是？

刘尚希：我国政府一直以来强调全面深化改革，调结构、稳增长，当前我国所面临的经济、金融问题要靠改革解决，而不是靠量化宽松解决，否则只能是饮鸩止渴。

量化宽松作为一种货币政策，要看实施的目的是什么，而不应在政策手段上做争议。问题和解决的手段应是相匹配的，从问题的角度去倒推解决问题的手段，认为我国一定会采取量化宽松，除此之外好像别无他路，这种逻辑推断存在问题，视野也比较狭隘。

包括银行降准、降息等举措是针对我国当前的货币流动状况作出的决策和采取的措施。单从货币存量来看，2014 年年末，我国 M$_2$／GDP（即广义货币／国内生产总值）比例达到 1.93，处于国际较高水平。但需要注意的是，各国、各地区之间的经济结构存在差别，货币流通速度不一样，因此所表现出来的流动性不仅仅是总量的问题，还有结构性的问题。当存在结构性问题时，加之当前我国经济面临下行压力，适当放松货币政策是有必要的，有利于缓解货币存量的结构性问题带来的通货紧缩压力。

从货币和金融的角度来看，存在货币存量与结构相平衡的问题，就像实体经济所面临的稳增长与调结构相平衡的问题。在针对货币存量的增长和货币存量结构的调整时，对杠杆率及 M$_2$ 占 GDP 的比重进行比较和分析是有必要的，但不应当将他国的情况作为标准来衡量我国当前的经济、金融状况。不同大小的经济体，在其不同历史时期中的发展状况必然也有所差别，货币的存量结构存在很大差异，适当扩大货币供应有利于化解货币存量结构不合理而累积的风险。

切勿误读中国政策工具

《中国经济时报》：财政部此前下达 1 万亿元地方存量债务置换债券额度，允许地方把一部分到期的高成本债务转换成地方政府债券，以降低利息负担。有外媒认为，此计划名为"债务互换"，实为"量化宽松"。您怎么看？

刘尚希：财政政策和货币政策要分开来看。这是在加强预算管理、财政改革的大背景下，坚持我国积极的财政政策。地方政府性债务的置换是存量上的调整，允许地方把一部分到期的高成本债务转换成地方政府债券，直接目的就是调整地方债务存量结构。

一方面，使地方政府的债务压力，尤其是利息支付压力相应减轻，政府债券利率一般较低，这既缓解了部分地方支出压力，也为地方腾出一部分资金用于加大其他支出，也就是说，置换后可以降低资金的成本。另一方面，使地方债务结构得到优化，由银行贷款置换为债券，同时也使得地方政府债务更加透明和可持续，有利于监控地方政府债务风险。

而债务存量置换不会引发货币效应，地方政府债券置换出的是银行的信贷资金，涉及的是商业银行，跟中央银行没有直接关联，而量化宽松则是属于中央银行的行为。市场有一种顾虑是，这种置换与中央银行有关联，使得财政政策上的操作可能引发货币的扩张，但是就现有的实际操作情况来看，不会出现这种结果。

《中国经济时报》：有说法认为，央行的 PSL（抵押补充贷款）、MLF（中期借贷便利）、SLO（短期流动性调节）和 SLF（常备借贷便利）等各种货币工具，都可以算得上是 QE 的小规模试点，尤其是"抵押补充贷款工具"（PSL）与欧洲央行实施的长期再融资操作（LTRO）类似。您怎么看？

刘尚希：这些都是货币政策范畴中的工具，从货币政策来看，是采取了有一定宽松作用的措施，目的是要缓解货币存量结构所带来的一系列问题，但并不意味着实行全面的量化宽松，而只是在政策工具创新上的一种尝试，丰富政策工具，离全面的量化宽松是两码事。

实际上，看我国当前的利率水平就很清楚了。我国利率还是居高不下，就这一点看，在利率还这么高的情况下，说量化宽松，在逻辑上是个悖论。量化宽松意味着货币供应量扩大，利率应该会下行。从这个层面看，不应该也不能够把中国当前的一些货币政策工具的创新试点，以及降准、降息等手段，笼统地称为量化宽松。

严格意义上讲，衡量量化宽松政策的标准不是看货币是否"放水"，而是看资金供求关系，单方面看货币供应、货币发行的增长，是无法判断是否为量化宽松的，从货币和资金的供求关系去观察，其表现结果就是利率，如果利率还是居高不下，从实质意义上讲，现行政策不是量化宽松，而且也不能靠量化宽松来解决这个问题。

（原载于《中国经济时报》2015 年 5 月 8 日　记者赵月若雪采写）

地方投融资平台是 PPP 的有效载体

投融资平台是按照企业化机制运作的，但其很多目标都是政府设定的，简言之，投融资平台是按照市场化机制运作去达成政府的政策目标。过去，政府都是靠财政拨款搞项目建设，现在政府拿不出那么多钱，很自然地就要借助与资本市场相结合的方式来融资搞建设，这也是 PPP 模式在中国的一种具体体现，是将政府和市场的力量相结合的一种方式。政府的力量在于做好规划、提出任务和明确要求，市场的力量在于市场化的融资方式、市场化的运作机制来融资、使用、偿还，并将风险控制置于整个过程之中，而不是事后的买单兜底。

《21 世纪经济报道》（以下简称《21 世纪》）：据了解，一些城市的地方政府依托政府融资平台等方式过度举债已接近极限，债务率已高达 150％以上，个别县、市债务率已经超过 400％。您如何评价目前地方融资平台的风险状况？

刘尚希：政府预算包括四块：一般公共预算、基金预算、国有资本金预算和社会保障预算。现在大家所讨论的政府债务率究竟是和一个窄口径的政府收入比，还是和一个宽口径的政府收入比？宽口径和窄口径从全国来看，相差 1/3，在地方接近 50％。而债务既有直接债务，也有或有债务，但两者性质不同，不能混为一谈。这一点没弄清楚的话，对地方政府债务率的估计是不准确的。

地方政府融资平台的风险和地方债务风险是两个概念，前者主要是由地方投融资平台的治理结构不完善、风险内控机制不健全所造成的；后者则是整个地方政府的债务给财政带来的巨大压力，债务风险是财政风险的一个重要内容，但不是全部。地方财政风险、地方债务风险、地方融资平台风险是三个层次的问题。

判断地方投融资平台的风险主要考虑三个因素：一是地方投融资平台的治理结构；二是它的风险内控机制；三是现有债务率的高低。如果地方投融资平台的资产负债率较高，风险内控机制不健全，又没有良好的治理结构，政府和投融资平台之间没有防火墙，那么投融资平台的风险是比较大的，这种风险最后往往会转嫁给政府，变成政府的债务风险，进而演变为政府的财政风险。因此，防火墙的建设非常重要。

投融资平台是按照企业化机制运作的，但其很多目标都是政府设定的，简言之，投融资平台是按照市场化机制运作去达成政府的政策目标。过去，政府都是靠财政拨款搞项目建设，现在政府拿不出那么多钱，很自然地就要借助与资本市场相结合的方式来融资搞建设，这也是PPP（Public-Private-Partnership）模式在中国的一种具体体现，是将政府和市场的力量相结合的一种方式。政府的力量在于做好规划、提出任务和明确要求，市场的力量在于市场化的融资方式、市场化的运作机制来融资、使用、偿还，并将风险控制置于整个过程之中，而不是事后的买单兜底。

《21世纪》：此次《国务院关于加强地方政府融资平台公司管理有关问题的通知》明确规定，对还款来源主要依靠财政性资金的公益性在建项目，不得再继续通过融资平台公司融资。您如何看待这一规定？

　　刘尚希：文件中对公益性项目的界定在具体操作层面可能还存在很多边界问题。如公路，高速公路是可以收费的，三级公路却取消了收费，从性质上看，公路都具有公益性，是不是只有不让收费的公路就属于公益性项目了？公益性项目是否等同于绝对没有现金流？一般而言，高速公路的收费不是永久性的，很多高速公路在一定时期内是经营性的，但还清贷款后就不需要再收费了，它是政府与市场相结合的产物。所以，交通基础设施本身是公益性的，但在建设过程中可以允许它产生现金流，收费就是其中的一种方式。再比如公园，公园的建设改善了周围的环境，周边的商业地产和住宅开发也可以带来现金流。所以，就看你怎么操作公益性项目，公益性项目和有没有现金流不能画等号。

　　那么，公益性项目是否一定要通过财政还款？如果有可能产生现金流，就不一定完全需要财政，也可采取多种创新方式还款。所以，如果规定公益性项目必须通过财政还款，以后不得再融资，就可能把一些可以创新项目建设的路堵死了。实际上，我们只要确定项目对财政还款的依赖性程度就够了，如果依赖性非常高，就不能再通过地方融资平台再融资。至于是不是属于公益性项目则无须界定。

　　金融创新也包含融资创新，中国建了6.5万多公里的高速公路，位居世界第二，交通基础设施的快速改善，也得益于这方面的创新。而在过去相当长的一个时期，公路建设只能是政府拨款，但项目融资建设的创新打破传统的认识，故而才有今天这番成就。所以，在控制风险的时候，不能一棍子打死，而要给创新留出空间。只有创新，才能从根本上化解风险，而同时又不妨碍发展。

　　《21世纪》：与融资平台风险相比，地方更担心的是长期严厉的地产调控或会导致地方未来土地出让收入降低，进而降低地方政府融资平台的资金调度能力和还款能力。您如何看待清理地方融资平台对房地产调控和土地市场的影响?

刘尚希：从短期来看，房地产调控使地方政府的土地收入减少了，以土地收益权做质押的贷款也比较困难了；但从长期来看，这两者是不矛盾的，房地产调控有利于房地产市场的健康发展，使政府的土地出让收入在时间分布上更加均匀，也有利于控制地方投融资平台和地方政府的债务过快膨胀所带来的风险。

现在，很多地方政府搞的项目可能过分超前了，停一停、缓一缓也是有必要的。在城市化建设中，有些地方急功近利的心态比较明显，恨不得一口吃个胖子。在民生、建设、发展各个方面，政府都在涉及，都要齐头并进，怎么可能呢? 政府的能力是有限的，路得一步步走，饭要一口口吃，过分追求快可能欲速不达。所以，在这种情况下要让地方政府冷静一下，有一个更长远的考虑是必要的。

《21 世纪》：有学者指出，地方政府之所以通过大量设立融资平台进行融资，主要是由于在中国分税制财税体制下，中央和地方的事权和财权的分配出现了事实上的事权的重心下移而财权的重心上移，从而导致了地方政府事权和财权的不对等。您怎么看?

刘尚希：我觉得这种说法不准确。任何国家都不可能做到各个地方的各级政府财权与事权相匹配，尤其是在中国这么大的国家，在不断推进全面改革的过程中，政府职能并不是很清晰，政府与市场的分工并不是很清楚，有一个实践中探索的过程。如过去长期来在城乡分治理论指导下，农村基础设施和公共服务提供主要靠农村集体经济，基本不属于地方政府的事权范围。但现在在新农村建设的任务提出后，各级政府就得向新农村建设领域投钱；再如以县为单位实行统筹，搞新型农村合作医疗……这些以前都没有，是新产生的事权。这怎么能叫事权下移呢? 一些专家考虑这个问题过于静态化，好像国家就这么多事权和财权，静态地在中央与地方之间分配。但实际上，很多事权是改革过程中新生出来的，不是简单的上移、下移的概念。

中国的工业化快于城市化，现在要加快城市化进程，让农民向市民转移，这一责任毫无疑问落在地方政府身上了。财力跟不上怎么办？要量力而行。推进城市化，并不是说十年的事情两年就得办完。本来十年办完的事，非要一两年办完，钱自然不够，所以财力够不够是相对的。

当然，这其中也有很多影响因素。中央各部委发文件提出新的要求，地方就得去落实，落实就要花钱，就会形成新的支出责任。各个部门都发文件，集中到一个市、县里面，就可能超出当地收入的增长。在这种情况下，地方政府就会想各种办法借钱，逼得实在没办法，就拖欠债务。所以，很多问题出在整个体制上，而不是简单的财权和事权的问题。上面点菜，下面埋单，这个问题不协调好，就会给地方造成很大的财政压力。上面点菜不可避免，但要防止点菜过多，更要防止从部门角度出发乱点菜。

在改革发展的大背景下，中央、地方政府的职能都在变化，要履行的事权也在变化。在我国的现行体制下，通常是中央做决策，地方去执行，在这一过程中，地方与中央的考虑不一定完全吻合，地方更多地从GDP规模、经济增长速度、城市化建设、政绩工程等方面考虑。地方有推动经济建设的积极性是好事，它本身是一种动力，但这个动力需要引导，如果动力很强大，但方向盘不好，这个动力就可能变成坏事。但我们不能因此责怪动力太强大，问题出在方向盘上，是导向不清晰。所以，我们到底该如何选择？是把发展的动力从大马力改成小马力，还是使方向盘更健全有效？不同的选择会有不同的结果。

（原载于《21世纪经济报道》2010年8月6日   记者周慧兰采写）

责任编辑:曹　春
装帧设计:汪　莹

图书在版编目(CIP)数据

财税热点访谈录/刘尚希 著. -北京:人民出版社,2016.3(2017.10 重印)
ISBN 978－7－01－015690－3

Ⅰ.①财…　Ⅱ.①刘…　Ⅲ.①财税-中国-文集　Ⅳ.①F812-53

中国版本图书馆 CIP 数据核字(2016)第 002517 号

财税热点访谈录

CAISHUI REDIAN FANGTAN LU

刘尚希　著

人民出版社 出版发行
(100706　北京市东城区隆福寺街 99 号)

北京汇林印务有限公司印刷　新华书店经销

2016 年 3 月第 1 版　2017 年 10 月北京第 2 次印刷
开本:710 毫米×1000 毫米 1/16　印张:20.75
字数:252 千字

ISBN 978－7－01－015690－3　定价:56.00 元

邮购地址 100706　北京市东城区隆福寺街 99 号
人民东方图书销售中心　电话 (010)65250042　65289539